經營顧問叢書 ⑶⑽

企業併購案例精華（增訂二版）

李家修/編著

憲業企管顧問有限公司　　發行

《企業併購案例精華》 增訂二版

序　言

　　諾貝爾經濟學獎喬治‧J‧斯蒂格勒曾經說過：「沒有一個美國大公司不是通過某種程度、某種方式的兼併而成長起來的，幾乎沒有一家大公司主要是靠內部擴張成長起來的。一個企業通過兼併其競爭對手的途徑成為巨型企業，是現代經濟史上一個突出現象。」

　　世界 500 強的企業，簡直就是活生生的一部企業併購舞臺劇，可以說，近代商業歷史的明顯趨勢是一部企業併購操作史，企業經營者，一定會同意要穩操勝算、立於不敗之地，必須知悉企業併購知識，甚至於要會操作併購技巧。

　　全球企業併購浪潮，主要有五大特點：

　　1.涉及面廣。

　　從商業銀行業、傳媒娛樂業、傳統行業、電訊業、醫療保健業到國防和自然資源等領域，企業併購可謂滲透到世界經濟的各個領域。

　　2.規模愈來愈大。

　　1996 年日本三菱銀行、東京銀行通過新設合併，成立東京三菱銀行，總資產相當於日本全部銀行資產總額的 15%，一躍而成為當時

1

世界上資產規模最大的商業銀行。1998 年美國花旗銀行與資深保險經營商旅行者集團攜手組建的花旗集團，被譽為「世紀合併」。

3.跨國併購愈來愈多。

1998 年 5 月，美國克萊斯勒公司與德國戴姆勒─賓士公司宣佈合併，合併金額高達 380 億美元。

4.併購支付的手段，主要採用換股收購的手法。

1996 年 12 月，美國波音公司宣佈以 130 億美元的交易額併購麥道公司，併購方式就是換股併購。

5.企業兼併與剝離並存。

一方面各公司爭相兼併其他公司，另一方面，也紛紛把與自己主要業務無關的分支機構出售。

全球企業可證明，在經濟運行中所處的層次越高，獲取超額利潤的可能性也就越大。而以併購為主要方式的資本運營正是被歐美企業廣泛使用的高層次戰略。資本運營操作，就是把企業所擁有的一切有形或無形的資產變為可以增值的活化資本，通過併購、重組等各種方式進行有效運營，以最大限度地實現增值。

本書是 2014 年增訂二版，增加更多企業併購案例，探求企業的併購成長之道，讓讀者了解如何透過企業併購的實際攻防戰略，以期在企業經營中能夠有乘數效果，使企業跨進一個新的里程碑。

2015 年 1 月

《企業併購案例精華》增訂二版

目　錄

第 **1** 章

為何要參加資本遊戲
——併購是企業最快捷的成長方式

併購精華

　　在市場經濟中，適者生存、優勝劣汰是企業成長的基本規律。企業要想生存下去，就必須不斷發展壯大，這是一條顛撲不破的真理。在企業的發展過程中，它可以將其生產經營所獲利潤進行再投資來擴大生產經營規模，也可以發行股票和債券或向銀行貸款籌集資金來擴大生產經營規模，但是，一個最簡便而有效的辦法是通過併購其他企業來擴大生產經營規模，併購是一個現行企業比重新投資辦成一個同樣規模的企業速度快得多，費用會少得多，效益也許會好得多。從國際經驗來看，一個企業通過併購其競爭對手的途徑發展成巨型企業，是現代經濟史上一個突出的現象。

一、企業併購才能大成長

生存是企業經營的第一要務。面對地球村時代的來臨，許多企業甚至感受到連生存都不太容易，更何況是做大做強，當然也就更談不上如何為社會、為民族做貢獻了。

無論是消極、防禦地只想佔有一席之地，或是雄才大略、攻擊性地想擴大企業版圖，企業越來越體會到光憑一己之力是遠遠不夠的，而不得不考慮借助外力。

企業的經營之道，在內外夾擊的艱難經營環境中不斷地創造出競爭優勢，以達到做大做強、持續「升級」的目的。毫無疑問，企業經營之道，首先考慮企業併購，對企業來說是再合適和實用不過的了。

企業內外部成長方式比較

企業內部成長		合資型策略聯盟	直接設廠合併收購股權
		少數股權型策略聯盟，例如：董監事聯結（共同利益）	收購資產
	買進技術，例如： 　1. 工業合作 　2. 整廠輸入 技術移轉形策略聯盟如： 　1. 授權 　2. 共同開發	契約型策略聯盟	企業外部成長

策略聯盟

6

企業的併購策略，首先要從企業本身的發展戰略做起，再設定你的企業併購戰略。

二、首先從企業本身的發展戰略做起

企業併購先明確發展戰略，再制定併購模式。企業經過初創期，市場佔有率越來越大，企業實力越來越強，這時就需要考慮下一步向何處發展的問題。從產業的角度來看，企業發展戰略通常包括集中戰略、一體戰略和多元戰略三種類型。

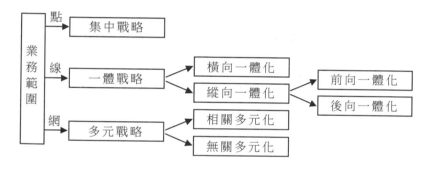

1. 集中戰略

集中戰略是指企業的經營活動集中於某一特定的產業分支或產品門類，甚至產品線的一個部份，然而通過加強努力程度，以所有資源投入來提高企業現有產品競爭地位的戰略活動。集中型市場戰略實質上是一種高度專業化的戰略。長期專業化經營的好處在於能夠使企業紮根本業，獲得持續的優勢，成為產業中專業化的代表，專業化經營更能使企業做深做透本專業，從而獲得專業優勢。

2. 一體戰略

一體戰略是企業充分利用自己在產品、技術和市場上的優勢，使

企業不斷向深度和廣度發展的一種戰略。它有利於專業化分工協作，提高資源的利用深度和綜合利用效率。一體戰略有兩種主要類型：縱向一體化和橫向一體化。縱向一體化又可分為前向一體化和後向一體化。

縱向一體化戰略是將生產與原材料供應或者生產與產品銷售聯結在一起的戰略形式。前向一體化戰略指獲得下游分銷商或零售商的所有權或加強對他們的控制；後向一體化戰略則是指獲得上游供應商的所有權或增強對其的控制。

縱向一體化戰略的目的在於鞏固企業的市場地位，提高競爭優勢。選擇縱向一體化戰略的動因是利用它潛在的利益，包括盈利、以低成本進行生產、產品的差異化、銷售的低成本優勢等。

橫向一體化戰略，是指某一企業與處於同一經營領域的其他企業整合，從而促進企業實現更高程度的規模和迅速發展的一種戰略。實行橫向一體化後，雖然企業的整個經營業務仍限制在原行業的範圍內，通過競爭企業之間的合併、收購和接管，提高了規模經濟和資源與能力的流動，從而實現減少競爭對手、擴大生產能力、享受規模效應的目的。

3.多元戰略

多元戰略是指企業通過多種經營形式，進入本企業相關或不相關的行業或市場時所採取的一種整合戰略。相關多元化是指雖然企業發展的業務具有新的特徵，但它與企業的現有業務具有戰略上的適應性，它們在技術、銷售管道、市場行銷、產品等方面具有共同的或是相近的特點。

無關多元化是指企業既不以原有技術也不以現有市場為依託，向完全不同的產品或服務項目發展。多元化沒有絕對的對錯，關鍵看企

業處於何種階段、面臨何種問題、擁有何種資源，簡言之就是「在正確的情形、條件和時間點做正確的事情」。「馬無夜草不肥，人無外財不發」，做企業貴在守正出奇，但要守住自己的根本。總體來說，無關多元化的風險比較高，更多地適合於財務導向的併購，賺了就跑。

採用多元化戰略意味著企業將進入一個與現有產品和市場不同的經營領域，這對企業來說存在著一定的風險，例如將面對更多的競爭對手，追加較大的投入，可能造成資金緊張和其他資源缺失等。特別是無關多元化，風險更大。靠資本運營實現超常規擴張的企業，在產業經營方面都需要不同程度的補課。

三、其次才是設定你的企業併購戰略

與企業發展戰略相對應，併購戰略可以劃分為橫向併購、縱向併購和混合併購三種類型。

企業併購分類

分類	戰略	
橫向併購	規模化經營戰略	
縱向併購	集約化規模戰略	
混合併購	多元化經營戰略	

1. 橫向併購

相同行業的兩個公司之間所進行的併購，實質上也是競爭對手之間的合併。併購使幾個規模較小的公司組合成大型公司，管理費用、行銷費用、研究開發費用等這些公共費用並不會和公司規模等比例增加，由於規模效應，新公司的運行成本會大大降低。另外，公司擴大

規模後，市場控制能力可望提高。產品價格、生產技術、資金籌集、顧客行為等方面的控制能力的提高也將有助於公司的生存和發展。追求運營上的規模經濟在橫向併購中體現得最為充分。由於這種併購減少了競爭對手，容易破壞競爭，形成壟斷的局面，因此橫向併購常常被嚴格限制和監控。

2.縱向併購

企業與供應廠商、客戶的合併，即企業將同本企業緊密相關的生產、行銷企業併購過來，以形成縱向一體化，實質上是處於生產同一產品、不同生產階段的企業間的併購。

通過併購，公司之間的優勢可以融合在一起，達到取長補短的目的。這些優勢既包括原來各公司在技術、市場、專利、產品管理等方面的特長，也包括它們中較優秀的企業文化。縱向併購可以把市場交易關係變為同一公司內部關係，由於不再採用交易的方式，行銷費用、交易稅金等都可以避免，公司的交易費用當然會大幅度降低。追求交易費用的節省是縱向併購的根本動因。縱向併購可以使企業節約交易費用，有利於企業內部協作化生產。一般來說，縱向併購不會導致公司市場佔有率的大幅提高，因此，縱向併購一般很少會面臨反壟斷問題。對於食品企業而言，縱向併購能夠有效提升品質控制能力，同時降低內部成本。不過在產業鏈延伸的同時，縱向併購也增加了企業的巨額支出。

3.混合併購

混合併購是指既非競爭對手又非現實中或潛在的客戶、供應商企業之間的併購。通過併購其他行業中的公司，企業可以實行多元化經營，增加回報，降低風險。面對不斷變化的公司經營環境，最好不要把雞蛋放在一個籃子裏，分散投資是一種比較有效的防風險措施。在

企業快速發展的過程中，混合併購可以有效地突破進入新行業的資金、技術、銷售管道等壁壘，直接利用目標公司的原料來源、銷售管道和已有的市場，迅速形成生產規模，其效率和速度遠高於自己建設。企業通過收購發展時，不但獲得了生產能力和各種資產，還獲得了原有企業的經驗。通過併購，混合一體化企業的各分部可以實行經驗分享，形成一種有力的競爭優勢。

＜案例一＞　企業併購始祖——洛克菲勒

　　人們在研究在油工業歷史的時候，都無法迴避洛克菲勒所創建的標準石油公司——這個巨人和被拆分後派生出來的更多迅速壯大的小巨人，一直是石油工業命脈的主宰。

　　1859 年 8 月，一位叫德雷克的人用他發明的鑽孔並打出石油，引發了一個人的目光，他就是約翰·D·洛克菲勒。

　　洛克菲勒家族是 18 世紀來到美國的德國移民。約翰·洛克菲勒的父親是個行為放浪的假藥販子，約翰卻生性嚴謹且堅定。對數字尤其是有關於錢的數字天生敏感的約翰，很快就表現出經商天才。18 歲的時候，他與人合夥開辦了「克拉克-洛克菲勒公司」，從事家產品貿易，並在南北戰爭中賺到一大筆財富。

　　鑽探出石油後不久，精明的洛克菲勒發現石油業最賺錢的環節在於煉油，於是他動員克拉克合作，並與安德魯斯給成了「安德魯斯-克拉克公司」。經過苦心經營，他們的企業很快成為當地最大的煉油

廠。

1865 年 2 月的一天，洛克菲勒以 7.25 萬美元買下合夥人克拉克的股份，將公司更名為「洛克菲勒-安德魯斯公司」。他後來回憶說，「我一直把那一天作為一生事業成就的開始。」

洛克菲勒通過股權併購的方式買下多家煉油企業，使公司成為克利夫蘭規模最大的煉油廠，並委派他的弟弟威廉設了第二家煉油公司，隨之又在紐約開設了一家公司。洛克菲勒堅持使用最新的設備，保證其工廠在石油業生產效率最高；尤其是他從鐵路運費上取得了折扣的優惠，使其在定價和利潤方面佔有優勢。同時他在經營中建立自己的運輸隊伍和倉儲設施，使供銷的職能納入企業範圍。

1870 年 1 月 10 日，洛克菲勒兄弟，佛拉格勒夫妻和安德魯斯共 5 人創建了標準石油公司。當時，從石油中提取的主要產品是煤油，但很多工廠生產的煤油品質低劣。而洛克菲勒一貫堅持要保證品質，這正是當初命名標準石油公司名字的由來。

公司成立不久，普法戰爭爆發，美國經濟不景氣，同時由於過量開採造成油價狂跌。當時，由於產油業主的數目實在太多，很難組織任何起作用的抑制性組織。

1872 年，南方改善公司在產油區激起石油戰。針對於此，洛克菲勒發動「我們的計畫」，計畫把所有的煉油廠合併為一個巨大的聯合體，以抑制價格的大起大落，挽救整個行業。到 1879 年時，標準石油公司已經控制了美國煉油能力的 90%，還控制了幾乎所有進出產油區的輸油管和彙集系統，並握有運輸的支配權，人們稱它為「章魚」。

1882 年 1 月 2 日，洛克菲勒和他的合夥人正式簽署了一份「標準石油公司托拉斯協議」，從而成立了世界上第一個大「托拉斯」。在

這個托拉斯中，洛克菲勒合併了 40 家廠商，壟斷了全國 80%的煉油工業和 90%的油管生意。

　　為了爭取消費者，標準石油公司又向銷售市場進據估計，在 19 世紀 80 年代中，它已控制了 80%左右的銷售市場，與其對煉油業的控制程度相等。

　　在國際石油市場上，自從 1861 年第一艘煤油船駛抵倫敦後，美國煤油迅速地在全世界贏得了市場。幾乎是一夜之間，出口業務成了新興的美國石油工業和全國經濟的極為重要因素。

　　19 世紀 80 年代中期，美國俄亥州的利馬發現了新的油田，但原油含硫量很高。洛克菲勒為了建立自己的石油儲備，決定大量買進利馬石油。1989 年，標準石油公司僱用的德國人學家赫爾曼‧弗協徹研究成功氧化鈾去硫法，利馬石油的價格立即從標準石油公司購入時的每桶 15 美分漲到 30 美分，而且繼續爬升。接著，洛克菲勒購入大量的採油資產，把公司推向建立石油帝國的最後一步。

　　19 世紀末 20 世紀初，汽車、飛機等交通工具的出現使石油工業迎接新的發展階段。但標準石油公司的壟斷卻遭到更多的挑戰。一方面，美國西部相繼發現大規模的油田，使標準石油公司在美國的控制力開始下降。另一方面，來自國際上的競爭迫使標準石油公司在全球降低價格，其市場佔有率也日益被蠶食。

　　20 世紀初，美國掀起對壟斷企業的聲討浪潮，標準石油公司成為運動的靶心。

　　1901 年，羅斯福更發起了對標準石油公司和石油工業的調查。1906 年 11 月，羅斯福政府在聖路易斯聯邦巡迴法院對標準石油公司提出起訴，指控這家公司違反了反托拉斯法。1909 年，聯邦法院判決標準石油公司解散。儘管標準石油公司上訴到最高法院，但最終還

是於 1911 年 5 月 15 日被最高法院終審判決解散。

巨富引來了無法擺脫的仇恨，洛克菲勒的石油帝國激起了一場聲勢浩大的反托拉斯運動。結果出人意料，最高法院宣判標準公司死刑，卻並不影響洛克菲勒成為更大的億萬富翁！

1911 年 7 月，標準石油公司分拆成 34 個獨立的公司，而它的傳奇性則在這些公司中更延續。很快，這些公司又成為新的巨頭。其中幾經變動，「路易斯安那標準石油公司」於 1966 年更名為「美孚石油公司」，「新澤西標準石油公司」則於 1972 年易名為「埃克森石油公司」。1999 年，百年來歷經合與分的埃克森和美孚再度合併，成為全美第一大石油公司，更榮登 2001 年《財富》雜誌 500 強之首。

洛克菲勒晚年，將巨大財富創立了龐大的慈善事業，為他獲得了好名聲。

心得欄 ＿＿＿＿＿＿＿＿＿＿＿＿＿＿＿＿＿

＿＿＿＿＿＿＿＿＿＿＿＿＿＿＿＿＿＿＿＿＿＿＿

＿＿＿＿＿＿＿＿＿＿＿＿＿＿＿＿＿＿＿＿＿＿＿

＿＿＿＿＿＿＿＿＿＿＿＿＿＿＿＿＿＿＿＿＿＿＿

＿＿＿＿＿＿＿＿＿＿＿＿＿＿＿＿＿＿＿＿＿＿＿

<案例二>　匯源果汁與統一公司牽手

朱新禮低調而執著，用特有的企業家魅力，在匯源帝國演繹了一段從起家到億萬富豪的傳奇故事。

1. 2001 年，與德隆集團合作

2001 年，匯源集團已經領跑了果汁產業近五年，因為對單純依靠產業積累實現增長深感吃力，於是在 2001 年 6 月，匯源與其時風頭正勁的德隆組建合資公司並出讓 51%的控股權。2000 年匯源已經雄霸國內果汁市場 23%的佔有率，是緊排在其後第二名的近 10 倍，而德隆當時在產融結合領域的運作也已經初具規模。兩個看起來完全互補的優秀企業合資之初就獲得了業界的盛讚。當時德隆宣稱主要是看中了匯源的優秀管理團隊、企業文化以及成熟的市場運作模式，期望通過合作達到「1＋1＞3」的效果。但從後來的結果看，1＋1 非但沒有大於 3，反而小於 2。

2002 年起始，德隆開始「一反常態」的頻繁向匯源伸手借款，一開始是 5000 萬元，後來借到 1 億，再後來變到 2 億，與此同時德隆承諾的還款週期也越來越短，從最早的三個月，縮短到一個月，最後變成了一週。顯然德隆對大額資金的需求已經變得越來越迫切了。德隆借款的利息高達 15%～18%，資金回報此匯源經營產品的利潤高出許多。但是當借款額已經高達 3.8 億元，歸還的前景，開始不確定時，匯源公司意識到危險來了。無獨有偶，匯源新老股東在經營上也產生了諸多摩擦，利潤也開始下滑。

2003 年 4 月，察覺到危險的匯源集團掌門人朱新禮使出渾身解數，不惜以「對賭」的、可能會失去自己的匯源方式，巧妙的通過「湖北威陵」以 5.3 億元的代價回購德隆 51%的股權，完成了「勝利大逃亡」。陷入資金困境的德隆集團，無奈退出北京匯源。一年後，德隆帝國轟然倒地，匯源集團實現「勝利大逃亡」。

2. 2005 年，與臺灣的統一集團合作。

2005 年 3 月 21 日，匯源與臺灣的統一集團簽訂了組建合資公司協定。匯源集團分拆其果汁產品業務，統一集團斥資 3030 萬美元、約合 2.5 億人民幣，雙方共同組建合資公司「中國匯源果汁控股」，統一集團持有合資公司中 5%股權。與 15 個月前回購北京匯源 51%控制權支付的 5.3 億元人民幣相比，此次合資的升值幅度高過 400%，業界驚呼為「天價」。

然而好景不長，2006 年 7 月 2 日，統一黯然退出匯源。原因在於台灣當時的相關政策：「台灣企業到大陸投資的總額不得超過其資本淨值的 40%」。統一那些年在大陸的各種投資項目，已接近 40%的上限，而當初與匯源的合資計劃是 2007 年 6 月必須資金到位，因此「統一基於投資額度分配考量，不得不忍痛放棄這一個非常好的合作機會」。

3. 2007 年，香港上市。

2006 年 7 月 3 日，法國達能和三家 PE 機構（美國華平投資集團、荷蘭發展銀行以及中國香港惠理基金）共同投資匯源 2．225 億美元，買下匯源 35%的股權。其中，法國達能將投資 1.41 億美元，持有匯源 22.18%的股權。

2007 年 2 月 23 日，匯源果汁在香港主板掛牌上市，股價當日收報 9.98 港元，此招股價高出 66%，創下 77 倍 PE，共籌資 24 億港元。

其中達能出資 1.22 億美元收購匯源首次招股中發行的 1.59 億股，加上前期購買股份，達能在匯源上市後持股 24.3%，其用意「昭然若揭」。然而，由於達能整體產業戰略的調整以及此間和娃哈哈股權紛爭帶來的負面影響，達能後來失去了對匯源實施戰略控股的先機。

4. 2008 年，可口可樂併購。

2008 年 9 月 3 日，匯源果汁發佈公告稱，可口可樂公司將以約 179.2 億港元收購匯源果汁集團有限公司股本中的全部已發行股份及全部未行使可換股債券，可口可樂提出的每股現金作價為 12.2 港元，相當於前以交易日匯源果汁市值的 3 倍。然而，「天有不測風雲」，由於錯綜複雜的原因，2009 年 3 月 18 日，商務部根據《反壟斷法》禁止可口可樂收購匯源。匯源還要持續一段「孤身走我路」的日子。

從 2001 年與德隆合作時的 4.9 億元估值，到 2005 年與統一合作時約 50 億元的估值，再到 2008 年可口可樂合作時的 179 億港元報價，匯源果汁不斷地在陰差陽錯中與資本共舞，完成一次又一次的撐竿跳，價格也一路水漲船高，演繹了一個傳奇的財富故事。可口可樂併購匯源，從民族品牌之爭到涉嫌行業壟斷，眾說紛紜，後來中國政府否決可口可樂公司購匯源。

＜案例三＞ 帝國銀行的還鄉兼併

匯豐銀行兼併米特蘭銀行一役，曾震動國際金融界，堪稱現代企業收購兼併的典範。

踏入 20 世紀 80 年代，匯豐銀行集團為應付香港政治、經濟環境的轉變，加速部署集團國際化戰略，以實現其帝國還鄉的宏願。然而，匯豐的征戰可說是一波三折，荊棘滿途。1981 年收購蘇格蘭皇家銀行，功虧一簣，鎩羽而歸。幸虧，當時英國四大結算銀行之一的米特蘭勢弱，給匯豐提供了一個極其難得的機會，匯豐遂以驚人的耐心、深藏的謀略部署此役。

期間，同為英國四大結算銀行之一的萊斯中途殺入，匯豐面對強敵，沉著應戰，步步逼迫，重重波折之後，匯豐終於過關斬將，成功兼併米特蘭銀行，一舉躋身世界十大銀行之列，取得戰略性的優勢。

世紀之戰，始終需要天時、地利、人和三方面的因素配合，缺一不可。

匯豐收購米特蘭銀行一役，其實最早可追溯到 20 世紀 70 年代末。其時，香港新界九七租約屆滿的問題已開始困擾英國及香港政府。因此，1977 年匯豐銀行遂開始著手部署集團的國際化戰略，以作應變之策。

匯豐全名香港上海匯豐銀行有限公司，創辦於 1865 年，由當時香港幾乎所有主要的外資洋行聯手創辦，是香港開埠以後第一家在香港註冊、以香港為銀行總部所在地的本地銀行。匯豐的股東最初包括

英國人、美國人、德國人、丹麥人、猶太人以及印度人，不過，在其後的歲月裏，除英商外的其他股東陸續退出，匯豐遂演變成英國人管理的銀行。

匯豐創辦後業務發展迅速，很快成為香港最大銀行，並一度成為中國金融業的主宰、赫赫有名的壟斷寡頭。匯豐的業務雖然在很長一段時間裏主要集中在香港及中國內地，但其在海外的業務一直相當活躍。1865 年匯豐創辦後，即在英國倫敦開設分行，翌年又在日本開設分行，成為日本歷史上第一家外資銀行。1880 年匯豐在美國紐約建立分行。因此，早在 19 世紀，匯豐銀行的分行網路已橫跨亞、歐、美三大洲。

1949 年中華人民共和國成立，匯豐將業務從中國大陸撤回香港，並開始向海外拓展。匯豐向海外拓展、邁向國際化的最初步伐，是 1958 年和 1960 年先後收購有利銀行和中東英格蘭銀行，將業務擴展到南亞次大陸、西亞和中東地區。

1965 年，匯豐在香港銀行危機中一舉收購最大的華資銀行恒生銀行 51%股權，從而奠定了匯豐在香港的壟斷地位。到 20 世紀 70 年代後期，匯豐及恒生銀行在香港銀行業存款市場已佔有約六成佔有率，發展餘地有限。其時，香港的九七問題亦已開始浮現。匯豐籌畫部署集團國際化戰略，計畫在亞洲以外的美洲及歐洲建立戰略據點，形成所謂「三腳凳」的戰略佈局。

一、匯豐收購米特蘭銀行的前哨戰和序曲

1978 年，匯豐與美國海洋密蘭銀行達成協定，以 3.41 億美元價格購入該銀行 51%的股權，海洋密蘭銀行亦改名為海豐銀行。1987

年底，匯豐再斥資 7.7 億美元收購海豐銀行剩餘的 49%股權，使之成為匯豐在北美的全資附屬公司。

海豐銀行是美國第十三大銀行，1979 年總資產達 172 億美元，1981 年完成收購時總資產增至 255 億美元。海豐銀行總部設在紐約北部的布法羅，擁有逾 300 家分行，在紐約州有廣泛的商業網絡，在商業銀行業務方面佔領先地位。匯豐收購海豐銀行後，無疑在北美洲建立了一個進一步擴張的橋頭堡。然而，其時海豐銀行在連年虧損之下，匯豐不得不多次向海豐銀行注資。就在匯豐成功收購海豐銀行51%股權之後，匯豐即將視線轉向歐洲，尤其是英國，1981 年 3 月 16 日，英國標準渣打銀行提出全面收購蘇格蘭皇家銀行的建議，匯豐即時介入，與標準渣打銀行展開激烈的爭奪，是匯豐收購米特蘭銀行的前哨戰和序曲。

4 月 7 日，匯豐建議全面收購蘇格蘭皇家銀行，以每八股繳足匯豐股份換取蘇格蘭皇家銀行普通股五股。根據當時的股價，匯豐的建議是以每股 203 便士的價格進行收購，比標準渣打銀行較早時提出的收購價高出 45%。

當時，匯豐副主席包約翰明確表示，收購蘇格蘭皇家銀行是匯豐整個發展計畫的一個重要環節，匯豐將視蘇格蘭銀行為其拓展歐洲的「旗艦」。匯豐若成功收購蘇格蘭皇家銀行，匯豐的股份將有四成由海外入主持有，匯豐將成功把一半資產移到海外，以存款計可躋身世界十大銀行之列。然而，匯豐的收購計畫遭到巨大阻力。首先是英國政府及金融界的反對。英倫銀行不願看到一家大銀行的控制權落在殖民地機構手中。其次是蘇格蘭人的抗拒情緒。早在標準渣打銀行提出收購計畫時，民族意識強烈的蘇格蘭已表示不滿，及至匯豐銀行加入收購戰，反對聲音更加響亮。蘇格蘭的各個黨派團體均先後公開表示

反對，一些地方議會甚至威脅將取消存款戶口。

　　蘇格蘭皇家銀行是蘇格蘭結算銀行之首、全英第五大結算銀行。民族意識濃厚的蘇格蘭人顯然不願他們最大的銀行的控制權轉移到倫敦，更遑論其殖民地的香港。為平息蘇格蘭人的不滿，匯豐銀行一方面強調其蘇格蘭血統（匯豐銀行的創辦宗旨，就是「以蘇格蘭人的傳統，在亞洲經營一家銀行」，匯豐的管理權就長期掌握在英國的蘇格蘭人手中），同時表示願意讓蘇格蘭機構控制部分股權。

　　4 月 23 日，標準渣打銀行向匯豐銀行展開反擊，提出新的反收購建議，以標準渣打普通股一股加一股面值 225 便士浮動息率債券再加現金 220 便士換蘇格蘭皇家銀行五股普通股，即將收購價提高到每股 213 便士。翌日，標準渣打銀行董事局和蘇格蘭皇家銀行董事局發表聯合聲明，表示蘇格蘭皇家銀行董事局同意標準渣打銀行的新收購條件，並建議股東接納。不過，標準渣打銀行的收購建議最後遭到英國壟斷及合併委員會的否決，而匯豐銀行的收購建議亦遭到相同的命運。據說，英國壟斷及合併委員會否決匯豐銀行建議的主要原因，是當時香港的銀行監管未符合英國標準，以及匯豐銀行在香港所享有的特殊地位。此役，匯豐銀行可說是功虧一簣，鎩羽而歸。

二、匯豐收購米特蘭一波三折

　　匯豐銀行進軍歐洲之途儘管荊棘滿布，然而並沒有就此止步。1984 年，匯豐收購了以倫敦為基地的證券公司詹金寶 93.9%股權，1986 年再全面收購詹金寶，在英國建立了一個據點。匯豐曾仔細研究了約 30 家歐洲銀行的收購可行性，不過，這些銀行不是收購價格過於高昂，就是業務基礎過於狹窄，均不合匯豐之意。1987 年，匯

豐終於將進軍歐洲的目標，指向英國四大結算銀行之一的米特蘭銀行。

米特蘭銀行創辦於 1836 年，比匯豐還要早約 30 年，當時的名稱是伯明罕和米特蘭銀行，總部設在英國工業重鎮伯明罕，是一家在英格蘭中部工業區起家的銀行。19 世紀後期，米特蘭銀行業務迅速發展，總部亦遷至倫敦。1891 年，米特蘭收購了倫敦的 Central Bank 而成為英國首屈一指的銀行。第一次世界大戰後，米特蘭更隨大英帝國的擴張而被譽為世界最大的銀行，曾長期執英國銀行業的牛耳。

不過，二戰以後，隨著大英帝國的分崩離析，英國國勢的日漸衰落，米特蘭銀行每況愈下。20 世紀 60 年代末，國民西敏寺及柏克萊銀行相繼興起，米特蘭銀行遂降為英國四大結算銀行之末，連萊斯銀行亦不如。造成這種情況的原因之一，是該銀行僵硬的管理體制。

20 世紀 70 年代，米特蘭亦和其他西方大銀行一樣，致力於擴展國際業務，特別是熱衷於墨西哥、巴西等發展中國家的大量貸款，造成大筆壞賬，損失高達 24 億美元。

80 年代中期，米特蘭銀行又進軍美國，收購加州 Crocker 銀行，結果又受地產崩潰的拖累，虧損大約 36 億美元，被迫撤離美國。當時，米特蘭銀行正陷入重重困難之中。

然而，米特蘭銀行畢竟是四大結算銀行之一，以資產值計排名第三，以分行數目計排名第四。米特蘭銀行的總部設在倫敦，在英國擁有 2100 家分行，在德國、法國、瑞士等歐洲國家亦擁有龐大的業務網路。收購米特蘭，無疑將大大加強匯豐銀行在歐洲的基礎，以完成其夢寐以求的「三腳凳」戰略部署。

米特蘭銀行在20世紀80年代中期的困境為匯豐再此進軍歐洲提供了一個千載難逢的機會。當時，英國政府對外資收購英國銀行的態

度正出現鬆動跡象，匯豐及時抓住了這個歷史性良機。

1987 年 12 月，匯豐斥資 3.83 億英鎊，以每股 475 便士的高價（當時米特蘭的股價為每股 350 便士，溢價 90%）購入米特蘭銀行 14.9%股權，並委派兩名董事加入米特蘭銀行董事局，在收購米特蘭銀行的征途中邁出了最重要的一步。兩家銀行並達成協定，匯豐在未來三年內不能改變其持有的米特蘭銀行的股權，而其收購的最後完成價，則以米特蘭銀行當年的資產淨值為准。

在其後的三年間，兩家銀行開始了密切接觸，瞭解雙方的運作程序及業績，並探討雙方合作產生的積極後果。期間，兩家銀行私下交換彼此的部分資產，米特蘭銀行將其在遠東的一些營運機構移交給匯豐，匯豐則將其在歐洲的業務交由米特蘭控制。匯豐又將其在香港設置的 700 多部自動櫃員機與米特蘭銀行在英國的約 2000 多部自動櫃員機以及美國海豐的約 2070 部自動櫃員機聯網，建立起遍及亞、歐、美三大洲的龐大自動櫃員機網路。

然而，匯豐收購米特蘭之役仍然是好事多磨。1990 年 12 月，雙方協議的三年期限即將屆滿，正當外界紛紛預測匯豐和米特蘭可能合併之際，匯豐銀行突然出乎意料地宣佈有關合併計畫已經擱置。當時，匯豐主席蒲偉士在接受記者訪問時表示：「當我們考慮進一步合併時，即遇上困難。」不過，他並沒有言明困難之所在。

一般分析，這與當時兩家銀行所處的困境有關。1990 年度，匯豐在美國和歐洲的業務均觸礁，虧損達數億美元之巨。而米特蘭面對的困難更大，其時英國已開始步入經濟衰退期，銀行不可避免的在國內借貸方面的業務蒙受巨額的虧損。到 1991 年，這個陰影終於化成較預期更惡劣的事實，米特蘭被迫宣佈自 20 世紀 30 年代以來第一次削減股息。因此，合併的時機遠未成熟。

進一步的分析顯示，當時匯豐銀行的內部結構對兩行的合併亦可能是一個重大障礙。長期以來，匯豐一直是作為一家註冊地及總部均在香港的公司發展，其主要營運機構又同時兼有控股公司的職能，這種狀況顯然對匯豐收購米特蘭不利。因此，就在宣佈暫時擱置合併的當天，匯豐即宣佈集團重組，將匯豐屬下一家設在倫敦的公司升格為集團的控股公司，即匯豐控股有限公司。這樣，匯豐低調而巧妙地實現了變相遷冊，即至少從名義上來說，匯豐已是一家總部和註冊地均在英國倫敦的公司，這一結構性轉變無疑為匯豐日後的收購創造了有利條件，在某種程度上減少了英國方面的阻力。

三、匯豐與萊斯的幕後較量

從 1990 年 12 月至 1992 年 3 月期間，有跡象顯示，匯豐收購米特蘭的計畫一度瀕臨告吹。1991 年 4 月，米特蘭銀行候任主席韋特在接受路透社記者訪問時曾明確地表示，米特蘭與匯豐銀行的聯繫已經完結，他工作的主要目標，是要令米特蘭銀行成為一家獨立及有贏利的銀行。當時，他亦排除了其他銀行收購米特蘭的可能性。

不過，事實上在 1991 年匯豐與米特蘭合併之議暫時擱置期間，大約有 15 家國際銀行與米特蘭銀行接觸，有意進行收購。其中最積極者，當數英國四大結算銀行之一的萊斯銀行。

萊斯銀行其實與米特蘭銀行有著頗為濃厚的歷史淵源，兩者皆植根於英國傳統的工業重鎮伯明罕，並對當地的工業發展扮演重要角色。與米特蘭相比，萊斯在伯明罕市有著更深厚的歷史背景，它的前身是 Tay Lors and Loyds Bank，創辦於 1765 年。米特蘭銀行的檔案保管人格林說：「全國兩間最大的結算銀行皆源自伯明罕，實在了

不起；彼此間更存在著密切的關係，我們的客戶往往是我們銀行的股東，那是 1830 年以來長久忠誠的象徵。」不過，萊斯銀行與米特蘭銀行最大的差別是，前者多年以來皆屬家族式合夥生意，而後者成立至今皆由股東擁有。

萊斯銀行早已有意收購米特蘭銀行，有關資料顯示，它早於 1991 年初已著手研究收購米特蘭事宜，只不過一直秘密行事，未向外界洩露，亦沒有知會米特蘭。直到 1991 年 11 月底，萊斯才開始與米特蘭接觸，洽談收購事宜。談判由萊斯銀行行政總裁兼收購策劃人皮特曼及米特蘭銀行總裁皮爾斯親自接觸，兩位都是身經百戰、意志堅定及善於談判的銀行家，但皮爾斯其實並不歡迎萊斯主動接觸該行，原因是他自 1991 年 3 月接掌米特蘭行政總裁一職後實施的刺激措施才剛剛見效，他認為假以時日，米特蘭將有機會保持其獨立地位。

有鑑於此，皮爾斯在與萊斯接觸後翌日，即主動約見英倫銀行副行長喬治。喬治給他的答復是，英倫銀行無法干預此事，但壟斷及合併委員會等監管機構可能會質疑兩大銀行合併會否危及公眾利益。

當時，萊斯銀行表示希望能閱覽米特蘭銀行的詳細賬目，以評定是否正式提出收購建議。但米特蘭認為時機尚未成熟，拒絕把銀行內部機密資料貿然交給一主要競爭對手。皮爾斯要求萊斯銀行靜心等候，待該行於 1992 年 2 月 27 日公佈業績，才決定是否提出收購。到了 1991 年底，雙方達成初步協定，萊斯同意於米特蘭董事局定於 1992 年 3 月 13 日召開的會議提出正式收購協議。

1992 年 1 月，皮爾斯將此事知會匯豐銀行，因為匯豐是米特蘭的主要股東，自 1987 年起持有該行 14.9%股權，匯豐並委派兩名代表加入米特蘭董事局，其中之一便是匯豐主席蒲偉士。皮爾斯告知蒲偉士，有銀行接觸米特蘭，洽商收購該行，但他沒有披露該銀行的身

份。他向蒲偉士表示，匯豐可考慮出售所持米特蘭股份或重新考慮提出收購。

匯豐一直沒有放棄收購米特蘭的計畫，只是條件尚未成熟暫時擱置。及至 1992 年初收購條件已漸趨成熟，當時，匯豐在香港和亞太地區獲得創紀錄的利潤，在美國和澳洲的虧損則已減少，而米特蘭業績亦已到了穀底，開始回升。1992 年 2 月，匯豐銀行回復米特蘭，無意放棄所持股份。匯豐主席蒲偉士表示有意提出收購，惟必須等待匯豐於 3 月 10 日公佈業績後才可洽談細節。米特蘭亦向匯豐開出時間表，一如萊斯般，要求匯豐於 3 月 13 日向米特蘭董事局提交正式建議。米特蘭亦轉告萊斯，該行多了名競爭對手，雖然沒有指明是誰，但其實匯豐和萊斯均已心中有數，加快收購部署。米特蘭要求兩家銀行承諾，無論米特蘭選擇那一家銀行的收購建議，敗方不會提出敵意收購。不過，事後證明，萊斯並無遵守承諾。到了 3 月初，萊斯銀行首先發動突然襲擊。

3 月 1 日，皮特曼向皮爾斯暗示，萊斯可能會公佈該行正與米特蘭洽商收購事宜。翌日傍晚，萊斯正式通知米特蘭，該行已決定公佈有關消息，理由是收購談判涉及太多銀行家及顧問，該行恐防消息外洩。對此，米特蘭方面大表不滿，擔心此舉可能引起米特蘭客戶和員工的不安。皮爾斯遂急電英倫銀行副行長喬治。不過，喬治比他更快一步，並轉告皮爾斯萊斯銀行已改變主意。一場危機算是結束。

到了關鍵 3 月 13 日上午的時刻，米特蘭董事局按原定的時間開會，為了防止萊斯主席摩斯及行政總裁皮特曼的出現引起傳言，會議改在華寶證券公司辦公室舉行。會上，萊斯提出了以一股萊斯股份換一股米特蘭股份的收購建議，按當時市價，每股米特蘭的收購價為400便士。萊斯並指出，兩行合併後可關閉 1100 家分行，削減經營成本。

　　會後，米特蘭董事們即回總部，聆聽匯豐銀行所提的收購建議。匯豐主席蒲偉士在詹金寶主席的陪同下出席了會議，並作了長達 30 分鐘的演講。蒲偉士展開一幅世界地圖，向米特蘭董事局的董事們說明兩行合併後在各區業務上的互相配合及其在國際銀行界的地位。最後，他建議匯豐控股向米特蘭銀行提出全面收購，以每股匯豐控股股份加 80 便士債券換一股米特蘭股份，以當時市價，匯豐的收購價為每股米特蘭 410 便士，略高於萊斯的收購價。

　　接著，米特蘭董事局又討論了第三份建議，即由該行財務總監所提出的保持銀行獨立的意見。但董事局對該意見興趣不大，原因是米特蘭股東所得的回報，無論是股價或派息，都不能與匯豐及萊斯所提出的收購價相比。最後，米特蘭董事局決定選擇匯豐，主要原因有兩點：一是他們較欣賞匯豐所提出的注資和擴展業務的建議；二是擔心選擇萊斯，可能遭到英國壟斷及合併委員會的否決。當日下午，米特蘭董事局向萊斯宣佈了壞消息。至此，匯豐和萊斯的幕後較量已告結束，匯豐先勝一回合。

四、匯豐提出全面合併建議

　　3 月 17 日，匯豐控股和米特蘭銀行同時分別發表合併聲明。匯豐控股聲稱，匯豐及米特蘭兩銀行董事局認為現時將兩集團合併將符合兩家公司及其股東的最佳利益，匯豐將向米特蘭銀行提出推薦建議以進行合併。

　　4 月 14 日，匯豐宣佈合併的具體建議，即以一股匯豐股份及一英鎊匯豐十年期債券換取一股米特蘭股份。按當時價格計算，匯豐實際上以每股米特蘭作價 387 便士提出全面收購。與此同時，匯豐公佈

其高達 166 億港元的內部儲備，此舉除了顯示實力外，用意在於推高匯豐股價，以增強收購米特蘭的吸引力。

匯豐合併消息公佈後，全球矚目，香港為之轟動。翌日，香港股市恒生股市一度下挫逾 100 點，匯豐股價下跌 10%，而倫敦米特蘭股價則爆升三成以上。市場的即時反應是：這次合併是匯豐進一步淡出香港的重大步驟，有利於米特蘭而不利於匯豐。1992 年 3 月 18 日，香港《明報》就以《一股換一股，魚翅撈粉絲》為題發表評論，直指此次換股對匯豐股東不公平。

不過，英國倫敦金融市場人士則認為，匯豐控股提出收購米特蘭銀行的價錢未如理想，由於出價低於 400 便士，在心理上令市場感到是以最低價格收購這家英國四大結算銀行之一的米特蘭，因此不足以阻止萊斯銀行加入收購戰。英國《金融時報》發表社評指出：這次合併實際上是一種不平等的婚姻——財雄勢大的匯豐銀行提出吞併米特蘭銀行，從此匯豐主席蒲偉士控制了米特蘭。

稍後，匯豐銀行主席蒲偉士接受香港記者訪問，詳細解釋了這次收購行動的動機，以平息有關各方的猜測。他表示，匯豐收購米特蘭主要是基於三點考慮：

第一，九七政治轉變的考慮。蒲偉士說：「這項建議對匯豐……是非常重要的，因為未來幾年會存在一些不明朗的因素，我們作為國際性銀行，在各大重要外匯市場進行交易，當我們進入帶有不明朗因素的過渡時期，尤其是 1995 年，屆時立法局會進行直接選舉，若香港最大的銀行被冠以問號，對香港將會造成嚴重的損害。我就是希望借此消除這個可能的大問題。」如果說蒲偉士還講的比較含蓄，那麼匯豐副主席葛賽則說得更坦率。他表示：「匯豐成功收購米特蘭，則可以消除因香港回歸所引起的恐慌。」

第二，商業利益的驅動。蒲偉士說：「我們過去十年一直嘗試打入歐洲市場，而且更是米特蘭的最大股東，通過既有的投資打入歐洲市場，對我們是難得的機會。」他強調：「打入歐洲市場非常重要，因為歐洲是非常龐大的貿易地區，可惜匯豐在當地的業務據點卻不足，合併對一向在亞太地區有強勁業務的匯豐肯定有好處。」

從商業角度，合併了米特蘭之後的匯豐，等於取代了米特蘭在全歐洲的經營地位，原來匯豐在歐洲只是如外來銀行的角色，合併之後成為通行無阻的歐洲銀行。合併米特蘭，匯豐即可完成其十年精心部署「三角凳」戰略，躋身國際性最大銀行之列。

第三，保證匯豐的控制權牢固掌握在匯豐董事局手中。蒲偉士表示：「在 20 世紀 80 年代，銀行之間互相收購成風，我可以絕對肯定，那是若然我們不向外發展，匯豐必然被一間美國或日本銀行收購了。那時匯豐的經營權可能落入一些對香港沒有興趣的人手裏。這次我們提出與米特蘭銀行合併，用意就是要掌握自己的命運。……由我們來控制匯豐的命運是較佳的選擇。」長期以來，匯豐一直通過匯豐銀行條例，限制投資者在未經匯豐董事局批准不得持有超過 1%匯豐股權，借此保衛董事局對匯豐的控制權，即使在 1989 年修訂公司章程時亦未敢輕言取消這一規定。而這次匯豐合併，匯豐即宣佈取消有關限制。顯然經此一役，董事局對匯豐的控制已無後顧之憂。

五、中途殺出萊斯銀行，橫刀奪愛

然而，匯豐銀行與米特蘭的合併之途，並非一帆風順。1992 年 4 月 28 日，英國四大結算銀行之一的萊斯銀行終於從幕後殺出，宣佈介入收購戰，從而正式揭開一場震撼英國銀行界的收購戰序幕。萊斯

銀行表示，考慮以一股萊斯銀行股份加 30 便士現金，即每股作價 457
便士收購米特蘭銀行股份。萊斯銀行的收購價涉及金額高達 37 億英
鎊，比匯豐銀行的收購價高出 20.9%。

　　萊斯銀行主席摩斯在記者招待會上表示，萊斯的收購行動符合英
國銀行界及米特蘭存戶的利益。兩行合併後，密特蘭銀行將接受萊斯
銀行的內部改組，由於兩行業務頗多重疊，有關改組將包括裁員兩萬
人及可能關閉全國多達 1000 家分行。摩斯指出，因改組裁員而節省
的成本，預料在四年後可達 7 億英鎊，這些資金將轉而分配給兩行合
併後的員工、顧客及股東，從而大大增加集團今後在銀行市場中的競
爭力。

　　一般分析，萊斯銀行之所以不惜付出高昂代價，高姿態地加入收
購戰，原因主要有兩點：一是通過收購米特蘭擴大市場佔有率，增加
集團的競爭力；二是要從收購戰中蹚渾水來抵擋匯豐的「入侵」。特
別是匯豐的「入侵」更突出第一點的重要性。因為如果任由匯豐衣錦
還鄉，萊斯銀行將跌至四大結算銀行末位，以後在市場上更加強敵環
伺經營條件將更加不利。

　　不過，萊斯銀行的收購計畫實際上存在不少政治問題。萊斯和米
特蘭均為英國主要銀行，合併後市場佔有率將達 1/3，勢將引起英國
政府及國會關注會否出現壟斷情況。因此，該收購計畫估計難以被英
國壟斷及合併委員會通過。此外，兩大銀行合併，涉及裁退上萬員工，
所面臨的政治壓力也不少。

　　正因為如此，萊斯銀行宣佈，其收購建議有兩條項附帶條件：一
是萊斯的收購建議無須提交壟斷及合併委員會審議，如果萊斯須提交
建議，匯豐的收購建議亦須提交該委員會考慮；二是萊斯可取得自本
年初匯豐所獲取的米特蘭資料。萊斯銀行表示，若此兩項條件不能實

現，萊斯銀行放棄收購計畫。

對於萊斯的介入，匯豐即發表聲明予以還擊。匯豐在聲明中強調兩項收購建議的重大差別：第一，匯豐的確建議與萊斯的「可能建議」存在關鍵區別，後者須接受若干條件限制，而該等條件預料難獲解決。第二，匯豐與米特蘭的合併可帶來明顯優勢，合併的主要理由是藉建立一家雄厚的國際銀行而令業務增長；而萊斯建議的目的之一，是將兩行業務縮減，包括結束大量分行、大量裁員以及令米特蘭的名字從零售行業務中消失。第三，匯豐與米特蘭的合併可加強競爭及提高英國銀行界的客戶服務水準，故無須提交壟斷及合併委員會審議，而萊斯建議的構思將會減低市場上的選擇、競爭及為公眾提供的服務。

匯豐主席蒲偉士更公開表示，萊斯只是在採取破壞戰術，萊斯的建議假如完成，無疑將摧毀米特蘭。作為米特蘭的最大股東，匯豐對這個可能性感到震驚。

為了迎擊萊斯的挑戰，匯豐也在行動上隨即做出了一系列部署。5 月 3 日，匯豐以重金聘請英國前財政部次官麥浩德為顧問。麥浩德早年在劍橋大學主修法律，隨後考獲大律師資格，他在執業期間曾專攻競爭法律和歐洲大陸法。麥浩德又先後任職於英國貿工部、財政部及外交部，熟悉英國銀行業務和收購合併事宜。匯豐聘請麥浩德，主要是借助他的專業知識，集中解決收購米特蘭所涉及的法律問題，並利用其在英國政壇上的聯繫，從中進行斡旋。事後證明，匯豐此舉在英國政壇發揮了重要作用，麥浩德除遊說逾百名議員支持匯豐的收購計畫外，還使 160 名國會議員聯合反對萊米合併。與此同時，匯豐主席蒲偉士亦親率一代表團遠赴英國倫敦，積極推介匯豐的收購方案，蒲偉士又約晤英國貿工大臣赫塞爾廷和公平交易辦公室總裁哥頓，商

討收購計畫。蒲偉士在接受《倫敦時報》的訪問時承認，在收購米特蘭戰役的第一回合，萊斯因提高收購價，以及向傳媒洩露有條件的收購計畫而佔了上風，匯豐將在第二回合予以反擊。5 月 8 日，匯豐正式向米特蘭銀行股東發出收購文件，由於匯豐的股價實際上已提高到每股米特蘭 420 便士，與萊斯的差距正在縮小，而在此之前兩天，米特蘭主席韋特在股東大會上亦呼籲股東支持匯豐方案。

就在匯豐發出收購文件的數小時後，萊斯銀行於深夜發表十點聲明，逐條駁斥匯米合併的優點。

萊斯銀行以「重磅炸彈」的形式全面抨擊匯豐的收購計畫，它特別打出「中國牌」，質疑匯豐在 1997 年後香港的政治地位。萊斯亦就此點向歐共體及英國銀行監管當局呈遞了一份報告，內容主要對香港日後的政治地位提出質疑，以表明匯豐收購米特蘭的不適當之處。該報告指出：若匯豐成功收購米特蘭，將導致「一家英國大銀行受到一個外國政府的影響，尤其是這個外國政府的價值觀與英國不同，是一件值得極力關注的事，現應予以最深入的研究」。

鑑於匯豐屬意由歐共體委員會監管當局審議收購計畫，萊斯銀行又抨擊匯豐此舉是意圖走捷徑，「瞞天過海」。據分析，萊斯的策略是，儘量不讓歐洲共體委員會的競爭部門，引用歐洲的銀行競爭法審核匯豐的收購併達成最後裁決。相反，它爭取將兩項收購計畫均交由英國貿工部的公平交易辦公室審理，最後驚動英國貿工大臣赫塞爾廷，由赫塞爾廷出面仲裁。

這種策略的背後，是因為赫塞爾廷和萊斯銀行屬下的商人銀行曾有過密切的合作關係。1986 年，赫氏曾支持一個歐洲企業集團收購英國的韋斯蘭直升機製造公司。該集團當時的財務顧問就是萊斯商人銀行主席及是次收購戰的策劃人之一。據瞭解，該主席和赫斯爾廷在

韋斯蘭事件中，建立了良好的關係。

　　萊斯銀行深知赫塞爾廷在收購行動中所起的關鍵作用，因為萊斯的收購計畫是否需交由獨立的壟斷及合併委員會審議，全看赫塞爾廷的決定。為了加強對赫塞爾廷的遊說工作，萊斯亦聘請了保守黨資深議員咸遜擔當政界說客，後者曾力捧赫塞爾廷競選保守黨魁，與赫氏交情不淺。

　　5 月 15 日，萊斯銀行向米特蘭股東致函，遊說後者接受萊斯的收購建議。翌日，英國收購小組駁回米特蘭銀行的上訴，著令其提供給匯豐控股的商業資料，須同樣提供給萊斯銀行。與此同時，英國前保守黨大臣維格斯向英國貿工大臣赫塞爾廷要求，把匯豐的收購計畫從歐洲共體委員會處移交由英國壟斷及合併委員會處理。在一連串強大攻勢下，萊斯銀行的收購建議似乎已漸露曙光，而匯豐的收購計畫則蒙上陰影。

六、匯豐終於成功兼併米特蘭銀行

　　但從 5 月下旬起，匯豐的收購計畫出乎意外地進展順利，先是英倫銀行和歐洲共體委員會相繼批准匯豐的收購建議，繼而英國貿工部發表聲明，表示不反對匯豐的收購計畫，無須交由英國壟斷及合併委員會審議，並裁定萊斯銀行的收購計畫須轉呈英國壟斷及合併委員會裁定。這實際上意味著匯豐已獲得歐洲及英國的所有監理當局的批准，僅剩下最後一關：獲得米特蘭多數股東的同意。

　　這次匯豐收購米特蘭，情形與於 1981 年收購蘇格蘭皇家銀行迥然不同，其背後無疑有著深刻的政治考慮。英國政府早有準備部署迎接匯豐衣錦還鄉。以當前匯豐姿態，如果說它僅止於本身商業考慮，

並不包含有英國的長遠經濟利益計算在內，那是不會有人相信的。因此我們可以看到，英倫銀行已把匯豐買米特蘭，同時當作英國部署九七之後撤出香港管治的長遠打算，即是說匯豐管理重心安全靠岸，又更好藉著匯豐地位，以維繫在香港的商業利益。在這之下，英倫銀行屬意匯米合併，已言不盡意。

6月2日，為保證最後擊敗萊斯銀行，避免其十年進軍歐洲的大計功敗垂成，匯豐宣佈提高收購米特蘭的價格，以每120股匯豐控股面值 65 英鎊新匯豐債券或 65 英鎊現金換取 100 股米特蘭，匯豐將收購價提高到每股米特蘭股份 471 便士，收購總值亦從原來的 31 億英鎊提高到 39 億英鎊，增幅達 25.8%。

據接近匯豐高層人士透露，匯豐最初提出的收購條件是故意偏低，以保留實力。因此，是次提出較優厚的條件，是整個收購策略的一部分。匯豐認為，米特蘭確是物有所值，對匯豐進軍歐洲甚具策略作用，而競爭對手萊斯銀行在英國甚具影響力，其收購建議雖然要由英國壟斷及合併委員會調查，但仍有威脅匯豐的餘地，故匯豐決定加強「注碼」，以確保萬無一失。

6月5日，萊斯銀行宣佈放棄收購計畫，匯豐的最後障礙消除。萊斯銀行在聲明中表示，萊斯仍然深信能說服壟斷及合併委員會，其收購建議符合公眾利益，並獲批准進行，但該委員會要到 8 月 25 日才能就其決定提交報告。相反，匯豐的建議獲歐共體委員會批准，並於 7 月 7 日截止，在這種情況不明朗的影響下，雖然萊斯與匯豐的收購建議，在價格上大致相同，但要說服米特蘭的股東，承擔不明朗的因素，放棄接受匯豐的建議，必須付出可觀的溢價。要達到這個目的，並不符合萊斯股東的利益，故萊斯決定放棄收購米特蘭計畫。

6月26日，匯豐宣佈，截至 6 月 25 日，匯豐就其最後收購建議

共收到 4.3 億米特蘭股份的有效接納，約佔米特蘭已發行股份的
54.8%，加上匯豐控股於 1992 年 3 月 7 日時所持有的 1.15 億股米特
蘭以及 3 月 17 日以後陸續從市場購入的 3500 餘萬股米特蘭股份。
匯豐控股實際上已控制 5.83 億股米特蘭股份，約佔米特蘭已發行股
份的 73.88%，匯豐的收購已無障礙。7 月 10 日，匯豐控股已收到逾
九成米特蘭股份的有效接納，可行使強制性收購法例，將米特蘭私有
化，使之成為匯豐控股的全資附屬公司。至此，匯豐部署的收購計畫
大功告成。

七、匯豐銀行成功躋身世界十大銀行之列

在成功收購米特蘭的同時，匯豐控股與香港聯合交易所及倫敦證
券交易所達成協議，獲准在香港和倫敦兩地同時作第一上市，並同時
接受兩家交易所監管。根據協定，若兩地交易所的規則有任何歧義，
在一般原則下，除非另獲有關交易所同意，匯豐將遵從披露標準較高
或要求較嚴的規則。而匯豐控股亦取代米特蘭的上市地位，成為英國
金融時報指數成分股。稍後，匯豐控股董事局重組，並與匯豐銀行董
事局分離，遷往倫敦。

匯豐收購米特蘭後，成功晉身世界十大銀行之列，其資產總值高
達 1450 億英鎊（約折合 2.11 萬億港元），其中，53%分佈在歐洲，30%
在亞太區，15%在美洲，2%在中東地區，合計共有 3300 家分行及辦
事處分佈在全球 68 個國家和地區。

香港傳媒將匯豐收購米特蘭一役稱為匯豐的「帝國還鄉戰」。自
此，匯豐從一家香港公司蛻變為一家以英國為基地的跨國銀行集團，
註冊地、控股公司及其董事局均在倫敦，第一上市地位實際上亦主要

在倫敦，股東主要來自香港以外地區，資產和業務橫跨歐、亞、美三大陸，來自香港的資產僅佔三成。因此，匯米合併，實際上標誌著匯豐十餘年來精心部署的集團國際化戰略已大致完成。

　　無論如何，匯豐收購米特蘭可說是其發展史上最成功的一役商戰。自此，匯豐即以國際超級銀行的姿態在世界金融業縱橫捭闔。

心得欄 ─

─ ─

─ ─

─ ─

─ ─

─ ─

併購案例

<案例四>　思科公司的併購壯大之道

思科公司(Cisco Systems Inc., CSCO)成立於 1984 年底，總部設在加利福尼亞州聖何塞，主要生產網路聯結用的相關設備和軟體，1999 年思科公司的銷售額達 174 億美元，全球網際網路骨幹網路中 80%以上的交換器和路由器是思科的產品，2000 年 3 月股票市值超過微軟，躍升為世界第一大公司。在 IT 業遭遇寒冬的 2002 年，思科在積極突圍及迅速調整下，依然取得了令人鼓舞的成績。思科何以如此輝煌？究其原因，關鍵在於思科在公司的不同發展階段，針對市場的不同需求，採用了適當的發展策略。一旦市場需求、競爭狀況發生變化，立即調整，從而使思科不斷發展壯大，立於不敗之地。

一、利用併購快速低成本擴張

1. 併購策略

20 世紀 90 年代思科公司制訂了通過併購迅速發展壯大的戰略。穩中求快，借助外力，這是思科公司建造其王國的基本併購策略。

從 1993～2000 年的 8 年時間裏，思科公司有條不紊地併購了超過 70 家公司，把眾多初出茅廬的公司統一在思科的旗號下，思科股價就如搭上火箭般飛速上升。思科年銷售額達數百億美元，其中一半是由收購回來的公司或技術產生的。並非思科在每次併購上都是贏家，但是它反復利用併購改變了自己的企業。

　　1993 年思科公司第一次併購即取得了巨大成功。當時思科公司
的首席執行官錢伯斯構思了一個併購計畫，提交給思科的董事會。他
提出了未來產品的框架，並建議用併購來填補空白。這個頗有創意而
大膽的方案獲得了董事會的同意，並立即付諸實施。思科公司用 9500
萬美元股票收購了 Crescendo 通信公司。如今這家公司的交換器加
上後來併購公司的產品，成了年銷售額近 70 億美元的拳頭產品之
一。此外，Crescendo 的 4 個合作夥伴也一直在為思科公司工作。

　　經過一系列併購，恩科公司已成為美國甚至全球高技術領域中的
一個新樣板。思科公司的成功是網路時代來臨的又一個重要標誌，
2000 年 Best Practices、Chapel Hill、N.C.等諮詢公司調查了
12 家客戶，結果是思科公司排名第一。國際上多家大公司，特別是
思科的競爭對手(如朗訊和諾特爾網路公司)都在仿效思科公司的併
購策略。

2.思科的典型併購

　　世界上許多公司的合併都失敗了，而思科公司的大多數併購卻非
常成功，可以說，思科之所以迅速崛起關鍵在於併購有道。從思科公
司的一宗典型併購案，就可以看出這家原來並不大的公司是通過併購
快速地低成本擴張起來的。

　　1999 年思科系統公司收購了一家生產光纖設備的公司 Cerent，
收購價格是 63 億美元。這是迄今為止思科公司最大的一起併購行
動，而談判只花了三天零兩個半小時，而且思科很快就把被收購的公
司同化到自己公司中來。

⑴併購動因

　　思科在製造用電子網路傳輸計算機信息的設備上處於支配地
位。但是，各個電信公司受互聯網飛速發展的激勵，都在建設光纖網

路，因為把信息變成光脈衝可以傳輸得更多。而收購 Cerent 公司以前，思科還沒有光纖的專門技術，並有被擠出市場的危險。它只擁有 Cerent 公司 9% 的股份，而利用 Cerent 的裝置卻可以更便宜地實現電話和計算機信息在光纖線路上傳輸。思科 1998 年買進 Cerent 的股份具有戰略意義：利用少量的投資去購買一個已經看得見的潛在收益。因此，收購 Cerent 公司更顯得十分重要。

(2) 併購過程

思科公司首席執行官錢伯斯在 1999 年 5 月份的一次會議上與 Cerent 公司首席執行官卡爾‧盧梭相遇並相識。他們兩人都是天生的銷售人員，以推銷高技術設備開始他們的求職生涯。錢伯斯先生是在國際商用機器公司 (IBM)，而盧梭先生是在 Para-dyne 公司 (Paradyne Corp., PDYN)。他們兩個對於收購一拍即合。

仲夏前錢伯斯已準備好行動。他知道 Cerent 公司可能是一個合適的夥伴。它有一個 100 人的龐大的銷售隊伍，與思科的非常活躍的銷售班子差不多。它在加州 Petaluma 的辦事處十分擁擠，正處在一個養雞場的下風口，比思科公司在聖何瑟 (San Jose) 的辦公場所還要簡陋。在辦事處內，來來往往的員工都用手機在聯繫工作。盧梭先生在一間 8 英尺見方的辦公室指揮一切。

但是 Cerent 公司還有一些錢伯斯先生未看到的其他事情：一個不斷擴大的客戶名單。思科公司經常依賴客戶提供他們需要購買什麼。錢伯斯先生把 1993 年的第一次收購歸功於波音公司 (Boeing Co., BA) 的老總們的指點。1999 年，思科公司收購傳媒通信公司是 Level 3 通信公司的首席執行官詹姆士‧克羅給的信息。

1999 年 8 月 11 日，盧梭先生在三藩市國際機場與思科公司的協議起草人米開朗吉羅‧沃爾比會晤。坐在聯航紅地毯俱樂部 (United

Airline Red Carpet Club)內，沃爾比先生提出收購 Cerent 公司的價格為 40 多億美元，這對一個在其生存期的全部銷售額只有 1000 萬美元的公司來說是一個驚人的數字。盧梭先生壯著膽子要價 69 億美元。

兩天以後，兩位先生在沃爾比先生的辦公室與錢伯斯先生會晤。盧梭指著一本雜誌上的通信網路圖表，提醒錢伯斯不要忽視光纖設備。錢伯斯同意盧梭的看法，提出他的底價：用 1 億股思科公司的股票(市值約 63 億美元)來收購 Cerent 公司 91%的股票。

當時最昂貴的對整個技術公司的收購就基本完成了。

(3)併購的成功之處——整合

思科合併成功的秘訣，在於正式合併以前就動手做了大量準備工作，公司組織一個 SWAT 小組來研究同化工作的每一個細節。這個小組在公司專管兼併同化工作的密米·吉格斯的領導下，組織了三十幾個思科員工，全力投入到指導新來者適應新的工作。當思科正式接管兩個月後，每個 Cerent 公司的員工都有工作，有頭銜，都知道獎勵辦法和保健待遇，並直接與思科公司內部的網站相聯繫。他們中的大多數在合併後，除了發現有新的股票收入外，很難找到有什麼變化。原 Cerent 公司的第三號人物查理斯·羅伯遜是一個出色的軟體工程師，他說：「原 Cerent 公司的員工都說還是像以前一樣地繼續工作，並沒有發生什麼大的變化。」

8 月 25 日下午，Cerent 公司的員工聚集在一個飯店的舞廳中。他們大多以為要宣佈公司 IPO 計畫的新消息，但盧梭先生向員工宣佈的是思科公司收購了 Cerent 公司。員工們目瞪口呆，會場一片沉靜，有些人認為從此要受排擠。

隨後，盧梭先生公佈了收購價格：1.445 股思科的股票兌換 1 股

Cerent 股票。全場的計算器飛速地打開：思科前一天的收盤價為 66.375 美元，粗算下來一股 Cerent 要值 96 美元。一個 27 歲的工程師到 Cerent 公司大約有 18 個月，他持有 3 萬股 Cerent 股票，現在市值近 300 萬美元。那位軟體工程師羅伯遜先生持有更多的股份，他說：「我可以靠它生活了。」當 Cerent 公司的員工還在為此歡慶的時候，思科公司的兼併專家吉格斯小姐立即開始工作。她和兩個助手發給 Cerent 員工每人一個文件夾，其中有思科公司的基本資料，加上 7 個思科公司負責人的電話號碼和電子郵件位址，以及共有 8 頁的 Cerent 和思科兩個公司的假期、醫療、退休等待遇的對照表。比如，思科公司每年發一付眼鏡或隱形眼鏡，而 Cerent 公司是兩年發一次。

兩天之後，思科公司主持幾次對話會，目的都是為了減少 Cerent 員工的疑慮，全力投入工作。錢伯斯先生要求他們每個人都留下來工作，從而打消了他們的最大疑慮。同時盧梭先生告訴他們，沒有他的同意，他們中沒有任何人會被解僱或者工作做重大變換。Cerent 公司是思科收購的公司中比較大也是比較成熟的公司，因此兩者的合併是一場挑戰。Cerent 有 266 個員工，包括一個製造隊伍和一個銷售隊伍，再加上產品和客戶。在宣佈併購後的 6 個星期內還有 100 多個其他員工進入思科。

9 月 25 日，思科公司 23 人的合併班子，與 Cerent 的各負責人第一次聚會，做出了一些有關 Cerent 前途的重大決定。Cerent 將繼續在一個以前不是為思科服務的工廠內生產它的產品，銷售力量保持獨立。Cerent 的銷售人員仍然保持他們的帳號，雖然思科的銷售人員已統一在公司的同一帳號上。這樣做是為了避免重蹈 1996 年收購 Strata ComInc. 時失策之處，那也是思科最大也是最麻煩的收購之一。併購幾個月後，大約有 1/3 的 Strata Com 的銷售人員辭職，因

為他們的帳號併入到思科銷售人員的帳號，還因為改變了他們的傭金方案。錢伯斯先生告訴 Cerent 的員工再不會那樣做了。

9 月底，完成了對 Cerent 員工的工作安排。大多數人保持了工作和職位。銷售人員的收入平均增長了 15%到 20%，從而與思科的銷售人員的收入相差不多。大約有 30 個員工重新分配了工作，原因是思科已經有人在幹相同的工作。有 8 個員工同意調到有 90 英里遠的思科總部工作。

從 11 月 1 日週一開始，思科正式接管 Cerent，變化開始加快。那天早上，Cerent 的人員為了新的 ID 卡而排隊照相。週三，大多數人都領到新工作卡。到週末，40 個思科的技術專家為使 Cerent 的計算機調整成思科的計算機而忙了一整天，他們安裝新的軟體，去掉 Cerent 與互聯網的連接，而轉到通過思科內部的網路與互聯網相連，即令有聲郵件也連接到了思科上。

使 Cerent 一班人馬感到驚奇的是，思科的一切方法都非常奏效。到併購後 6 個月為止，Cerent 公司的 400 個員工中只有 4 個人離開了公司，而公司正越來越興旺。每週的銷售額已經翻了倍。當時宣佈收購時，業內人士都認為價格高得驚人，預計併購不會成功，而事實恰恰相反。

2000 年 3 月，思科公司的股票市值一舉超過微軟，成為 2000 年世界第一大公司。

二、及時調整策略——提高內部資源利用效率

1993～2000 年是思科歷史上最為輝煌的 8 年。公司成功地在業界內創造出一種全新的藝術——收購的藝術，為自己和股東帶來了滾

滾財源。但是從 2001 年開始，思科不得不調整公司的發展思路。

1. 併購策略不再奏效

進入 2001 年，思科公司的併購速度明顯放緩，從去年的 23 宗下降到 5 宗。依賴收購進行擴張的策略，已不適合思科的發展。思科的股價自 2000 年 3 月份到達歷史巔峰後就一路下挫，2001 年只剩下了當時的兩成左右。思科的首席執行官錢伯斯希望能集中公司內部的資源，發展一系列新技術和新產品，決心要嘗一嘗不假外力的滋味。

但有分析家指出這對思科來說絕不是一件容易的事。思科雖擁有世界級的銷售和行銷隊伍，但公司的研發力量卻與它的規模極不相稱。過去思科以其對市場和經濟的敏銳觸覺，成功地闖出天下，但若論開發創造性的產品則遠非它的長處，因此公司必須加大研發投入。

2. 通過重組增加資源利用率

此次策略變更，源於思科 2001 年宣佈的大規模重組，思科把產品研發部劃分為具體的 11 個不同技術類別，並且裁減掉 3 個以客戶為導向的部門。錢伯斯希望此舉能降低重複工作的可能性，提高工作效率，例如早些時候，思科旗下就有好幾個部門為了相同的客戶開發非常類似的路由器產品。

3. 大手筆斥資研發

成功當然需要有堅強的後盾做支援，巨大的預算必不可少。思科 2001 年夏季就花了相當於銷售額 22%的金錢用於研發，與對手北電網路和 Juniper 不遑多讓。但美林證券的分析家指出，要想達到投入與產出良性互動的理性發展階段，思科還有很長的路子要走。現在大投入其實是在為將來作鋪墊。2001 年第二季度，思科向市場推出的 12000 路由器幫助公司從 Juniper 手中奪回了約 5%的市場佔有率。

三、利用網路提高競爭力

2002 年對所有 IT 企業而言，都充滿挑戰。行業不景氣、股市低迷、企業 IT 預算持續縮減，這使 IT 企業遭遇了前所未有的衝擊，思科同樣也受到了惡劣環境的挑戰，但是在積極地突圍及迅速地調整下，思科取得了令人鼓舞的成績。

在 2002 財政年度，思科取得了 189 億美元的淨銷售額，在週圍報虧聲不斷的形勢下，這一信息不僅令思科振奮，也重新喚起了業界對於未來的信心。經濟的低迷很容易使人們懷疑曾熱衷的技術投資是否有價值，但思科以自身的實踐有力地證明了網路對於生產力的提高，在 2002 財政年度，思科通過網路應用節省了 19.4 億美元。

但更為重要的是，思科連續兩季成為全球第一大通信設備提供商，並以 14.6%的市場佔有率確立了競爭優勢。另一個持續超出思科預定目標，是年度全球客戶滿意程度調查結果。在 2002 財政年度，思科贏得了有史以來最高的客戶滿意度 4.63 分（滿分為 5 分），很明顯，客戶對思科提供的服務和支援感到滿意，並且也深切地感受到互聯網商務解決方案所帶來的生產力提高。在《財富》雜誌新近公佈的企業排行榜中，思科進入包括全球 500 強，財富 500 強，美國最受尊敬的公司，全球最受尊敬的公司，最適合工作的公司，最有種族包容性的公司，思科是獲此殊榮的三家公司之一。在最適合工作的 100 強公司中，思科位列 15，這在一定程度上也說明了員工的滿意度。

1.通過網路對市場需求的變化進行迅速調整

思科能在這樣一個從未經歷過的艱難時期取得如此成績，關鍵在於思科重視客戶並能迅速根據市場需求的變化採取有效的調整策

略。思科的銷售訂單 90%通過網路進行，這為掌握全球市場的變化提供了有利條件。在及早洞察市場變化的前提下，思科制定了突破策略及六點計畫，並把重點放在了能夠影響和控制的 4 個因素——利潤、現金流、有效市場和生產效率。

與此同時，思科雄厚的技術創新能力，為滿足客戶多樣化的需求，贏得高客戶滿意度提供了保障。技術創新是思科保持業界領先的持續動力。為了確保基於客戶需求的技術創新計畫能夠實現，思科每年都會拿出相當比例的營業收入用於研發，2001 年，思科在研究與開發上的投入超過了 39 億美元——佔到總運營費用的 30%。

2.利用網路進行企業內部運營和外部交流協作

有效利用網路進行企業內部運營和外部交流協作，是思科取得成功的關鍵因素。在市場需求低迷的經濟環境中，增加利潤的最好途徑就是提高營運效率、降低運作成本。這恰好是互聯網的明顯優勢，思科身體力行地應用網路，不僅為了示範，更是因為網路應用給思科帶來了現實的價值。除了節省 19.4 億美元的成本外，思科更通過網路提高了工作效率。

隨著網路應用的繁榮，未來網路需要更進一步地發展。思科為此提出了「智慧信息網路」發展戰略。智慧信息網路包含了融合網路的理念，它可幫助企業通過簡便、有效地集成數據和業務流程將合作夥伴，供應商和客戶緊密地連接在一起，並可把數據、語音和視頻集成到一個綜合的、基於 IP 的通信網路。智慧信息網路的顯著特徵就是更快速、更智慧、更持久。更快速是為了滿足持續增長的帶寬需求。更智慧可以令網路易於管理和高效運作。更持久則是要通過提供可相容的設備和部件，來保護客戶的設備投資，並避免煩瑣的、昂貴的、大規模的網路更新。

在這個戰略的引領下，思科將繼續加強路由器和交換器領域的研發，推出更符合發展需求的產品。同時，思科會更關注新興的網路應用領域，特別是 IP 語音、無線、安全和存儲。思科利用在企業聯網領域的領先優勢，在目前全球 IP 語音市場取得了 50%以上的市場佔有率，思科已向 5600 家用戶發送了 100 萬部以上的 IP 電話。在無線網路方面，思科已關注多年，無線局域網產品正在被廣泛採用，思科在這一領域也取得了領先地位。在安全和存儲領域，思科雖然還不是主導廠商，但思科將這些產品視為向企業用戶提供聯網硬體的自然延伸。

思科對未來充滿樂觀，因為其有明確的方向，而能否獲得最終成功取決於業務決策的執行效果，也同整個行業形勢的好轉有密切關係。

四、再次利用併購搶佔客戶資源

進入 2003 年，面對更加激烈的市場競爭，思科公司在尋求、開拓新市場過程中再次大規模採取了公司核心戰術之一——收購。通過掌握先進技術的公司來提升自身核心競爭力，以達到迅速搶佔市場佔有率和客戶資源的目的。思科又一次向業界生動詮釋了「客戶驅動」的概念。

2003 年 4 月，思科系統公司完成了對安全軟體公司 Okena 的收購，而在此前，思科公司還宣佈將斥資 5 億美元收購 Signal Works 公司和 Linksys 公司。這是思科面對全球網路設備市場低迷和競爭對手優質低價挑戰所做出的反應。思科在新市場對原有網路設備進行技術創新，這對其避免價格戰，維持高額利潤並繼續領先全球無疑是一

劑強心針。

思科大收購源於思科敏銳的市場眼光和靈敏的反應能力，源於對客戶需求的孜孜追求。思科之所以吃進 Okena 安全軟體公司、Singal Works、Linksys 等公司，主要有以下幾點原因：

第一，市場競爭壓力大。在市場經濟環境下，任何一個企業都不可能永遠保持領先地位，企業必須不斷打造新的競爭優勢，保持前進的心態。例如，在網路設備領域，市場低迷，思科傳統客戶對 IT 設備的投入不增反減，而且傳統客戶不斷抱怨思科產品缺乏創新，加之戴爾、北電網路等廠商優質低價產品的介入，強大的市場競爭壓力已經讓思科感覺到威脅，並認識到，進行技術創新、開闢新市場刻不容緩。

第二，緩解需求與技術開發的矛盾。市場的需求具有超前性、多樣性、層次性等特點，因而新技術的迅速開發並投入市場便成為企業能否脫穎而出的關鍵。也就是說，技術創新速度十分重要。

在家庭網路設備市場，發展機遇巨大，2002 年無線路由器和接入點相關硬體設備的銷售額就達到了 37 美元，而且預計在未來的 3 年中還有巨大的增長潛力。而思科在這方面實力不足，而且業內還有微軟、朗訊、北電網路等強勁對手虎視眈眈。顯而易見，此時思科如果堅持自主技術開發就意味著時間的喪失和用戶爭奪的失敗。

而 Linksys 擁有廣泛的家庭網路設備產品線。作為一家 WI-FI 設備製造企業，Linksys 掌握著強大的 WI-FI 技術，它在 2002 年的銷售額增長了 24%，達到 4.29 億美元。可見，Linksys 集團的顯著優勢對於思科完善網路、開拓新市場有百利而無一害。因此，思科收購 Linksys 集團，一來可產生一入便是主的效果，二來可造成技術壟斷，這對於思科來說是極大的誘惑。

　　第三，思科一貫以「用戶第一」為核心理念。用戶引導技術開發，技術服務用戶需求，思科的每一步無不是在用戶驅動下完成的。吃進 Okena 軟體公司，加之去年收購 Psionic 軟體公司之後，思科可以在保護大型企業網路方面為用戶提供最全面的網路安全服務。併購 Linksys 集團，使思科迅速搶佔家庭網路設備市場，迎合現代家庭需要。而且，Linksys 在 WI-FI 這一越來越受歡迎技術方面佔有明顯優勢，這給了思科推出高品質 WI-FI 手機很大的支持。

　　第四，思科一向以高品質產品來征服用戶。思科客戶的高忠誠度源於思科的高端企業形象。思科產品主要是面向高端用戶的，因而用戶在採購產品時考慮更多的是品質。思科通過收購，迅速用高質產品迎合客戶需求，提高用戶價值，滿足了用戶，也贏得了市場。

　　縱觀思科 2003 年的幾起併購案，思科收購之意主要不在於為了多元化，而在於提升核心資產的價值，迎合用戶需求。這樣既緩解了需求與技術開發的矛盾，又使思科在進入新領域的第一時間便成了市場的主角，正所謂贏在起跑線上。

心得欄 ------------------------------

第 2 章

瞭解併購遊戲的規則

——上市公司的併購程序

要併購股票上市公司要有一定的程序與規定，說明如下：

1.併購的金融顧問

一般來說，要併購股票上市公司都要有一個投資銀行提供幫助，換句話說，必須聘請投資銀行，由它來作為併購工作的顧問。聘請投資銀行擔任顧問有利於處理可能產生的複雜的法律和行政管理事務。如準備並分發給股東們的出價文件，徵求股東關於支付價值的合理的意見，參與併購的談判，提出有關建議等等。不過聘請投資銀行擔任併購的金融顧問有一個前提，就是應確信該投資銀行與併購各方沒有任何聯繫和利益衝突。

2.保密和安全

當某一銀行或其他金融機構擔任金融顧問一經確定，這些顧問就有義務提醒顧客關於併購的保密和安全問題。任何一個參與併購計畫的人都應謹小慎微，以便把洩漏機密的可能性減小到最低限度。另外，應特別注意證據和證明。要採取任何可能的預防措施以確保機密不外洩。

在保密和安全計畫或者併購開價宣佈之前，執行人不能交易本公司股票，也不能建議其他人交易該公司的股票。

3.一定數量的股份

經驗表明，在併購某個公司之前，先併購它的一小部分股份作為下一步整體報價的一個跳板，是十分有利的。這一部分股份可以通過第三者去謹慎地併購，一般不會影響某個公司的股票價格，但是當這種一定量的股份併購達到或超過某公司的資產的 30%時，你的併購計畫就有可能洩漏，被對方發現。在 1981 年以前英國的普遍做法是，如果你想併購一家公司，你就要儘快地在市場上積聚到對方公司稍少於 30%的股份，這個數量是併購審查委員會對併購一個公司全部股份進行開價所必需的。然而，那時候關於大量股票購買的新規則，使得這些所謂（最初防備措施）的有效性減弱。這些規則規定，在任何 7 天的時間內最多只能購買股本的 5%。英國 1985 年 4 月公佈的有關對股票增值的權利的修訂案中規定，在任何 7 天的時間內併購股份的最高數額為 10%。但是原有的規則能在一定範圍內有效，就使購買股票的百分之比的提高不會那麼迅速。

4.出價者在報價宣佈之前的市場交易

除了對股票增值的權利加以限制之外，還有些額外的限制障礙。這些都是一個出價者在自己的報價宣佈之前，購買被開價公司的股票

時所應注意的。由出價者或被出價者的「合作團體」、「同謀者」進行
的股票交易均應受到限制，原則上說報價宣佈之前這一期間，開價者
可以自由購買目標公司的股份，但要遵守證券法的規定。

　　如果出價者從其他顧問處事先得到目標公司提供的有關價格方
面的敏感信息，而在市場上購買目標公司股票，就有可能違反有關的
法律。根據 1985 年的英國法律，它就有可能成為一個同謀犯。它的
顧問就有可能因傳遞內部的信息及引導開價者進行交易而犯罪。

5.確定報價時間

　　獲得一定量的股份數額的潛在的好處在於：在目標公司董事會獲
得一個席位，就使出價者下一步購買公司能獲得更多的信息，並為全
面報價確定一個適當的時間。根據 1985 年英國的公司法，公司的股
份登記應是公開的，且每個成員均有權得到副本。出價者可以根據登
記查到是否有一些大的事業機構股東。這些大的事業機構股東的、支
持，對確定一個報價時間並使報價獲得成功是必需的。

6.預備性的通告

　　在目標公司董事會收到出價前，宣佈通告的責任僅在出價者一
方。在目標公司董事會收到出價之後，宣佈通告的主要責任就落在公
司董事會身上了。他們為此應密切注意股票價格。如果出價是被推薦
的，且股票交易所很可能暫時停止股票交易時，由可立即發佈一個通
知，並提出中止股票交易的請求。

7.確定的通告

　　只有當出價者有充分理由相信他能執行該出價時，才可以提供一
個確定的具有出價傾向的通告。

　　一旦出價者採取這一步驟，他就得遵守自己的報價諾言，出價者
的金融顧問在這一方也承擔責任。通告宣佈以後，在英國，出價者就

要做以下事情：

(1)向公平競爭辦公室提交一個正式的合併通知（包括一個非正式的出價文件）。

(2)在出價可能涉及壟斷問題時，要向歐盟委員會提交類似的合併通知。

(3)提出獲得特定管制許可的申請，包括在國外管轄區所必須的許可。

8.出價期間的交易

在某一預定或可能的出價通知被宣佈後，當事人仍可自由交易目標公司的股票（同時遵守由未公開價格敏感信息所導致的限制規則），但需在交易日之後的第二天中午 12 點以前，把交易情況報告給股票交易所、專門小組及新聞報導部門。從實際情況來說，一般必須以書面（或電傳）形式通知股票交易所，這樣安排比較合適。合夥人進行的交易，不論是為他們自己或是為他們的投資客戶，都應通報。原有的規則規定，在確定通知宣佈後，禁止出價者在 7 天內獲得更多的目標公司股票。這個規則現在已被廢除。

然而，對這類交易仍有一些限制。一旦一個確定的通告被宣佈，則要禁止一些不受歡迎的出價者，禁止他本身持有股份或股票控制權超過 30%這一界限，直到對股份的全面報價的第一天結束之後。

9.準備出價文件與發送

正式的出價文件應在確定通告的 28 天內寄出。這種文件將會很長而且很複雜，但應使它看上去像說明書那樣內容準確。出價文件的詳細內容應包括出價者聘請的併購顧問，如投資銀行的有關文件；出價者公司和目標公司的詳細財務記錄（包括有關營業額利潤的歷史記錄以及每股的淨資產），使股東可以自己判斷所出的價格是否公平。

此外，還包括資產接受利轉移的形式，如何完成交易程序等等。

由於對出價文件的高度準確性及董事們承擔責任的要求，致使證明工作極為必要，要依據事實對文件中包括的情況和責任進行嚴格核查，在出價文件發送前，購買公司的每一個董事必須在寫給投資銀行及發佈該文件的其他人的信中，證實他接受為其中的聲明和觀點所負的責任。

10. 向目標公司董事會出價的方法

出價者首先應將出價提交給被出價公司的董事會及目標公司董事會。如果該步驟有一個投資銀行或其他第三者以一個出價者名義進行，出價者的身份在一開始就應該公佈。

如果該出價者的附屬機構或出價者合夥的「媒介物」來提出，最終的公司的身份也該宣佈出來，接收出價的委員會有權確定出價者是否處於全面的突出價位置上。

一個報價如果得到被購買公司董事會的支持則成功機會就會大增。因此，在提供任何形式的出價之前就會有非正式的秘密的討論。在這種討論中，出價者將會描繪其未來的打算，包括出價者對現有董事會人員及高級管理人員的打算。如果董事會成員在公司被購買後能繼續留在有吸引力的高級位置上，並有更多的發展機會，他們就會積極支援和歡迎公司被併購。

目標公司董事會收到出價以後，根據規定一般要採取一些步驟，如聘用一個投資銀行為其顧問，對出價併購進行仔細討論，發通告給自己的股東，以使股東知道併購建議的主要內容。如果報價被推薦，那麼推薦信也應該包括在發送股東的出價者文件之中。

在一個出價被宣佈之前，目標公司的股票價格如果出現一種上升的趨勢，這表明存在著情報洩露、甚至內部人交易的可能性（現在這

些已被法律所禁止）。如果這種洩漏發生，董事會應立即公佈出來，並可以向股票交易所提出暫時停止目標公司股票交易的請求。

11.在出價期間的行動

一旦被併購公司已採取步驟保衛自己，或一旦有另一報價競爭者加入了戰鬥，激烈的競爭就開始了。

通常這包括發佈更多的給目標公司的股東的好鬥性的通知，其中重要的地方均以醒目的或帶顏色的字體標出。最近這些年，讓公共關係顧問在防禦和戰鬥方面提供幫助已變得普遍。

就出價過程中發佈的信息來說，因併購而成立的專門小組應對他們客戶的財務顧問，以及任何涉及公共關係顧問承擔指導責任。就實際情況來說，這種指導一般由投資銀行或從事報價事務的律師以正式的建議備忘錄形式提供。

12.目標公司的反應與防禦

目標公司董事會應公佈它對出價的意見，並告訴它的股東，由它自己獨立的顧問所提供的建議的主要內容。董事會也應該對出價者、對目標公司及其僱員所聲明的打算發表評論。這些意見和評論應盡可能地在出價文件發佈之後的 14 天內公佈，並在目標公司董事會發出的主要通知的文件中列出。有關股份持有和合約的特定的具體細節也應如此。

應該注意任何由目標公司發佈的文件中表明的信息、鑑定或推薦材料，都應像購買公司一樣嚴格遵守有關法規所要求的標準。

被出價公司的防禦，除了在信函上溫和地表明該報價不受歡迎外，還有其他策略。但在英國還沒看到在美國所採用的那種秘密且帶有攻擊性的策略。在美國一個不受歡迎的出價者會發現，被併購公司的大宗資產已被廉價出售或者被凍結，甚至其公司已準備了一個對出

價公司的報價。

在英國，根據《城市法規》，被併購公司董事會在沒有得到全體會議上的股東同意的情況下，任何有可能阻止誠意的出價或剝奪被併購公司的股東根據出價的優勢進行決定的機會的行動都是被禁止的。然而，對目標公司董事會來說，仍有一定的可能採取週密計畫的辦法，且某些城市投資銀行已在幫助防衛那些不受歡迎的請求者，或至少把價格提高到可接受的水準之上的能力方面建立了信譽。

13.對目標公司董事會的限制

根據規則，目標公司董事會階非在專門小組的同意下，不得在出價寄出後的 39 大內宣佈交易結果、利潤或紅利預測、資產估價或紅利支付的建議。在正常情況下，有關交易結果和紅利的通告是在 39 天內進行的。通告的日期就儘量提前，但如果不可能的話，專門小組一般也會同意推遲。

目標公司在不經過它的股東同意的情況下，根據一般責任可以不採取可能破壞這一真誠出價的行動。特別是它可以在未獲此類同意的情況下，不採取規則及其注解所規定的任何行動。除非按照一份預先的合約，他可以不贖回購買它自己的股票。如果公司已為一位受歡迎的出價者提供了信息。它也有義務為不受歡迎的出價者或潛在出價者提供相同的信息。根據規則它也應該確保股票轉移能迅速登記，以便使股東可以自由行使他們的選舉權以及其他權力。

換句話說，目標公司應對自己的行為負責，且不應以犧牲它的股東的利益為代價採取攻擊性的和不公平的防禦策略。

14.第一個結束日

出價文件要具體說明被出價公司股東的最小接受數目及收到的日期。該日期應在出價文件被寄出後的 21 天或更長一些時間。如果

報價在那個日期被附加條件，則出價者沒有義務延長它的出價日期，可以簡單地讓它失效。

15. 出價的延長

在一些場合，出價者可以延長出價或修訂出價（或兩者均做）。不管是選擇了宣佈無條件接受，還是修改，或者延長其中的任何一項，購買公司在報價到期後第二個工作日的上午 8 點 30 分以前，應該進行通告且同時把情況通知股票交易所。

16. 對出價價格的修改

如果出價價格高了，則必須提供有關細節的通告。然而，沒有任何出價，不論修改與否，可以延長到它被寄出後的第 60 天之後。在一些情況下，一個修改後的出價當然可以是強制性的。但出價者不應使自己處於這樣一種境地，即當它的出價被要求修改時，這個出價還處於強制性有效的狀態。

17. 「終止」通知

如果一個報價不是被推薦的，而且目標公司的防禦戰略在起作用，拉股東參加將是很困難的。

股東們會在提出他們接受報價以前，坐在旁邊觀察拍賣會在什麼地方停止。唯一迫使他們加入的事情，是出價者將要採取進一步行動的跡象。出於這種原因，出價者常常發表聲明，大意是它的報價是最後性質的，不會提高，而且在一個規定日期肯定終止。

18. 接受的撤回

從第一個結束日起的 21 天后，出價仍未被無條件接受，那麼任何已接受該報價的股東可以自由撤回他們的接受。一直到出價實際成為或被宣佈為無條件地接受的時候為止，這種撤回的權利都有效。然而，如果在出價者宣佈他的出價是無條件的時候，他未能遵守規則的

要求，在隨後的交易日下午 3 點 30 分以前完成，已接受的股東將有 8 天時間可以確定是否撤回接受。這可能導致接受水準降到低於所要求水準，因此出價者應嚴格信守該規則所確定的職責。

19.無條件接受

所有的出價都應確保接受一個足夠的數目，以獲得足夠數量的股票。出價者擁有的股票應超過來自於財產股票資本的投票權的 50%。這是很顯然的，除非出價者已經擁有或控制超過了 50%的投票權。沒有任何出價可以被宣佈為無條件接受，除非有關的情況實際上被洩漏出去了。

20.股東的會議

出價支付的手段是購買公司的股票。根據股票交易規則，這種購買需得到出價公司股東的同意，為此出價公司應舉行一個非常大會，以正式批准這項購買。這些會議上通過的決議案的內容應該全部以正式通告形式列出，附在出價文件中。除非有敵意、有爭議或另外有較高的報價。這些會議的參加人數不會太多。在沒有爭議的情況下，參加會議的人應僅限於董事或出價者的代理人，這樣決議很容易被親自參加會議的大多數通過。在一次需要投票的會議中，存在強列反對或威脅的可能，出價者董事會應小心行事，通過遊說那些較重要的事業機構股東，以便獲得所需要的贊成票以反擊對該投票的反對。

21.所有條件的滿足

一旦出價被無條件接受，任何還存在的先決條件（如列出股份清單）的實現一般將是程序化的事情。除了得到專門小組的同意以外，所有還存在的條件都需在最初結束日的 21 天內，或者在出價被宣佈無條件接受那天後的 21 天內實現，否則該出價將失效。

22.支付手段的交付

若報價已獲成功，對購買公司來說，下一步就是把支付手段（不論是以現金保證的形式還是股票、債券的形式）交付給那些同意接受報價的股東。

而這些股東在出價文件規定的時間期限內，已經以有效的形式交出了接受文件，並附有他們的股票證書及其它所有權文件。這最遲必須在出價成為無條件之後的 28 天內完成。

23.強制性的購買做法

1985 年的英國公司法包含一些這樣的規定：禁止股票所有者中的少數派阻撓一個公開的完全成功的出價，並且也禁止這些少數派被排斥在一個成功報價之外。如一個出價在最初出價寄送後的 4 個月內已得到股票持有者的同意，而這些股票持有者擁有不低於出價者想要購買的股票總值的 90%的股票（不包括出價者和他的合夥當事人在出價前所擁有的股票），對購買者來說，下一個步驟是根據法令通過向持不同意見的股東（或者那些在某些情況已經消失，更換位址或死亡的股東）發出通知的方式，對還剩下的股票採取強制性的購買。

24.安排計畫

當然，一個出價者能實行強制性購買做法的情形並不經常發生，出價者不一定能夠在 4 個月期間內獲得被出價公司的 90%的股東的支持。

25.購買之後的審計

在被購買的公司已被重新組織，重新改造或與購買公司的業務合為整體的時候，購買者將希望進行一下事後檢查，以確定有關最初統計和批准的投資假定在過程結束後是否正確，其中有價值的經驗教訓將對下一次購買有用。

＜案例一＞　長江實業收購和記公司

　　20 世紀 70 年代末，香港的政經形勢已發生重大變化，羽翼漸豐、雄心勃勃的新興華商，開始覬覦經營保守、信心不足的老牌英資公司。

　　首先策動收購的是李嘉誠的長江實業公司，它不動聲色地向怡和旗下的九龍倉發動「偷襲」，遇到頑強抵抗後即全身而退，繼而悄然轉向另一家英資大行──和記黃埔。

　　李嘉誠以超人智慧和深刻的洞察力，巧妙地利用當時的政經形勢，以兵不血刃的方式智取和黃，從而在眾多新興華商中脫穎而出，為其登上香港首席家族財閥的寶座，一舉鋪平道路。這次收購，可以說毫無「血腥」味，既無正面的激烈對抗，亦無彌漫的硝煙。然而，它卻被視為達到企業收購兼併的最高境界，值得後來者細研、深思。

　　長江實業公司創辦於 1972 年，創辦人李嘉誠原籍廣東潮安，1928 年在家鄉出生，11 歲時因日寇侵華，隨父母舉家遷居香港。李嘉誠 15 歲時，父親不幸病逝，只好輟學外出謀生，很快他便成為出色的推銷員。

　　1950 年，李嘉誠以自己多年積蓄及向親友籌借共 5 萬多港元，創辦了長江塑膠廠，邁開其建立日後宏偉基業的第一步。之所以取名「長江」，根據李氏的解釋，是「長江不擇細流，才能納百川歸大海」。

　　1957 年，長江塑膠廠重組為長江工業有限公司，其時公司已初具規模，年營業額達 1000 萬港元，李嘉誠稍後亦成為香港有名的「塑膠花大王」，為其日後的地產發展掘得第一桶金。1958 年，李嘉誠看

好香港地產前景，開始涉足地產業。該年，他在北角購地興建一座 12
層高的工業大廈，命名為「長江工業大廈」，規模愈來愈大。1967 年
香港爆發政治騷動，地產陷入低潮，李嘉誠利用這千載一時的良機，
大量吸納低廉的地皮和物業，奠定了日後在地產界大展宏圖的基礎。

　　1971 年 6 月，李嘉誠創辦長江地產有限公司，1972 年 8 月易名
為長江實業(集團)有限公司，全力向地產業發展。當時，正值香港股
市進入大牛市時期，李嘉誠把握良機，及時將長實上市。長實法定股
本為 2 億港元，實收資本 8400 萬港元，分 4200 萬股，每股面值 2
港元，以每股 3 港元的價格公開發售 1050 萬股，集資 3150 萬港元。

　　1972 年 10 月，長實正式在香港掛牌上市。上市首日，受到股民
熱烈追捧，股價急升逾一倍。當時，長實已擁有的樓宇面積每年可收
租 390 萬港元，並擁有七個發展地盤，其中四個地盤為全資擁有。上
市第一個年度，長實公司獲得純利 4370 萬港元，比上市前預測超出
近四倍。

　　長實上市後即以發行新股作為工具大規模集資，並趁地產低潮大
量購入地皮物業。僅 1973 年，長實就先後五次公開發行新股，總數
達 3168 萬股，並將集資所得購入中環皇后大道中、德輔道中、灣仔
軒尼詩道等多處物業。1975 年 3 月，長實再以每股 3.4 港元價格發
行新股 2000 萬股，集資 6800 萬港元，購入地皮物業逾十多處。1976
年，長實擁有的樓宇面積在短短上市四年間增加了 17 倍。

　　到 1977 年，長實的聲譽達到了一個新的高峰。該年 1 月，地鐵
公司宣佈在地鐵中環站和金鐘站上蓋的發展權接受招標競標，由於兩
地段地處香港中區最繁華地區，競投激烈，參加投標的財團多達 30
多個，其中，又以老牌英資地產公司置地的奪標呼聲最高。中區一向
是置地的勢力範圍，置地志在必得，豈容他人插足其間。

　　長實針對地鐵公司債務高企、急需現金回流的困境，提出了一個極具吸引力的投標方案：將上蓋物業完工時間與地鐵通車的日子配合，即地鐵通車之日就是物業完成出售之時。結果在眾多財團中脫穎而出，勇奪地鐵中環及金鐘站上蓋的發展權。消息傳出後，香港輿論為之轟動，認為是長實的「三級超升」，是其擴張發展的重要里程碑。

　　1978 年 5 月，地鐵中環上蓋物業環球大廈開盤，總值 5.9 億港元的物業在八小時內售罄；8 月中旬，地鐵金鐘站上蓋物業海富中心開始推出銷售，首日成交逾九成，兩項交易均打破香港紀錄，地鐵公司主席自然眉飛色舞，大談地鐵賣樓賺錢，扭轉財政劣勢。長實亦因此贏得不菲的收益，聲名鵲起。自此，長實在香港商界的地位，已不同凡響。

一、併購九龍倉不成功

　　1978 年，經過數年的急速成長，長江實業已羽翼漸豐，聲名大振，它更加雄心勃勃，準備為 80 年代的發展作出籌畫。這時，香港地產市道已升到高位，香港政府正實施高地價政策，地價已開始升到不合理的水準。期間，香港股市仍然疲弱，尤其值得注意的是，當時一批優質的英資上市公司，因經營保守或對前景信心不足，股價普遍大幅低於它們的資產淨值，而大股東的控制權亦頗脆弱。李嘉誠以敏銳的目光，看到長實的新發展方向，決定動用現金，收購這些上市公司。

　　早在一年前，李嘉誠以 2.3 億港元收購了美資的永高公司，開創了香港華資公司吞併外資企業的先河。永高公司的主要資產是香港島中區著名的希爾頓酒店，由於經營不善，公司贏利停滯不前。當時輿

61

論普遍認為李嘉誠出價過高，但事後證明，長實對永高的收購極為成功，因為要在同樣地點興建同等規模的一流酒店，再花費多一倍資金也辦不到。

初露鋒芒之後，李嘉誠即將目標指向九龍倉。九龍倉是一家老牌英資公司，創辦於 1886 年，當時稱為香港九龍碼頭及倉庫有限公司，主要業務是經營九龍的碼頭及倉儲業務，在尖沙咀海旁擁有龐大土地。九龍倉的創辦人是著名英商保羅‧遮打爵士及怡和洋行，因而成為怡和旗下置地公司的聯營機構，怡和高階管理層亦同時兼任九龍倉主席。到 20 世紀 40 年代，九龍倉已發展成香港一家以效率著稱的大型碼頭倉儲公司，其碼頭能夠同時停泊十艘遠洋巨輪，貨倉能儲存約 75 萬噸貨物。

然而，20 世紀 60 年代末以後，香港的碼頭業掀起貨櫃化革命。九龍倉遂將碼頭倉庫遷到新界的葵涌、荃灣，並在尖沙咀海旁碼頭倉庫舊址興建規模宏大的商廈，包括海運大廈、海洋中心及海港城等，業務搞得有聲有色。可惜，九龍倉的投資策略有兩個致命的弱點：其一，其地產發展主要以發行新股籌集資金為主，如 1973 年至 1974 年間，九龍倉為籌集海洋中心及海港城發展資金，先後多次發行新股及送紅股，令公司股數從 990 萬股增加到 8501 萬股；1975 年及 1976 年，九龍倉再先後發行可換股債券及附有認股證債券，結果使股價長期偏低，大股東對該公司的持股量被大大攤薄。其二，九龍倉興建的商廈，以出租用途為主，現金回流極慢，贏利增長低，這也是造成九龍倉股價偏低的重要原因之一。

1978 年初，九龍倉的股價最低為 11.8 港元。當時，香港地價不僅沒有回落，反而大幅飆升，地處繁華商業區的尖沙咀海旁，更是寸土尺金。這種強烈的對比當時已經被敏銳的香港股評家察覺。

　　九龍倉如能充分利用它的土地資源，未來十年可以出現年增長20%的勢頭，這只每股市價僅僅 13.5 港元的九龍倉已極為偏低，將是1978 年的熱門股。

　　比股評家更敏銳的是李嘉誠，李嘉誠得到一項情報，說只要購入20%的九龍倉股票，便可挑戰置地的大股東地位，事實上當時作為大股東的置地，對九龍倉的持股量僅達 10%。李嘉誠遂以「暗度陳倉」的方式，不動聲色地從各種管道吸納九龍倉股票，從每股 10 多港元一直買到每股 30 多港元，前後共購入約 1000 多萬股九龍倉股票，約佔九龍倉已發行股票的 18%。

　　隨著九龍倉股價不尋常的大幅飆升，嗅到「腥味」的大小財團以至市民意識到正有財團收集九龍倉股票，一場空前激烈的收購戰爆發在即，紛紛蜂擁入市，將九龍倉的股票炒得熱火朝天。這時，市場已盛傳李嘉誠有意收購九龍倉。1978 年 3 月，九龍倉股價已飆升至每股 46 港元的歷史最高水準。

　　直到這時，一直自以為高貴堂皇的怡和才慌了手腳，記起長期以來被他們忽略的持股量嚴重不足的事實。其時，怡和因 20 世紀 70 年代中前期對香港信心不足，大規模投資海外，結果泥足深陷，資金短缺。雖然緊急部署吸納九龍倉股份，然而為時已晚，且資金有限，只好向匯豐銀行求助，由匯豐主席沈弼親自向李嘉誠斡旋。當時出任匯豐董事的「世界船王」包玉剛亦正計畫部署其「棄船登陸」的策略，亦有意問鼎九龍倉。

　　面對錯綜複雜的激烈競爭局勢，李嘉誠權衡利弊，覺得眼前仍不宜與歷史悠久且根基深厚的怡和公開對抗，不宜得罪匯豐，也必須妥善地處理好與「世界船王」包玉剛的關係，既要避免劍拔弩張的局面，又要謀取實利並為長實的長遠發展留下迴旋餘地，幾經反復思考，李

嘉誠終於決定鳴金收兵。1978 年的一個夏日，李嘉誠在中區文華酒店的一個幽靜的雅閣約見包玉剛，雙方經過 20 分鐘的商議，李嘉誠將所持九龍倉股權全部轉售予包玉剛，讓包氏繼續接手九龍倉的爭奪，而李嘉誠則取得了約 6000 萬港元的贏利，全身而退。

之後，包玉剛向傳媒宣佈其家族已購入九龍倉 15%至 20%的股權。兩日後，《明報晚報》刊登李嘉誠的專訪時曾有這樣的解釋：「他（李嘉誠）本人沒有大手吸納九龍倉，而長江實業的確有過大規模投資九龍倉的計畫，是以曾經吸納過九龍倉股份。他本人安排買入九龍倉全部實收股份 35%至 50%，做穩健性長期投資用途，但吸納到約 1000 萬股之時，九龍倉股份的市價已經急升至長實擬出的最高價以上，令原定購買九龍倉股份的整個計畫脫節。結果，放棄這個投資計畫。」

李嘉誠收購九龍倉功敗垂成，從事後的情形看，這實在是一著「以和為貴」、「以退為進」的高招。他既避免了與怡和的正面對抗，又賣了人情給匯豐和包玉剛，為長實日後的飛躍埋下了伏筆，收到「一箭三雕」的功效，其中奧妙，頗值得商戰高手仔細研究。

二、長實覬覦和記黃埔

到 1979 年，長實集團的實力更加雄厚，聲勢更加浩大。這年，長實擁有的樓宇面積已達 1450 萬平方英尺，超過了置地公司的 1300 萬平方英尺，成為香港名副其實的「地主」。長實先後與興會德豐、廣生行、香港電燈、利豐、香港地氈等擁有大量廉價地皮的老牌公司合作，發展它們手上的物業；又與中資公司僑光置業合組地產公司，取得沙田火車站上蓋物業發展權，並與中資公司在屯門踏石角興建大型水泥廠。

　　同時，李嘉誠當選為國務院屬下部級公司——中國國際信託投資公司（簡稱中信集團）董事。同時當選為董事的霍英東和王寬誠兩位華商，這兩位華商早就與中央政府建立密切關係，李嘉誠的當選，反映了他在中央政府心目中的地位正在迅速冒升。時機已經成熟，李嘉誠遂將他的目標，指向英資四大行之一的和記黃埔。

　　和記黃埔的前身是和記洋行和黃埔船塢。和記洋行也是一家歷史悠久的老牌英資洋行，創辦於 1860 年，當時稱為 Robert Walker and Co.。1873 年，英商夏志信接管該公司，改名為 John D. Hutchison and Co.，即和記洋行。和記洋行在 20 世紀初進入中國內地，曾先後在上海、廣州等口岸開設分行。1920 年夏志信在上海病逝，該洋行由皮亞士及卡迪斯購得。50 年代初，和記洋行從內地撤回香港，曾被會德豐收購 50% 股權。

　　和記洋行在有逾百年歷史的老牌洋行中，本屬三四流的角色，但在 20 世紀 60 年代卻迅速崛起，成為香港股市中光芒四射的明星。導致這一急劇轉變的是退役陸軍上校祈德尊加入和記洋行。60 年代中，祈德尊通過其控制的萬國企業收購和記洋行，翌年易名為和記國際。自此，和記國際進入急劇膨脹的新時期，先後收購著名的老牌英資公司黃埔船塢、屈臣氏、均益倉、德惠寶洋行、泰和洋行以及旗昌洋行等，全盛時期的附屬及聯營公司多達 360 家，經營的業務遍及地產、財務、保險、酒店、船務、船塢、貨倉、棉毛紡織、汽車、洋酒、汽水、藥品、進出口貿易等，成為當時香港規模最龐大的商業機構之一，實力僅次於怡和。

　　可惜，祈德尊過於雄心勃勃，攻伐過度，未能及時在股市高潮中鞏固已取得的成績。1973 年 3 月以後，香港經濟受世界石油危機影響進入調整期，股市崩潰。1975 年，和記國際在印尼的一項重大工

程合約出現危機，資金週轉困難，瀕臨破產。

　　1975 年 9 月，和記國際召開股東大會，要求股東注資以解決公司財務危機，被匯豐銀行所代表的股東否決。和記國際的債權人準備循法律途徑要求公司清盤。在沒有選擇的情況下，董事局被迫接受匯豐銀行的收購，由匯豐注資 1.5 億港元購入和記國際 9000 萬股股票，佔已發行股票的 33.65%，匯豐成為大股東，祈德尊被迫黯然辭職。當時，匯豐銀行曾承諾，一旦和記國際恢復贏利，匯豐將在適當時候出售和記國際，這就埋下李嘉誠入主和記的伏線。

　　稍後，匯豐邀請被譽為「公司醫生」的韋理出任和記董事局副主席兼行政總裁，和記國際進入韋理時代。韋理原籍英國蘇格蘭，1932 年在澳大利亞出生，1964 年應邀來香港，先後將多家公司扭虧為盈，在香港企業界嶄露頭角。韋理上任後對和記國際大肆整頓革新，制止虧損，改善集團管理制度，並於 1977 年底將和記國際與旗下最主要的附屬公司黃埔船塢合併，成立和記黃埔。應該說，到李嘉誠覬覦和記黃埔時，和黃已恢復生機，逐漸走上正軌。

三、李嘉誠智取和黃公司

　　李嘉誠棄九龍倉而取和黃公司，顯示出他超人的智慧和深刻的洞察力。首先，歷史上，九龍倉一直是置地的聯營公司，與置地是怡和集團的兩大主力。收購九龍倉，必將遭到大股東怡和的全力反擊，尤其是李嘉誠收購九龍倉的消息外洩後，怡和已高度警覺，是役將相當慘烈，事後包玉剛「負創取勝」便是明證。

　　和記黃埔自從祈德尊黯然辭職後，已缺少家族性的大股東，其股權分散在眾多股民手中，收購和黃，將不會遭到家族性大股東的頑強

抵抗，戰情將平和得多，付出的代價較小。

　　其次，匯豐銀行自收購和黃之後，已有承諾在先，將在適當時機出售和黃。根據香港的公司法和銀行法，銀行不能從事非金融性業務，債權銀行可接管陷入財政危機的企業，但當企業經營走上正軌，必須將其出售予原產權所有者或其他投資者。

　　在適合承購和黃股份的投資者中，原大股東祈德尊家族實際上已經破產，無力承購龐大股份，與匯豐關係良好的包玉剛則正全力以赴爭奪九龍倉，無暇他顧，而李嘉誠的長江實業則與匯豐素來保持良好關係。1967 年雙方還合作重建中區華人行，1978 年落成時匯豐主席沈弼對這次合作相當滿意，尤其是在九龍倉爭奪一役，匯豐還欠李嘉誠一個人情。因此，長實收購和黃的成功機會相當大，而所付出的代價將不會太高。

　　李嘉誠為此秘密與匯豐銀行接觸，只要條件適合，長江實業的建議，會為匯豐銀行有意在適當時候有秩序地出售和記黃埔普通股提供機會。

　　吸取上次收購九龍倉消息外洩的教訓，李嘉誠對這次的保密極為重視。在外界一無所知的情況下與匯豐銀行就收購和黃股份展開秘密談判。1979 年 9 月 25 日，李嘉誠終於與匯豐銀行達成協定，完成這宗被傳媒形容為使其「直上雲霄的一宗交易」。

　　當日下午 4 時，在主席沈弼的主持下，匯豐銀行董事局召開機密會議，商討將和黃股份出售給李嘉誠事宜。會議結束，董事局同意沈弼提出將和黃普通股出售予長江實業的建議。

　　這次會議的內容事先除沈弼及包約翰外，其他董事一無所知，可以說是一宗高度機密的交易，有關交易事前亦未諮詢和黃董事局的意見，只是在會議結束後，由沈弼致電和黃主席兼行政總裁韋理，通知

他有關決定。當日下午 6 時 30 分，李嘉誠和匯豐銀行正式簽訂收購合約，一家老牌英資大行就此落入新興華商囊中。

當日午夜，長江實業和匯豐銀行同時分別對傳媒宣佈，長實已與匯豐達成一項協定，以每股 7.1 港元價格，收購匯豐手上全部共 9000 萬股和黃普通股，約佔和黃全部已發行股份的 22.4%，長實成為和黃的最大股東。根據協定，長實須立即支付總售價 6.39 億港元的 20%，餘數可延期支付，為期最長兩年，不過須在 1981 年 3 月 24 日之前支付不少於餘數的一半。這項交易，長實以極優惠條件收購了和黃股份。

不過，這項交易遭到和黃管理層的猛烈抨擊。和黃主席兼行政總裁韋理認為，匯豐銀行的售價太低，以每股 7.1 港元計算，和黃的總市值僅 28.6 億港元，僅和黃擁有的紅堪土地，價值已達到這個數字。他指出，根據和黃的資產重估，資產淨值達 58 億港元，即每股市值 14.4 港元，比匯豐的轉讓價高出一倍。對於匯豐僅要求長實支付總售價的 20%，韋理直言：「李氏此舉等於用 2400 萬美元做訂金而購得價值 10 多億美元的資產。」

對於韋理的尖銳抨擊，匯豐銀行即時作出回應。匯豐表示，董事局並不反對和黃管理層所指該公司資產淨值平均每股值 14.4 港元。然而，如果以這個價格出售 9000 萬股普通股，並不容易找到買家。目前每股 7.1 港元的價格釐定，是經過匯豐與長實雙方商討，以和黃近日平均市值每股 5.5 港元再加上三成計算出來的；匯豐希望該項股份的購得者能夠為和黃的地產發展帶來好處，所以確認長實是合適的買家。匯豐還表示，此時出售和黃股份，一則可以藉此實現多年前賣股承諾，二則又可以為收購美國的海洋密蘭銀行提供多一點資金準備。其時，匯豐的國際化部署已經展開。

匯豐沒有解釋為何向李嘉誠開出這樣優惠的承購條件。事實上，就是長實向匯豐銀行即時支付的收購和黃股票的首期款項，也是一天前由匯豐主席沈弼親自批准貸予李嘉誠本人的。當時，香港的英資洋行，包括怡和、太古，以及和黃管理層，還有一些英美大公司，均對和黃虎視眈眈，匯豐卻選擇了李嘉誠，這令不少觀察家頗感意外。不過正如韋理所說：「香港目前的政治經濟因素是促使上海匯豐銀行決定不將和記股權轉讓予其他人士控制的公司，銀行方面是樂於見到該公司由華籍人士控制的。」

長實收購和黃的消息傳出後，香港股市一片沸騰，各大報章紛紛發表評論，形容此舉是蛇吞大象、石破天驚、有如投下大炸彈。這次交易可算是李嘉誠先生的一次重大勝利，是長江實業上市後最成功的一次收購，較有關收購九龍倉計畫更出色（動用較少的金錢，控制更多的資產），李嘉誠先生不但是地產界的強人，亦成為股市中炙手可熱的人物。李嘉誠充分利用當時有利的政治經濟形勢，運用「以和為貴」、「以退為進」的策略，兵不血刃，取得了他一生中最輝煌的勝利，難怪此役被經濟評論家認為是收購的最高境界。

四、長實平穩過渡接掌和黃

李嘉誠購入和黃股份後，於同年 10 月 15 日出任和黃執行董事。經過一年多的持續吸納，到 1980 年底，長實持有和黃的股份已超過 40%，韋理辭去和黃主席兼行政總裁職務。1981 年 1 月 1 日，李嘉誠正式出任和黃董事局主席，成為入主英資大行的第一位華人高階管理層。

李嘉誠入主和黃後，深知要控制這家龐大的公司並非易事，尤其

是該公司旗下的貨櫃碼頭、船塢、制藥及零售業務等，對於作為地產
公司的長實來說，相當陌生，因此李嘉誠極力安撫和黃的外籍高層管
理人員，並委以重任。在韋理辭職後，即委任其副手李察信出任行政
總裁，業務董事夏伯殷及政務董事韋彼得亦繼續獲得留任，組成和黃
新管理層的三駕馬車。李嘉誠還多次在和黃會議上強調和黃的獨立
性，以穩定軍心。不過，與此同時，李嘉誠亦不忘委派長實的李業廣、
麥理因出任和黃執行董事，負責籌畫該集團的地產業務的發展，實際
上為日後全面接管和黃未雨綢繆。

在新管理層的主持下，和黃先後將眾多的附屬及聯營上市公司私
有化，包括和記地產、屈臣氏、和寶、安達臣大亞，又將連年虧損的
海港工程售出，和黃的業績得到進一步的改善。綜合純利從 1980 年
度的 4.11 億港元增加到 1983 年度的 11.67 億港元，和黃的市值也
從 1980 年初的 38.7 億港元增加到 1984 年的 98.5 億港元，成為香
港股市中第三大上市公司，僅次於匯豐銀行和恒生銀行。

在這期間，以行政總裁李察信為首的和黃管理層與李嘉誠的矛盾
逐漸尖銳化，這種矛盾其實是韋理時代和黃管理層與大股東匯豐銀行
的矛盾的延續。當時，韋理在致力將和黃扭虧為盈的同時，並不甘心
長期蟄伏於匯豐旗下。從 1976 年到 1979 年期間，韋理積極推動和
記不斷進行收購合併，先後收購了均益倉及黃埔船塢兩家大型公司，
一方面既增加了和黃的土地儲備，增強和黃的實力，另一方面又使得
大股東匯豐在和黃的持股量下降。

匯豐銀行自然明白韋理的野心，遂把手上的和黃股權全部轉售予
長實，利用長實來控制勢力不斷膨脹的韋理，而長實亦可分享和黃龐
大土地儲備發展後的收益。匯豐此舉當然遭到韋理及其在和黃原有勢
力的反對，眼看努力多年即將到手的成果，白白流到長實手中，韋理

抨擊匯豐不應把股份售予長實，應按比例售予原先的股東，這反映了和黃管理層不希望外界人士插手和黃行政，種下了長實與和黃管理層分歧的根源。

其後，韋理引退，行政總裁由其副手李察信接替。雖然表面上暫時解決了雙方的矛盾，但和黃高層基本上仍是韋理時代的班底，仍然貫徹韋理時代的宗旨，積極阻止長實插手行政，並全面鞏固本身的勢力。

李察信早在 1927 年就已加入和記，經歷了祈德尊、韋理時代以及長實的入主，職位日益提高。但他與韋理一樣，並不甘於只成為決策的執行者，他希望長實與匯豐銀行一樣，只承擔大股東的職責，完全不過問和黃事務。因此，在出任和黃行政總裁期間，李察信的曝光率相當高，以和黃「當然發言人」的姿態出現。李察信在多次對外公開談話中，都強調和黃的獨立性。

李察信等人利用長實取得和黃控制權之後，在貿易、零售、貨櫃碼頭等業務仍須依賴原有管理人才這一青黃不接的機會，積極擴張本身的勢力。最明顯的例子是設法排擠和黃華籍高級行政人員，阻止這些華籍高級行政人員勢力擴張，與長實結成同一陣線。1983 年，和黃多名華籍高級職員被迫離職，一時人心惶惶，部分華籍行政人員與長實方面接觸，要求解決問題。其時，李嘉誠見全面接管的時機尚未成熟，堅持不直接干預和黃行政，只對這些華籍行政人員進行安撫。

1984 年，李察信等人與李嘉誠的矛盾表面化，導火線是長實決定和黃派發巨額現金紅利。事緣 1983 年底，和黃因來自地產的贏利大增，積累了大量現金，雙方就這筆巨額現金的安排出現歧見。據李察信的意見，和黃作為一家獨立公司，要利用這些資金繼續擴展，為和黃謀取更大利益，而主席李嘉誠則傾向於將大部分現金派發給股

東，理由是幾十億港元現金如存在銀行生息，由於從 1984 年起實行
新稅制例，每年可能要繳交數千萬港元稅款。結果，在大股東長實的
堅持下，和黃於 1984 年 4 月派發巨息，每股和黃除這一年度末期息
0.42 港元之外，還派發特別現金紅利 4 港元整。為此，和黃該年度
派發股息總額達 20 億港元。和黃這次派息，最大得益者自然是長實，
長實獲得 7 億港元的股息。很明顯，李嘉誠的這一部署削弱了和黃管
理層的權利，並有利於長實進一步增持和黃股權，一舉兩得。

　　這自然引起和黃管理層的不滿，他們利用外資基金的不滿試圖迫
使長實接受以股代息的建議，可是外資金卻持續拋售和黃股份，終於
導致雙方的裂痕無法彌補。此時，李嘉誠已完成接管部署，在此情況
下，以李察信為首的三巨頭只好全部辭職，長實正式接管和黃管理層。

　　和黃新管理層除李嘉誠繼續出任主席外，副主席由麥理因升任，
他實際上是長實在和黃的全權代表，財政大權由與李嘉誠關係密切的
盛永能掌握，和黃董事總經理則由馬世民出任，專責集團的貿易及零
售業務的行政管理，權力已比李察信時期減少。至此，李嘉誠已實際
控制了和記黃埔。

　　長實接管和黃管理層後，即發揮其地產專長，著手籌畫將黃埔船
塢舊址發展為規模宏大的黃埔花園計畫。其實，20 世紀 80 年代初，
和黃已開始與香港政府商討重建黃埔船塢的補地價事宜。由於當時地
產市道蓬勃，雙方一直無法就補地價問題達成協定。其後因香港前途
問題浮現，地產市道崩潰，談判被迫中止。

　　及至 1984 年 9 月，中英兩國草簽關於香港前途問題的聯合聲
明，投資者開始恢復信心。李嘉誠即趁地價仍然低迷之際，與香港政
府再度展開談判。同年 12 月，和黃宣佈與香港政府達成協議，補地
價 3.9 億港元，另加道路建築費 2 億港元。

　　在公佈黃埔花園發佈計畫時，李嘉誠親自到場。黃埔花園發展計畫是當時中英簽訂《聯合聲明》後香港首項龐大地產發展計畫，和黃宣佈將在六年內投資 40 億港元，在黃埔船塢舊址興建 94 幢住宅大廈，共 11224 個住宅單位，總樓宇面積達 764 萬平方英尺，另建商場面積 169 萬平方英尺。

　　黃埔花園從 1985 年 4 月推出第一期，到 1989 年 8 月出售最後一期，期間地產市道穩步上升，黃埔花園的售價亦從每平方英尺 686 港元上升至 1755 港元。據粗略估計，整個黃埔花園平均樓價為每平方英尺 1220 港元，以住宅面積 764 萬平方英尺計算，和黃在約四年半時間內的總收入達 92 億港元，扣除 40 億港元發展成本，純利達 52 億港元。此外，和黃還持有 169 萬平方英尺商場作收租用途，為集團提供了穩定的租金收入。和黃所擁有的黃埔船塢這一寶藏，經李嘉誠之手開採、挖掘，終於綻放出絢麗的異彩。

　　李嘉誠入主和黃公司，不但使其地產主業獲得重大發展，更重要的是，他旗下公司的業務從地產擴展到貿易、批發零售商業、商務、貨櫃運輸、船塢、貨倉和交通運輸、石礦業、建築業以及投資業務，成為香港業務最龐大、最廣泛的企業集團之一，這為他登上香港首席家族財閥的寶座，奠定了堅實的基礎。

　　此役併購戰之後，李嘉誠被香港傳媒譽為「超人」，自此「超人」之稱不脛而走，譽滿香港。

<案例二> 盈動小魚吃大魚，兼併香港電訊

1997 年驟起的亞洲金融風暴，催化香港向新經濟的轉型。在這場資訊科技旋風中，香港企業收購兼併再次風起雲湧，其中，最矚目的是盈動兼併香港電訊。這是香港開埠以來最大規模的收購戰，堪稱經典中的經典。

戰事的起源是英國的大東電報局萌生退意，放棄香港市場，決定棄守經營百年的香港電訊公司。新加坡電信公司隨即部署越洋併購。……在這關鍵時刻，香港首席財閥李嘉誠幼子李澤楷，通過旗下的盈科數碼動力公司中途殺入，後發制人。

爭購的雙方運籌帷幄，鬥膽識、鬥謀略，比財勢、比財技，背後牽動的是倫敦、新加坡、香港三地政府，乃至多個顯赫的財團、家族，可謂錯綜複雜。孰勝孰負，似乎只在一念之差……

結果，借殼上市不足一年的盈動公司，一舉擊退新加坡勁敵，成功兼併百年老店，將虛擬經濟的無限商機，結合到實體經濟中。「神奇小子」李澤楷由此締造千禧「盈動神話」，再次印證了「天時、地利、人和」的至理名言。

盈科數碼動力在香港商界神話般的崛起，最早可追溯到 1990 年香港首富李嘉誠的兒子李澤楷返港。

李澤楷生於 1966 年，小時就讀香港頂級名校聖保羅男女小學，未滿 14 歲即被父親送到美國讀書。1987 年，李澤楷在美國史坦福大學畢業，取得電腦工程學士學位。1990 年李澤楷返港，加入父親李

嘉誠旗下的和記黃埔公司，專責籌辦衛星電視，三年多後成功將衛視售予澳洲傳媒梅鐸旗下的新聞集團，獲利 30 億港元。交易完成後，李澤楷一時聲名大噪，成為香港及國際傳媒的焦點。1994 年，李澤楷入選美國《時代週刊》「時代一百」最具影響力人士。

1993 年 8 月，李澤楷決定自立門戶，他用出售衛星電視所賺取的 30 億港元，創立盈科拓展集團，發展科技基建事業。

1997 年亞洲金融風暴襲擊香港，香港的股市、樓市連番暴跌，經濟進入衰退，產業結構的不合理性充分暴露。當時，香港特區行政長官董建華在其首份施政報告明確提出香港經濟向高增值、高科技的發展方向。在這種特定歷史背景下，李澤楷開始構思「數碼港」(Cyberport)計畫。1998 年 3 月盈科與全球最大的矽電生產商英代爾合作組建 Pacific Convergence Corporation(簡稱 PCC)，在美國加州投資研製資訊科技。李澤楷想將 PCC 擴展到香港，然而，佔合資公司四成股權的英代爾卻質疑：香港那有環境給英代爾或 PCC 存在？因此，李澤楷萌發了建立「香港矽谷」的設想。

「數碼港」計畫是一波三折。初期，李澤楷向特區政府高層提出建設「數碼港」的構想，但當時有關官員正忙於應付金融風暴，拒絕了他的建議。1998 年 6 月，李澤楷向政府正式提交建議書，政府為此聘請顧問公司研究。可惜的是，政府向 50 多家香港及國際資訊科技公司查詢，竟沒有一家公司對該計畫有濃厚興趣，「數碼港」計畫被暫時擱置。

1998 年 10 月，事情出現轉機，當時面對亞洲金融風暴的襲擊，香港總督董建華發表他的第二份施政報告，在報告中，董建華明確提出香港要發展資訊科技和高增值產業的目標和一系列具體政策。他表示，政府的目標是致力將香港建成發展及運用資訊科技的首要城市。

李澤楷建立「數碼港」的意念符合董建華的總體思路，於是獲得肯定。

1999 年 3 月，香港特區政府公佈與盈科集團合作發展「數碼港」的計畫。根據計畫，「數碼港」位於香港薄扶林鋼線灣，佔地 26 公頃，將分三期發展，成為香港發展資訊科技的主要基地。合作的模式是政府提供土地，盈科出資並負責興建。整個計畫完成後盈科預計可獲利 37 億港元。消息傳出後，全港轟動，國際上亦相當矚目。當時正在香港訪問的美國微軟集團首腦比爾・蓋茨就高度評價該計畫，認為可以推動香港走上資訊科技高速公路，提升形象。

不過，「數碼港」計畫在香港引起了頗大的爭議，尤其是「數碼港」的批地方式和其中的地產發展項目，受到了香港主要大地產發展商的猛烈批評，認為「數碼港」實際上僅是一個「地產項目」，指責政府「私相授受」。

對此，政府資訊科技及廣播局局長鄺其志解釋說，政府曾接觸 50 家外國及本地資訊科技公司，瞭解他們是否有興趣發展數碼港，但所得答案均為否定，在這種情況下政府才選擇盈科。鄺其志強調，數碼港是一個策略性基建計畫，而非地產發展項目，其中附屬的住宅發展只是籌資的一個途徑，如果地產發展商有興趣，可購買政府在住宅發展的部分權益，盈科脫穎而出，被視為香港資訊科技界最具領導地位的公司。

一、收購信佳公司股權

由於數碼港需要在資本市場融資，最理想的方式是擁有一家上市公司，到時無論是以股東融資或通過銀行借貸都較方便。不過，如果直接將盈科的業務上市，所需時間較長，因此李澤楷選擇借殼上市。

　　1999 年 5 月 1 日，李澤楷把握微軟首腦蓋茨訪港所掀起的科技概念熱潮這一良機，宣佈通過盈科控股收購「殼」公司得信佳 75% 的股權，方法是以盈科在香港及內地的一批投資及地產發展項目，以及數碼港發展權益注入得信佳。收購完成後，得信佳改名為盈科數碼動力(Pacific Century Cyber Works Limited)。李澤楷表示：「我們的目標是利用我們在數碼科技及新媒體方面的專長和知識，在互聯網內容及服務方面，發展成為出色的領導者。」

　　5 月 4 日得信佳複牌，由於市場上的流通量極低，尤其是受到投資者的熱烈追捧，其股價在開市後即大幅上升，每股價格從停牌前的 0.136 港元最高升至 3.225 港元，收市報 1.83 港元，升幅高達 12.5 倍。該股全日成交額達 18.7 億港元，比當日匯豐控股的高出 1.5 倍，成為最大成交額公司，幾乎佔香港股市全日成交總額的一成六，僅此一日，得信佳市值從原來停牌前的 3 億港元急升至 591.1 億港元，成為市場高度矚目的資訊科技概念股的領導者。

　　其後，盈動高層以巧妙的財技展開連串集資及收購活動，包括把 PCC 注入盈動，與美國 CMGI 互換股份，又成功引入英代爾、CIGM 等作為策略聯盟；又斥資數十億元收購十多家從事互聯網或有關聯公司，成為亞洲除日本外最大的互聯網企業。在連串集資及收購活動的刺激下，盈動股價作三級跳，到該年底收市時，每股價格已升至 18.1 港元，公司市值高達 1641 億港元，躋身香港十大上市公司之列，排名第七位，創造了香港經濟史上最大的神話。

　　不過，李澤楷似乎並不滿足於此，他表示：「今天盈科是全亞洲第三大互聯公司，但不及日本的軟銀（Softbank）和光通信，我們的目標是成為全亞洲最大的互聯網公司。」當然，李澤楷也明白，盈動的神話、公眾對盈動的信心，主要是建築在對李氏家族的財勢，對李

澤楷個人及他的人脈網路的信任，以及他對未來的承諾，因而盈動的龐大市值的基礎是極為脆弱的，是建基於「虛擬經濟」之上。

一旦公眾在期待回報的漫長等待中預期逆轉，市值就會迅速收縮。因此，盈動這一「虛擬經濟」急需與真實經濟相結合，才能不斷鞏固壯大。正是在這種特定的背景下，李澤楷將收購的目標，指向歷史悠久的百年老店——香港電訊，企圖藉收購香港電訊完成其虛實結合的大業。

二、大東電訊棄守香港電訊業務

香港電訊的歷史，最早可追溯到 1873 年英國大東電報局的創辦。1936 年，英大東電報集團接管在香港的全部國際電訊業務，正式進入香港電訊市場。在戰後，英大東在香港的業務發展迅速，到 20 世紀 70 年代已經成為香港最重要的英資公司之一。

1981 年，英大東電報局重組，改名為大東電報局公共有限公司，並在倫敦上市，大股東是英國政府，持有大東普通股 50%股權加一股。同年 10 月，大東電報集團與香港政府合組香港大東電報局有限公司，大東持有該公司 80%股權，香港政府持有其餘 20%股權。香港大東接管了英大東在香港的全部資產和業務，包括經營的國際電訊、安裝雷達及航海儀器、啟德機場通訊服務、香港政府控制的電臺及電視臺節目製作等。而香港政府則重新向香港大東頒發國際電訊經營專利牌照，年期從 1981 年 10 月 1 日起，至 2006 年 6 月 30 日止，為期 25 年。

當時，香港大東在英大東電報集團中佔有重要地位。據大東上市時所透露的資料，截至 1981 年 3 月底，香港大東的營業額和利潤，

在英大東集團中所佔的比重，分別是 29%和 60%，被譽為英大東「下金蛋的鵝」。

踏入 20 世紀 80 年代，隨著香港的「九七」回歸，英國大東公司開始部署其在香港的長遠發展策略——重塑其「本地化」形象，以固守香港業務並伺機進軍內地龐大電訊市場。1983 年 3 月，香港大東將目標指向香港另一家重要的電訊集團——香港電話公司，當時該公司的市值達 38.15 億港元，在香港上市公司中市值排名第九位，大股東是另一家英資集團怡和旗下的置地公司，擁有香港政府發出的經營本地電訊專利牌照，年期從 1976 年 1 月 1 日起，至 1996 年 6 月 30 日止，為期 19 年。

大東趁香港股市低迷、怡和集團陷入財政困難之際，透過發行新股，集資 14 億港元，以每股 36.36 港元的價格，從置地公司購入香港電話公司 34.8%股權。一年後，大東再度出擊，向華商李國寶家族以每股 46 港元價格購入 3.6%香港電話股權，由於觸發收購點，大東向香港電話公司提出全面收購。結果，大東在兩次收購中，共斥資 37.2 億港元取得香港電話 79.2%股權，從而一舉壟斷了香港電訊市場。

收購香港電話公司後，大東電報集團公司即著手部署本地化的另一重要部署，將香港大東與電話公司合併。1987 年 6 月，大東在香港註冊成立香港電訊有限公司，以作為該集團在香港的控股公司和旗艦。10 月 19 日，香港大東與大會公司宣佈合併，由香港電訊以發行新股方式收購香港大東及電話公司兩機構的全部股權，並取代電話公司在香港的上市地位。

1988 年 2 月 1 日，香港電訊正式在香港聯合交易所掛牌上市，當日收市價為每股 7.5 港元，市值達 721 億港元，成為香港市值最大

的上市公司。合併後的香港電訊，由英大東持有 80%股權，香港政府持有 11%股權，電話公司原少數股東持有 9%股權。香港評論認為，這次合併充滿政治性，目的是使香港大東變相在香港上市，確立它在本地的形象，為 1997 年後大東在香港繼續享有專利及保持業務優勢鋪路。

踏入 90 年代，隨著資訊科技革命及全球電訊業務的發展，香港電訊業步入大躍進時代。電訊業不但在香港經濟中的重要性迅速提高，而且成為高增長、高利潤的行業，隨著電訊服務從專利經營的國際電訊、電話等領域向外迅速擴散，香港電訊業的激烈競爭首先在非專利業務展開。首先向香港電訊發起挑戰的，是和記黃埔旗下的和記傳訊。

1993 年 6 月，九龍倉經過重重波折後，獲得政府頒發收費電視牌照。同年 10 月，九龍倉有線電視啟播，成為香港電訊業中又一崛起的新興電訊集團。

1992 年 7 月，香港政府宣佈開放本地電訊市場，採用開放式發牌制度引進超過一個固定電訊網路，與香港電話公司展開競爭。11月 30 日，政府宣佈將發出 3 個新固定電訊網路牌照予和記通訊、九龍倉的香港新電訊及新世界發展的新世界電話，從 1995 年 7 月 1 日起生效。

面對即將開放的電訊市場，以及電訊業競爭日趨激烈的形勢，香港電訊從 1990 年代初著手部署應變對策，包括精簡架構、裁減人員、減低營運成本、擴展新業務等，並先後邀請中信集團旗下的香港中信、中國郵電部直屬的中國電信香港等公司加盟。到 1997 年 6 月，英大東所持有香港電訊股權降至 54%，而中國電信香港持有香港電訊的股權則增加到 13.24%，成為香港電訊的第 2 大股東。

1996 年 5 月 1 日，世界貿易組織（WTO）就開放全球電訊市場達成一項廣泛的初步協定，內容包括香港在內的 39 個國家和地區承諾將於 1998 年 1 月 1 日起全面開放本土及國際電訊市場。同年 6 月 1 日，香港政府與香港電訊就國際電訊專營權問題展開談判。1998 年 1 月 20 日，香港特區政府與香港電訊達成協定，香港電訊提早結束原定於 2006 年屆滿的國際電訊專營權，而該集團將獲得政府補償除稅後現金 67 億港元，並可豁免繳交 1998 年度國際長途上（IDD）專利稅。該協議公佈後受到香港社會的普遍歡迎，但證券分析員則認為消息對香港電訊有長遠的負面影響。

1999 年，香港電訊市場開放，這種負面影響開始浮現。香港電訊宣佈，截至 2000 年 3 月底年度，香港電訊經營贏利連續第二年下跌，並且由於要為互動電視過時設備作巨額撇賬，實際純利僅 11.4 億港元，比上年度大幅下跌九成，成為自 1988 年上市以來最差的財政年度。在這種背景下，英大東決定棄守香港電訊，以便套現鉅資發展歐洲業務。

三、比拼財技，大李小李爭奪「百年老店」

踏入 2000 年，有關英大東想要出售香港電訊的傳聞甚囂塵上，2000 年 1 月 21 日，《亞洲華爾街日報》就以顯著的篇幅報導，英大東可望於下個月將其所持的香港電訊股權出售，而潛在買家之一就是日本電報電話（NTT）和美國貝爾大西洋電話（Bell Atlantic）。潛在買家還有德意志電訊、新加坡電訊，以及和記黃埔這家以香港為基地的電訊公司。

很快，香港電訊的潛在買家浮出水面。出乎香港人意料的是：有

意收購香港電訊控制權的，竟是新加坡電信公司。新加坡電信是新加坡規模最大的電訊公司，由新加坡政府持有 79%股權。當時，新加坡電信與香港電訊一樣，正面對電訊市場開放的嚴峻形勢，而策劃這場收購的人物則是新加坡電信董事局主席兼行政總裁的李顯揚。他屬新加坡最顯赫的家族，父親李光耀長期出任新加坡政府總理和人民行動黨主席，堪稱新加坡政壇的重量級元老，當時仍任政府內閣資政，其兄李顯龍則出任新加坡政府副總理。李顯揚策劃收購香港電訊的目標很明確，就是要使新加坡電信成為亞洲區內規模最大的電訊公司。

2000 年 1 月 28 日，市場廣泛流傳新加坡電信與香港電訊的合併已接近完成階段，合併的模式已經定，新加坡電信將成為新控股公司，同時在多個地方，包括新加坡和香港上市；而香港電訊將成為其全資附屬公司，其上市地位將被取消，股東可換取新控股公司的股份。根據合併計畫，新加坡政府將持有新公司少於五成股權，新公司將採取新港雙總部制度，設立雙總裁，分別由來自新加坡電信和香港電訊的人士出任，新加坡方面亦僅佔一半董事局席位。這些措施無疑都是要平息來自香港方面的疑慮。

在合併談判中，新加坡電信與英大東電訊的磋商方向是：新加坡電信避免向香港電訊其他小股東提出全面收購，而英大東則可收取現金以發展未來的重點業務——數據及互聯網業務。因此，合併建議包括現金及股權，而非純粹的一對一換股。合併後新加坡政府持有新公司股權將低於三成五，以避免觸發全面收購香港電訊。

新加坡電信與香港電訊合併的消息公佈後，市場的反應甚為審慎，並不雀躍。除英大東因為傳聞可能被德國電訊收購而股價急升外，新加坡電信和香港電訊的股價均無拋離大市。當時，合併有利於新、港兩地電訊市場的結合，並可產生科技、市場開拓、資金及業務

分工等方面的「協同效應」。不過，香港輿論最關注的，卻是合併後
是否意味著新加坡政府控制了香港的電訊業。香港社會擔心香港電訊
業競爭力可能因此而落後於新加坡。

　　實際上，新加坡的收購計畫很快便遇到阻力。最初的反對聲音來
自香港電訊董事局內三位非執行董事——香港政壇元老鐘士元、香港
利豐集團主席馮國經、香港東亞銀行主席李國寶。鐘、馮、李三人在
香港和內地都有廣泛的影響力，他們都反對合併，均不願看到香港電
訊的控制權落入非香港人手中。至此，新加坡的收購計畫急轉直下。
2000 年 2 月 15 日，事件引起了中央政府和香港特區政府的高度關注。

　　在這關鍵時刻，盈動公司介入對香港電訊的收購戰。其實，就在
新加坡電信與英大東秘密磋商期間，盈動主席李澤楷已開始盯上了香
港電訊。他認為機會千載難逢，遂不動聲色地部署收購合併方案。李
澤楷看中的目標，是「體積」比盈動大得多的香港電訊，收購行動是
如假包換的「小魚吃大魚」、「蛇吞大象」，而且還要和「塊頭」也比
盈動大得多的新加坡電信交手過招，可以說是高難度、高風險的動
作，但李澤楷深知佔有「天時、地利、人合」的優勢。

　　2 月 10 日下午，盈動有意收購香港電訊的消息外洩，市場傳言
和黃正計畫夥拍盈動以及美國 Vodfone 合組財團，向英大東提出收購
香港電訊。受到消息刺激，和黃、盈動，以及香港電訊的股價都大幅
上升。

　　2 月 11 日，李澤楷正式宣佈盈動公司有意收購香港電訊公司，
並委任華寶德威和中銀國際為財務顧問。當日，香港股市掀起軒然大
波，恒生指數即日急升 535 點，香港電訊股價每股更大升 4 港元，停
牌前報 21.65 港元，升幅達 22.7%。當時，替香港電訊發行了大筆股
權證的證券行，因香港電訊股價急升間停牌，無法在市場吸納香港電

訊股份對沖，惟有被迫大手購買恒生指數期指合約作為間接對沖工具，結果令恒指期貨急升 1000 點，比現貨市場高水 450 點。市場並傳出有證券公司願意以每股 30 港元的高價，搶購香港電訊股份。當時，香港一家網路傳媒形容盈動的收購，儼如一條快高長大的巨蛇，吞下超級巨象，情況令市場為之震撼，亦對香港以致國際造成深遠影響。

李澤楷有意先禮後兵，他主動接觸新加坡電信，商討合作收購香港電訊事宜，但表示希望盈動能取得較大股權。2000 年 2 月 15 日，以行政總裁李顯揚為首的新加坡電信高層舉行了整日閉門會議，研究盈動提出的合作收購方案。據消息人士透露，新加坡電信認為盈動缺乏足夠的現金，其所提出的收購方案令收購過程變得更複雜，而且英國大東亦未必會接受盈動的方案，加上新加坡電信要求佔有控股權，在這方面無法與盈動達成協定，經過近一星期的討價還價，新加坡電信最後決定放棄與盈動的合作，轉為獨力進行收購，按照原來的收購建議向英大東收購香港電訊 32%至 42%的股權。至此，一場涉及 2600 億港元的超級世紀收購戰一觸即發。

四、投其所好，盈動方案打動英國芳心

據市場傳聞，最初盈動向大東提出的收購建議，是以換股方式購併香港電訊，英大東對有關建議反應冷淡，李澤楷兩次拍門都不獲接納，大東只派遣非執行董事敷衍。後來，盈動高層深知，英大東出售電訊股權，著眼點在於「錢」，而盈動收購成敗的關鍵，在於有否足夠的銀彈，去打動英大東的「芳心」。

2 月 14 日，盈動通過 BNP 百富勤、中銀國際、華寶德威，以先

舊後新的方式配售 2.5 億股盈動股份，每股作價 23.5 港元，比 2 月
11 日停牌前折讓 5%，集資 58.75 億港元。盈動同時允許包銷商 BNP
百富勤、中銀國際等可以行使超額配售權，另額外配售 8500 萬股股
份，使集資額達到 78.7 億港元，此次配售反應熱烈，不消半小時全
部股份已經配售完畢，對象全部是國際基金經理。盈動所持現金增加
到 30 億美元，與對手新加坡電信的現金持有量 40 億美元已相當接近。

　　更重要的是，盈動又成功向中國銀行、匯豐銀行等籌組數額高達
130 億美元的龐大銀團貸款。

　　盈動的兩個戰略性夥伴 CMG1 和日本光通信也分別向盈動注資 5
億美元。受到連串利好消息的刺激，2 月 15 日，盈動的股價沖上每
股 28.5 元的歷史高位。至此，盈動的市值與香港電訊一樣，都超過
了 2000 億港元。由於股價發生了變動，盈動與大東的談判基礎不同
了。

　　2 月 27 日，就在盈動成功簽署 130 億美元銀團貸款的當天，李
澤楷就盈動收購香港電訊的建議正式拍板，向大東提出了兩個可供選
擇的收購方案。根據方案一，盈動將以 1.1 股新盈動股份換取 1 股香
港電訊股份，以盈動停牌前每股 22.15 港元計算，香港電訊每股作價
24.36 港元，比 2 月 10 日盈動有意入股消息外洩後的收市價 17.65
港元溢價 38%，比 2 月 25 日香港電訊停牌前的每股 25.90 港元折讓
5.95%。以每股 24.36 港元計，香港電訊總值達 2963 億港元。

　　根據方案二，盈動將以 0.7116 股新盈動股份加上 7.23 港元現
金換取香港電訊 1 股股份，即香港電訊每股作價 22.99 港元，比 2
月 10 日收市價溢價 30.2%，比 2 月 25 日的收市價折讓 11.2%。以每
股 22.99 港元計，香港電訊總值達 2796 億港元。方案二的優點，是
可即時套現大量資金，切合英大東「現金至上」的需求。

　　根據盈動的收購建議，英大東如果選擇方案二，以所持香港電訊54%股權計算，可收取 473 億港元現金，另加上收取香港電訊末期息30 億港元，即時套現逾 500 億港元。英大東並將持有 46.6 億股新盈動股份。如果英大東選擇方案二，而其他香港電訊小股東悉數選擇方案一，則大東將持有新盈動已擴大股本的 11.2%；而如果其他小股東均由於大東一樣選擇方案二，則大東持有新盈動的股權可高達20.9%。

　　根據盈動的收購建議，英大東還可通過向香港電訊其他股東沽出其所持有的部分新盈動股份，沽出的股數最多可達 21.63 億股，每股作價 18.62 港元。換言之，大東通過出售新盈動股份可望再收取額外的 402 億港元現金，從而使其套現的資金超過 900 億港元。英大東收取的新盈動股份，除可即時沽出已擴大發行股份的 4%之外，其餘股份不能在半年內出售，此後 6 個月亦只可出售其中最多五成股份。

　　盈動提出收購香港電訊的建議可以說相當複雜，既針對了大股東英國大東電報集團的急切需要，又兼顧了其他小股東的利益，反映了盈動高層及其財務顧問的高超財技。

　　香港電訊的小股東，如果看好盈動與香港電訊的合併前景，可以選擇方案一，即把香港電訊股票全部換取新盈動股票，等待股價上揚升值。倘若他並不十分看好合併前景，則可選擇方案二，他們還可像大東一樣，要求新盈動以每股 18.62 港元的價格，購回其換取的新盈動股票。當然，小股東能出售多少新盈動股份，首先要視有多少香港電訊股東選擇方案二，以及有多少股東選擇增持現金權，因為盈動的收購建議中規定總現金支出不超過 879 億港元。

　　盈動部署收購香港電訊，從最初的構思到籌組龐大銀團、提出收購建議，在短短一個月內表現了高度的靈活性。

從研究到決定購併香港電訊，盈動只用了兩天時間，而籌組達100億美元的巨額銀團貸款，亦只用了短短兩週時間。在高度機動的背後，李澤楷與盈動三名高層的合拍，更令人叫絕。在李澤楷的統領下，精通財技的副主席袁天凡負責財務事宜，而曾任香港政府電訊管理局局長的艾維朗，則負責合併的技術問題，至於曾任職香港電信的伍清華，就遠赴英國倫敦，直接與英大東方面進行磋商。

盈動的收購建議提出後，英大東的天平開始向盈動傾斜，這場世紀收購戰峰迴路轉，戰情撲朔迷離。香港電訊鹿死誰手，更成為未知之數。

五、驚心動魄的越洋爭購 48 小時

踏入 2000 年，盈科數碼動力公司與新加坡電信公司爭奪香港電訊，這場越洋世紀購併戰，表面上是兩家公司的角力，實際上是新港兩大顯赫家族——李嘉誠家族與李光耀家族的比試，其中甚至蘊含著新港兩地政府的暗鬥。難怪有評論認為，這場涉及數千億資產的爭購戰，將來肯定會被載入 MBA 的教科書。

2 月 27 日（星期日）下午，大東電報局董事局在其總部——倫敦大英博物館以東不遠的西奧波斯街 124 號，舉行特別會議，以決定香港電訊「花落誰家」。這是大東董事局自公司創辦 130 年來將要作出的最重要決策。會議討論了盈動和新加坡電信各自提出的收購方案，多數人傾向接納盈動的收購建議。不過，經過數小時的討論，會議並沒有作出正式決定，計畫翌日進行開會研究。會後，英大東一位核心董事親自致電李澤楷，表示董事局傾向盈動的方案，只需要解決一些細節問題，而這些問題已不包括收購價格等原則性事宜。

這一信息令盈動信心大增，盈動高層立即籌備與證券分析員會面，更相約香港證券及期貨監察委員會高層，為發表通告做準備。2月 28 日早上，香港電訊在開市不到一分鐘就宣佈停牌，並發表聲明表示，母公司大東可能與盈動在未來 48 小時簽訂出售協議。稍後，市場更傳出盈動在某酒店訂了會議室準備召開證券分析員簡布會和記者招待會。

正當盈動以為勝利在望之際，收購戰再度峰迴路轉。新加坡電信公司在最後關頭為挽狂瀾於既倒，力邀澳洲傳媒大亨梅鐸加盟，並宣佈提高收購價中的現金比例。2 月 28 日黃昏，新加坡電信突然宣佈，梅鐸旗下的新聞集團將以 10 億美元購入新加坡電信 4%股權。與此同時，李顯揚親自飛往倫敦，向英大東董事局解釋與新聞集團合作的潛力及前景。事態的發展，令英大東緊急暫時擱置做出最後決定的安排。

面對新加坡電信突襲，盈動公司被迫宣佈臨時取消記者招待會，原定在香港主要報章刊登的 4 版通告也臨時取消。事後盈動承認，面對薪加坡電信的洶洶來勢，盈動管理層也曾有過提高收購價格的想法，但最後仍決定維持原價。他表示：「智者不惑，勇者不懼。」對於當日的感受，袁天凡說：「星期日我們對收購抱有全面信心，但最後 48 小時即可以峰迴路轉來形容，自己更是徹夜難眠。」不過，盈動儘管決定不提價，在一些細節上還是做出了讓步，包括縮短大東出售新公司股份的凍結期，並允許大東在交易完成後立即在市場配售 4%的新公司股份。

2 月 28 日晚上 11 時（倫敦時間下午 3 時），英大東董事局在倫敦總部繼續舉行會議，然而，經過 20 分鐘的討論，會議仍然全無結論。接近盈動的財務顧問人士表示：「只有兩個可能，一是新加坡電信的收購價很高，大東想等，或者是利用新加坡電信的方案逼盈動公司加

價。」

　　當時，身在香港的李澤楷從電話中得知消息後，極為憤怒。2月29日凌晨2時，他親自致電大東高層，向他們發出最後通牒。李澤楷回憶當時情形時說：「以最合理的價格收購才有價值，當時沒有想過要加價，我同他們（大東）說，你們一是接納，一是拒絕。」在此關鍵時刻，持有香港電訊10%股權的第二大股東中國電信公司表態支持盈動，成為大東最終選擇盈動的關鍵之一。

　　2月29日凌晨4時，大東的法律顧問再次接觸盈動在倫敦的工作小組，做出回復，表示大東接受盈動的收購。直接負責倫敦工作小組的伍清華旋即電告香港電訊總部，消息傳來，盈動總部各人喜悅不已！盈動主席李澤楷表示：「最困難的是星期日，我要決定用10港元或是11港元（形容收購香港電訊時對收購價的決定），少1港元我會輸，多1港元我亦未必會贏。昨晚我反而睡得安心。」

　　2月29日上午（星期二）上午9時，盈動在香港文華酒店展開證券分析員簡報會，宣佈英大東已對盈動收購做出不可撤回的承諾，盈動公司成功擊退新加坡電信公司，取得香港電訊控制權。會議上，剛經歷了72小時緊張繁忙時刻的盈動主席李澤楷，會見記者時疲態畢露，但興奮喜悅之情溢於言表。據報導，在過去短短10多天中，李澤楷為求速戰速決，更租用了美國最先進的超長程飛機，頻繁穿梭於京港英美新之間。

　　根據盈動與大東達成的協定，大東選擇現金加股票的「混合方案」，以出售所持香港電訊54%的股權，大東並將建議香港電訊的其他股東接受「混合方案」。

　　根據該方案，大東將收取473億港元現金，以及46.6億股新盈動股票。大東並承諾在完成收購事項後首6個月內，將不會出售手上

的新盈動股份，而在第 7 至 11 個月內，將不會出售手上超過五成的
新盈動股份。不過，該承諾的條件是，盈動在完成收購香港電訊股權
後，同意大東在市場上配售盈動已擴大發行股本的約 4%股權，確實
的配售時間將視市況而定。

　　與此同時，大東與持有盈動 3.25%股權的美國 CMG1 達成互換股
權協定，一旦全面收購協定如期進行，大東將轉售相當於 5 億美元的
新盈動股份予 CMG1，而 CMG1 則發行相當於 5 億美元的 CMG1 新股予
大東，作為支付收購代價。而一家第三者公司——LLC，在上述互換
股權協議生效後，承諾認購新盈動發行總數 5 億美元的可換股債券，
為期 10 年，年利 7 厘半。

　　盈動願意提出現金比例更高的收購價，是大東選擇盈動的主要因
素。不過，中國銀行向盈動提供巨額貸款，亦是大東做出決定的其中
一個考慮因素。大東將視所持新盈動的股份，為一項通往大陸內地市
場的重要「戰略性投資」。

　　所謂幾家歡樂幾家愁。就在大東電報局的董事們做出最後決定的
前一刻，新加坡電信宣佈退出購併談判。其行政總裁李顯揚坦言對大
東的決定感到失望。新加坡《海峽時報》刊登漫畫，題為：「中國長
城是否阻擋電信的收購？」畫中的萬里長城擋著一位商人的去路，暗
示新電遭遇到的困難不是商業性的因素。

　　3 月 28 日下午 5 時，香港電訊董事局在總部電訊大樓舉行閉門
會議，討論盈動提出的收購建議。部分董事表示關注三個問題，包括
盈動的股價會否進一步下跌，合併後新公司的債務負擔會否影響香港
電訊的發展，以及兩家公司合併是否真的產生協同效應。不過，經過
兩個小時的討論，董事局最終決議接受盈動的要求，將盈動合併香港
電訊的收購建議，以「協議計畫」的形式向香港電訊股東提出。

　　當晚 8 時，香港電訊行政總裁張永霖會見早在電訊大樓全日守候的記者，陪同他的有專程趕來的盈動主席李澤楷，這是兩個人首次雙雙公開亮相。張永霖表示，香港電訊董事局對跟盈動磋商的進展感到滿意，因此同意盈動的要求。不過，李澤楷等盈動高層亦深知，盈動在收購香港電訊一役中，最大的弱點就是盈動股價會否大幅下跌，這是香港電訊股東及英大東股東最關注的問題，也是新加坡電信等潛在競爭對手會否捲土重來、乘虛而入的要害。

　　為此，李澤楷不敢鬆懈，四出邀盟，以求增強盈動股價的基礎。經過激烈的競爭，盈動公司的收購建議終於被英大東接納。2000 年 8 月 9 日，香港電訊除牌，8 月 17 日，合併後的新公司以電訊盈科掛牌上市，市值高達 2900 億港元，成為香港股市中僅次於中國移動、匯豐控股及和記黃埔的第四大上市公司。

六、天時、地利、人和，締造「盈動神話」

　　借殼上市不到一年的盈動，終於成功鯨吞香港電訊，確實在香港以至國際金融市場產生強烈的轟動效應。難怪大東宣佈接納盈動收購建議之後，香港傳媒隨即以「李澤楷締造盈動神話」的大字標題詳盡報導事件的全過程，理由有三，一家完全未有市盈率的公司(一直未有贏利)，嘗試收購舉足輕重的大藍籌；其次，一家近乎火箭速度發展的資訊科技公司，意圖手起刀落地收購一家已有近一個世紀傳統優勢的電訊龍頭；其三，盈動的市值是靠股票資產迅速膨脹支持的，收購計畫會有部分用換股進行，對盈動真是有利到無以尚之。歸根到底，都是資訊科技帶來的神話，以前不可想像的事情，現在都有可能發生了。盈動的成功，可以說關鍵是佔有天時、地利、人和，以及運

用了高超的財技。

所謂「天時」，準確地說是盈動順應了世界資訊科技發展的大趨勢。

盈動這次成功收購香港電訊，表面看來，是本地資本打敗新加坡資本，華資取代英資，但實際上，這反映了當今國際企業發展的新趨勢。在世界高速進入資訊科技的年代，如果一個企業的科技概念受到市場廣泛認同，即使它只有很少的實質資產，甚至沒有業績，仍可在金融市場籌得鉅資，通過收購合併，購入有實質業務的資產，化虛為實，以小吞大，創造企業高速壯大的奇蹟。

李澤楷的盈動能在成立不足一年的時間裏，大量集資、借貸、收購，創造市值近 6000 億港元的跨國企業，就是他能認准這個大趨勢，巧施財技，借助市場力量的結果。在歐美等國家，類似的高速發展企業比比皆是，例如美國的微軟、雅虎，其崛起故事早已膾炙人口。……資訊科技發展的潮流，可以造成像楊致遠的雅虎或李澤楷的盈動那樣高速發展的企業奇蹟。這個大趨勢方興未艾，這樣的企業奇蹟陸續有來。

香港電訊爭奪戰反映新經濟與舊經濟之爭。儘管盈動並未有太多的實質，然而，挾新經濟體之威勢，推動數碼網路概念在短短十個月內所向披靡，迅速膨脹，加上盈動主席李澤楷無可否認具有的種種優勢，使其取得比美國線上收購時代華納更為輝煌的勝利。

盈動的對手新電信是實力雄厚的一家公司，並非等閒之輩，新電信與香港電訊一樣同屬舊經濟體系。為了取得香港電訊，新電信誘之以雙總部和雙總裁之議。此議雖為香港電訊管理層所接受，對其母公司大東電報局而言並無吸引力。香港電訊和新電信兩家公司業務範圍大致相同，不具互補性，實行雙總部雙總裁實際運作時很可能困難重

重，無法持久。很明顯，兩家電訊公司合併，仍屬舊經濟的範疇。

所謂「地利」，主要指盈動以香港企業的身份來購併香港電訊，肯定比新加坡電信更容易取得香港社會的認可，以及香港特區政府和中國政府的支持。

從政治因素考慮，盈動的爭購，肯定比新加坡電信有利得多。香港與新加坡兩地最大電訊企業的合併計畫曝光以來，一直由新加坡電信和香港電訊的母公司英國大東自說自話，但香港政府的態度耐人尋味，也未見有什麼表態，中央政府也一直注視，可能礙於避免介入香港的經濟事務，也未見表態。

但如此重大的事件可能導致電訊資產轉移，任何政府都不可能袖手旁觀，最大的電訊企業若變相落於外資之手，會牽涉敏感而複雜的政治問題，很多不明確的後遺症因素難以預料。中央政府甚至會把電訊業的控制權看成涉及國家安全考慮，更不可能輕易讓香港電訊落入新加坡手上，何況中央政府一直對英國人（大東）的部署手法有著戒心。」

正因為在政治上佔有優勢，盈動在籌集鉅資時獲得銀行的全力支持，這成為盈動成功籌集逾百億美元龐大銀團貸款的關鍵。

反觀新加坡電信，儘管在提出收購香港電訊前，新加坡總理吳作棟曾親自致電香港特首董建華作過溝通，仍然不得要領。及至後來夥拍澳洲傳媒大亨梅鐸聯手收購，更被傳媒形容為「挾洋自重」，犯了中國人的大忌，新加坡電信的落敗實際上從一開始已被註定。

所謂「人和」更加顯而易見，盈動上市至今，一直是投資者的明星股，市場信心所在，加上本地公眾並不希望香港電訊資產變相流向新加坡，市民都極力支援盈動對香港電訊的收購。

當然，盈動「人和」的背後，是李澤楷的人際關係，尤其是他深

93

厚的家族背景。李澤楷的父親李嘉誠，本身就是香港社會的一個經典成功故事。李嘉誠白手起家，經數十年奮鬥一躍而成為香港首席上市家族財閥，被譽為「李超人」。1999年底，李嘉誠控制的四家上市公司，包括長江實業、和記黃埔、長江基建和香港電燈，總市值高達7493億港元，佔香港股市總值的一成半，所經營的業務遍佈香港各個角落和全球各地。

　　盈動能夠成功，除了佔據天時、地利、人和等種種優勢之外，其高層充分利用香港成熟的資本市場，將高超的財技運用得出神入化，也是其中的關鍵因素之一。李澤楷在袁天凡等多位香港財經界高手的輔助下，對收購部署週密，出價切中要害，關鍵時刻以不變應萬變，甚至以退為進，都成為經典之作。

心得欄

94

〈案例三〉　佳寧帝國的崩潰

　　70 年代末，香港股壇升起一顆光芒四射的新星——佳寧集團，它的創辦人陳松青通過一系列近乎瘋狂的收購、兼併活動，在短短的數年間使一家資產只有數百萬港元的公司，膨脹為市值高達逾百億港元的多元化大型企業集團，在香港商界建立起一個龐大的商業帝國。

　　佳寧集團旗下的附屬公司多達 100 家，包括佳寧置業、維達航業、其昌人壽三家上市公司，涉及的業務遍及地產、建築、貿易、航運、旅遊、保險、製片、殺蟲等多個領域，銀行家排著隊等待著向佳寧貸款，而佳寧集團主席陳松青成為當時香港商界最顯赫的人物。

　　然而，佳寧集團在經歷急風驟雨式的發展之後，並未能鞏固已取得的成績，或許商業交易中涉及太多的欺詐成分而無法鞏固，當市道逆轉，這個龐然大物窘境頓顯，並隨即土崩瓦解，留下逾百億元的債務，曇花一現地結束了它在香港商界的風雲史。

　　佳寧集團的崛興及衰敗，留給後人的教訓是相當深刻的。

　　陳松青竟創造一個商業帝國，一般人稱之為佳寧集團。這個集團以佳寧集團有限公司和佳寧代理人有限公司這兩家私人公司為核心，又旁生出一系列私人公司。這兩家核心公司又控制著三家上市公司，從而形成一個龐大的商業帝國。

　　陳松青祖籍福建，他的新加坡護照顯示，他在 1933 年 12 月 10 日生於福建，但他卻自稱於 1938 年在沙撈越出生。

　　年輕時，陳松青負笈英國，在倫敦大學攻讀土木工程學，20 世

紀 60 年代在新加坡和馬來西亞工作，曾在新加坡從事小規模土木工程生意，後來被法庭裁定破產。70 年代初正是香港經濟蓬勃發展的時期，三山五嶽的商界豪客和落魄失意者，紛紛來到這塊新興的冒險家樂園尋找發展機會。1972 年 6 月，破產後窮困潦倒的陳松青也來到了香港，初期在鐘氏兄弟的家族公司任土木工程經理。當時，鐘氏兄弟已是香港的大地產發展商，旗下公司包括凱聯酒店、益新集團等，陳松青的崛起，可以說與鐘氏有莫大的聯繫。

陳松青來到香港，正值香港股市進入空前大牛市的繁榮時期，給他留下極深刻的印象，他在鐘氏兄弟公司打工之餘，陳松青一直用心鑽研地產股市運作的秘訣，為日後的創業暗作準備。

1975 年，陳松青開始自立門戶，他與鐘氏家族的另一成員鐘鴻生合作創辦德力生公司，以 250 萬港元購入養和醫院現址一塊地皮，一年後以 620 萬港元售給香港政府有關部門，首宗交易即旗開得勝，且獲利甚豐，這無疑給陳松青以極大的鼓舞。就憑著在房地產市道上升時期的低買高賣，陳松青在香港掘得他日後發跡的「第一桶金」。

1977 年 11 月，陳松青在香港註冊成立佳寧集團有限公司，初期註冊資本是 500 萬港元，後來增至 1000 萬港元。到 1980 年底，該公司註冊資本增至 1388.88 萬港元，有關資本共分為每股一元普通股100 股，及年息三厘每股一元的可贖回累積優先股 1388.87 萬股。優先股持有人中，佳寧代理人有限公司持有 888.87 萬股，其餘 500 萬股份分別為即陳松青的妻子及女兒。

使佳寧集團充滿神秘的是它的最大股東——佳寧代理人有限公司。該公司成立於 1978 年 2 月，資本 10 萬港元，分 10 萬股，每股1 港元，陳松青佔 99999 股，佳寧集團董事烏開莉佔一股。從事後得知的資料看，陳松青顯然便是佳寧的「真命天子」——主腦兼最大股

東。不過，他當時以極低調的神秘姿態出現，並起用受僱董事，試圖減輕外界對他的注意。

然而，由於佳寧在香港商界崛起太迅速，其處事的魄力、可動用的資金及果斷的作風，不比尋常，且事事出人意表，因此香港商界均認為佳寧「必有幕後操縱」。當時，眼看佳寧以似乎源源不絕的龐大資金展開令人眼花繚亂的收購，外間傳說紛紜，一說它受菲律賓總統馬科斯的夫人的支持，一說前蘇聯莫斯科人民銀行站在它的背後，更有一說是婆羅洲木材商團的資金供其運用……

佳寧集團對傳聞斷然否認，但對於資金來源是否來自東南亞僑商的求證，則未予正面的承認或否認，這更增加了佳寧的神秘莫測感。這神秘色彩，一度令很多冷靜、實事求是的銀行家、投資者傾倒，認為無論陳松青承諾什麼，他都能辦到。陳松青正是在這種經過他刻意營造的神秘氣氛之中，展開急風驟雨式的收購擴張行動。

佳寧集團成立初期，主要是經營殺蟲劑生意，在 1978 年收購了一家有困難的旅遊公司——健的旅業，將業務擴展到旅遊業。不過，佳寧的主業始終是地產業。陳松青極善利用銀行的貸款來壯大旗下公司的資產。後來的事實證明，佳寧那些表面看來「取之不盡，用之不竭」的外來資金，其實均來自銀行的貸款。

1978 年，佳寧集團以 1850 萬港元購入元朗土地，即將其按貸給馬來西亞的裕民財務公司，取得 6000 萬港元的貸款；同年又將數月前以 170 萬港元購入的土地向交通銀行抵押貸款 2000 萬港元，比成本高逾十倍。就這樣，陳松青利用「滾雪球」的原理，藉銀行按揭套取大量資金，再利用這些資金購入貴重物業，在短短兩年間購入了約 30 個地盤，樓面面積達數百萬平方英尺，到 1979 年，佳寧已成為香港一家中型地產集團。

當時，適逢香港政府正積極策劃將香港發展成為國際性金融中心。1978 年 3 月，香港政府宣佈放寬自 1965 年銀行風潮後實施的停發銀行牌照限制，在其後九個月內一口氣發出 27 個牌照。由於銀行數目在短時間內急增四成，再加上其他各類金融機構的激增，加劇了銀行業競爭。這時期，中國內地開始積極推行四個現代化計畫，並實施改革開放政策，刺激香港經濟亦蓬勃發展，種種有利因素令市場一致看好香港的地產、股市前景，資金亦一窩蜂地湧入地產、股市，使地價、股價大幅飆升，陳松青正是用這些有利的客觀條件來建立自己的商業王國。

一、佳寧成為香港股市萬眾矚目的新星

1979 年，佳寧集團開始受到香港同業的注目。同年 9 月，佳寧以每幢售價 800 萬港元的高價向市場推出八幢赤柱複式豪華住宅別墅，該售價比當時市場價格高出兩倍，但仍能銷售一空（事後證實大部分由佳寧附屬公司購買），在市場引起轟動效應。陳松青通過一連串手法，將佳寧描述為一家成功的地產發展商。

這時，陳松青認為條件已經成熟，他計畫部署將佳寧「借殼上市」，收購的目標，則指向黃氏家族的寶光集團旗下的上市公司美漢企業。

1979 年 12 月，佳寧向寶光公司探盤，先是以 2860 萬港元向美漢企業購入清水灣道 16 座複式別墅，平均每座價格 179 萬港元，創下該批樓價的最高紀錄。稍後，佳寧又以 2.68 億港元向美漢企業購入加拿芬道京華銀行大廈，以 9.5 萬平方英尺樓面計算，平均每平方英尺 2821 港元，在當時亦創出該樓宇價格的最高紀錄。

在出售京華銀行大廈過程中，曾有這樣的插曲：在商議之初，寶光遲遲沒有出價，當時，寶光高層曾有爭議，有的說應出價每平方英尺1500港元（售價為1.4億港元），有的說應每平方英尺1800港元（售價為1.71億港元），但爭議尚未有結果，佳寧集團便迫不及待地提出2.68億港元的買價，結果皆大歡喜，順利成交。

經過兩宗交易後，陳松青直接向黃氏家族提出收購美漢企業控股權的要求，獲得同意。同年12月29日，佳寧宣佈以每股6港元的價格，斥資4.78億港元向黃氏家族的寶光集團收購美漢企業52.60%股權。當時，美漢企業在過去兩年的大部分時間裏，股價都停留在1.5港元水準，但在停牌前已急升到每股3.8港元，即使如此，佳寧開出的價格仍讓市場大吃一驚。

證監會裁定佳寧需向美漢股東提出全面收購，當時，獲多利代表佳寧發出收購建議文件，文件形容佳寧：「……佳寧代理人有限公司的全資附屬公司的股本，完全由陳松青先生和他家族多名成員實際持有。陳先生是一名合格土木工程師，在香港建築業有11年經驗。……佳寧集團的政策是在香港尋求及取得合適的地產投資，作為發展、出售或保留作投資用途，佳寧集團已經……收集了一可觀的香港地產投資組合，佳寧集團也參與包機、旅遊、建築材料買賣和酒店經營管理。」

到1980年3月底，全面收購結束，佳寧集團持有的股權已增加至75%，仍保留其在香港的上市地位。同年7月，美漢企業易名為佳寧置業有限公司，成為佳寧集團在香港的上市旗艦。

就在佳寧收購美漢的同時，陳松青以更加矚目的方式展開他的收購行動。1979年11月，陳松青與鐘氏家族的鐘正文組成Extrawin公司，陳松青佔75%股份，鐘正文佔25%。陳松青和置地公司初步洽談了幾宗物業交易後，便把矛頭直指位於香港島金鐘地段的著名金門

大廈。

　　金門大廈由著名的金門建築公司興建，1975 年怡和收購金門建築後，金門大廈成為怡和的物業。1978 年 12 月，置地公司以 7.15億港元向怡和購入該幢物業，到 1979 年底，置地因要籌資增購九龍倉股票，遂有意把該大廈「以高於一年前的購入價」出售。陳松青遂立即與置地展開洽商。1980 年 1 月 10 日，陳松青、鐘正文與置地簽訂買賣合約，通過 Extrawin 以 9.98 億港元價格向置地公司購入金門大廈。這項交易令置地在短短一年間獲利 2.83 億港元。這是香港有史以來金額數最大的一宗地產交易，消息傳出，震動香港內外。

　　當時，傳媒的焦點，有部分集中於置地在此項交易中所獲得的巨大利潤，大部分的注意力很快就放在佳寧成為香港地產市場的新興力量上。報界把金門大廈交易和幾乎同時進行的收購美漢企業聯繫起來，紛紛對陳松青的背景作出猜測。1980 年 1 月 11 日《亞洲華爾街日報》發表評論說：「這兩宗數以億元計的交易，把佳寧投放到香港地產業的前列，代表東南亞進入地產市場最大規模的一次。」

　　佳寧的兩宗矚目交易，亦引起了香港證監會的注意，要求佳寧的律師行提供陳松青及其集團更多的資料。1 月 14 日，陳松青在律師的陪同下前往證監會。陳松青宣稱：佳寧由他和一個大家族控制及擁有重大權益，該大家族散居於新加坡、馬來西亞、印尼等地。他又自稱原籍福建，和潮州商人有密切關係。佳寧的資金大部分來自紐約市場，有一筆大貸款，年期限為 15 年，利息九厘。

　　於是神話開始了，並被其他人及傳媒渲染得越來越厲害。陳松青過人之處，就是他塑造自己的形象的能力無人能及，他身邊的人又推波助瀾，暗示他的資金來源大有背景。這樣，有關佳寧集團得到菲律賓總統馬科斯夫人的支援，以及前蘇聯莫斯科人民銀行站在它的背後

100

等種種傳聞，源源不斷地出籠，給陳松青頭上罩上了一層神秘莫測的光環。

1980 年 7 月 11 日，佳寧集團證實已「如期」支付購買金門大廈的最後一筆款項。7 月 15 日，佳寧集團宣佈將所持金門大廈 75% 的權益，以象徵式的 1 港元代價轉讓給佳寧置業，由佳寧置業承受金門大廈的權益和債項。

當時，佳寧置業表示，該集團有意對金門大廈作「長期投資」，言猶在耳，到 7 月底，佳寧置業突然宣佈，有關出售金門大廈的談判已進入「深入階段」，售出價約為 15 億港元。受到有關消息的刺激，佳寧置業股價進一步急升至 9 港元。

8 月 14 日，佳寧置業宣佈與恒生銀行創辦人林炳炎公子林秀榮、林秀峰兄弟持有的百甯順集團達成初步協定，以 11.8 億港元出售所持金門大廈 75% 權益，買家已支付訂金，交易將於 9 月 13 日完成。不過，初步協議很快就被另一聲明所取代，佳寧置業與鐘正文將以 16.8 億港元價格，將整幢金門大廈售予百甯順，交易將於 10 月底之前完成。換言之，佳寧及鐘正文在不到一年時間通過買賣金門大廈所賺取的利潤竟，高達近 7 億港元。

消息傳出，香港股市沸騰起來，大批股民蜂擁追逐佳寧置業股票，使股價進一步飆升到 15.4 港元水準，整家公司的市值從收購時的約 5 億港元急增到逾 36 億港元，股東人數從收購時 1500 名增加到近萬名。這時，佳寧集團第二階段的擴張可說是正式完成。

佳寧擴張的第一階段，可以說是陳松青在鐘正文的扶助下，在香港建立起初具規模的生意，累積少許個人財富，更重要的是，找到了一個甘願保持絕對商業機密的資金來源。第二階段，是陳松青部署集團「借殼上市」，並通過轟動香港的金門大廈交易，將佳寧置身於香

港地產界的前列，塑造了佳寧作為成功的大地產商的形象。這個階段，他已向他的導師鐘正文和其他投資者證明，他有「取之不盡、用之不竭」的龐大資金。正是在這種神話式的氣氛中，陳松青開始了佳寧第三階段近乎瘋狂的收購擴張活動。

二、瘋狂收購，攀上巔峰

從 1980 年中期起，陳松青充分利用過去兩年所建立的聲譽，通過發行新股及向銀行借貸，展開大規模的收購活動。龐然大者計有：

① 1980 年 9 月，佳寧置業宣佈組成佳寧航運，先是以 6100 萬港元向保華建築購入一艘三萬噸的幹貨輪「先進號」，易名為「佳寧一號」，繼而又向日本和聯邦德國訂購四艘幹貨輪，進軍航運業。一年後，佳寧置業將佳寧航運注入維達航運，換取維達 2919 萬股股票，每股作價 7.6 港元，又向怡和及李氏家族購入 1.82 億維達股票，每股作價仍為 7.6 港元，以 8299 萬港元現金支付。交易完成後，佳寧置業取得上市航運公司維達航運 65%股權。

②同年 9 月，佳寧置業與泰國 Rama Tower 達成換股協定，佳寧以每股作價 17.3 港元，發行 288.88 萬股新股，換取 Rama Tower25%股權。Rama Tower 是泰國主要的上市公司之一，擁有五家酒店，並經營保險和財務。

③同年 11 月，佳寧置業以每股 6 港元價格，向鄭氏家族購入上市公司捷聯企業 1380 萬股股票，涉及資金約 1.42 億港元，取得捷聯企業 30%股權，成為公司大股東。不過，事隔三個月，陳松青似乎又改變主意，不想把捷聯變成另一家與佳寧置業平衡的公司，遂以每股 6.3 港元將捷聯股份售予鐘正文，捷聯後來易名益大投資，成為鐘

正文控制的上市公司。

④同年 12 月，佳寧置業又與日本的上市公司日活電影公司達成協議，互相收購，佳寧以 1 億港元代價取得日活電影公司 21%股權，而日活電影公司則以 6624 萬港元代價認購佳寧 446.6 萬股股份。換言之，佳寧付出約 3000 多萬港元現金，控制了日活 21%股權。日活電影公司成立於 1912 年，主要業務是娛樂事業，包括電影製作、經營日本國內 428 家電影院，並擁有不少土地儲備。

⑤同年 12 月，佳寧置業宣佈與邱德根的遠東發展、鐘正文的益大投資、馮景禧的新鴻基證券合組僑聯地產，藉遠東發展旗下的上市空殼公司港九海運取得上市地位，由其餘三家公司注入資產，令僑聯地產成為一家擁有 8.63 億港元資產的上市公司，佳寧置業持有其 21.7%股權。不過，該公司的各主要股東後來對股份買賣出現歧見，並引起證監專員的調查，最後由鐘正文接手。

⑥1981 年 6 月，佳寧置業宣佈以每股 9 港元價格購入上市公司友聯銀行約 10%股權。

⑦同年 6 月，佳寧置業宣佈與其昌人壽水火保險有限公司的菲律賓大股東 Ayala 國際(企業)有限公司達成協定，由佳寧以 1500 萬股股份(相當於佳寧置業已發行股份的 6%)，換取其昌人壽 46%股權。其昌人壽是香港上市公司，業務以經營人壽、家庭水險及火險為主，在英國、澳洲、馬來西亞、新加坡及泰國均有分行及代理公司。

⑧同年 8 月，由佳寧置業(佔 33%)、置地(佔 25%)、佳寧集團(佔 22%)、美麗華(佔 7.5%)和新景豐(佔 7.5%)組成的財團，宣佈以 28 億港元代價，向美麗華購入美麗華酒店舊翼一幅土地，條件是先付 15%，另外 18%在未來六個月內支付，餘款 18.76 億港元在 1983 年 5 月 4 日支付。該土地計畫興建一「置地廣場」式的商廈，預計全部工

程於 1995 年底完成。

⑨同年 8 月，佳寧宣佈與置地合作，向聯合汽水公司購入 6.94 萬平方英尺土地，代價為 1.2 億港元，用以改建成一幢工業大廈。同時，佳寧又與楊協成公司合組老智公司，購入聯合汽水公司的控制權。

⑩同年 11 月，佳寧置業宣佈以佳寧股票換取新西蘭一家保險公司 50%股權。佳寧展開的連串收購，的確令人目眩。

那一時期，佳寧可說是一個成功的借貸人。到 1981 年，連香港最大、信譽最佳的匯豐銀行，亦成為佳寧集團經常貸款的銀行之一。1981 年底至 1982 年初，匯豐銀行便向佳寧提供 2 億港元貸款，而用作擔保的只是佳寧的股票以及它們 1.15 億港元購入的物業。既然匯豐銀行亦肯貸款，其他銀行自然亦樂意追隨。一名銀行家就說過：「匯豐銀行認為可以的，我們當然沒有問題。」

佳寧向銀行貸款，通常是以其股票或物業作抵押。一般而言，銀行貸款只限於股票市價的 50%，假如股票跌價，貸款人便要拿出更多的股票，或者清還部分貸款。陳松青深明其中道理，因此他極注重佳寧股票的升跌。為此，不惜採取各種手法「托市」，或不斷發表大動作的聲明，或「洩漏」有利於自己的消息，或高價購買本公司的股票，使他的公司股價不斷上揚，令人覺得這些股票有非常活躍的市場。這樣，申請貸款時，用股票作抵押才會為銀行所接受。

佳寧能夠輕易貸款的另一個原因是陳松青本人，他的手法擊倒了不少銀行家：他們覺得陳氏似乎有用之不竭的資金而且勢力強大。陳松青是法國名畫的收藏家，收藏品常掛於辦公室內。1982 年，陳松青擁有五輛勞斯萊斯汽車，據本地一位勞斯萊斯代理商說，這是全香港個人擁有這種汽車的最高數字。

在銀行源源不斷資金的支援下，陳松青展開令人眼花繚亂的收購

活動。到 1982 年中巔峰時期，佳寧已儼然成為香港一家規模龐大的多元化企業集團，旗下的附屬公司多達 100 多家，包括佳寧置業、維達航運及其昌人壽三家上市公司，規模已接近歷史悠久的英資大行如怡和、太古等。

三、佳寧帝國的崩潰

佳寧集團在經歷了暴風驟雨式的發展之後，並未能及時鞏固已有成績。

1982 年，幸運之神不再眷顧佳寧，佳寧集團開始因外部整體經濟環境的轉變而逐漸陷入困境。主要合作者、益大集團主席鐘正文比陳松青更早覺醒，他發現他和陳松青合作的五項計畫令他的負債高達 13 億港元，可能令他破產，試圖抽身脫離，不理會這樣會對他合夥人造成什麼樣的後果。他還發現陳松青用他的股份謀取私利，損害他的利益。於是，他決定與陳松青攤牌，令陳以優厚條件讓他脫身。

鐘正文派人調查陳松青早期的活動，由於他可以把整件事情揭發出來，陳松青不得不向這件實際上是商業勒索的行為屈服，與鐘正文和解，和解的條件對佳寧集團造成更大的傷害。

這時，以往一直有利於擴張的外部經濟環境開始迅速逆轉，自 1981 年下半年開始，世界經濟衰退已令香港經濟不景氣，利率高企，港元貶值，內部消費萎縮，公司利潤下降，再加上香港前途問題逐漸提上議事日程，種種利淡與不穩定因素已相繼浮現。當時，香港的地產經過七八年的輾轉攀升，已達到巔峰狀態，各種房產物業的空置率已達到極高水準，所謂位高勢危，已相當危險。

到 1982 年下半年，形勢更加惡化，反映市場信心變化的恒生指

數已從年初的 1405 點，下跌至 7 月底的 1150 點，跌幅達 18%。突變來自中國銀行宣佈以 10 億港元價格購入興建中區新行的地皮，假如這幅地在一年前出售，測量師估計售價可能達 25 億港元，股市大吃一驚，從而進一步下挫。

同年 9 月，英國首相柴契爾夫人利用馬爾維納斯群島戰役大勝之勢，訪問北京，提出以主權換治權的建議，遭到鄧小平的拒絕，結果在人民大會堂歷史性地跌了一跤。消息傳到香港，早已疲憊不堪的股市、樓市應聲下跌，佳寧集團的困難迅速表面化。

1982 年 9 月 26 日，佳寧發表中期業績，贏利為 2.7 億港元，較上年增加 2.75%，宣佈中期息每股派一角二分。然而，到了 10 月 26 日，佳寧突然罕有地宣佈取消派發中期息，改以十送一紅股代替，同時發行 5 億股優先股集資 5 億港元。此舉實際暴露了佳寧的困境，股價即時暴跌，一天之內瀉去三成，由每股 1.52 港元跌至 1.02 港元。受此影響，香港股市亦大幅急跌 9.48%，被視為「堅固防線」的 800 點大關輕易跌破，股市總值損失 132 億港元。

首遭厄運的是鐘正文的益大投資。1982 年 11 月 1 日，益大投資宣佈要清盤，公司主席鐘正文倉皇潛逃離港，遺下 21 億港元債務和貸款擔保 16 億港元，他的兒子按照香港的錢債法例，到赤柱監獄服刑去了。

益大投資被清盤後，佳寧的真相徹底暴露了：早在 10 月份，佳寧就知道益大向下銀行貸款高達 10 億港元，按比例計算，佳寧的債務至少也達這個數目，因為益大就好像佳寧的影子一樣。因此，香港證監會否決了佳寧供股集資的計畫，並對佳寧的財務進行調查。

1983 年 1 月 2 日，佳寧集團宣佈旗下三家上市公司佳寧置業、維達航運及其昌人壽暫停上市買賣，重整債務，取消發行 5 億港元優

先股的計畫，改為建議由母公司佳寧集團注資 2.5 億港元，以及由匯豐銀行在有條件情況下，向佳寧提供有抵押活期透支 2.5 億港元。

同年 2 月 6 日，佳寧宣佈委任亨寶財務及獲多利為代表，向包括逾 70 家銀行、財務公司在內的債權人商討重組計畫。當時，佳寧甚至以 10 萬港元的月薪從英國聘請匯豐銀行前任副主席包約翰為債權銀行代表，入主佳寧董事局。佳寧的債務重組按經典的以股代債原則來擬定，並通過出售旗下附屬公司來減輕債務。不過，有關計畫的成功希望始終不大。

就在這期間，突然發生的一宗命案徹底粉碎了佳寧的重組希望。1983 年 7 月 18 日，香港裕民財務公司經理伊巴拉希，在香港麗晶酒店一間客房被人勒死，並被偷運到新界拋棄。由於兇手遺下明顯的線索，警方很快就拘捕了一名麥姓男子。該名男子後來招認他只負責棄屍，並指兇手另有其人，姓洗，受陳松青指使行兇。

伊巴拉希的死導致警方對裕民財務的搜查，結果發現佳寧屬下公司對裕民財務的負債龐大，有關債項高達 5.4 億美元，而且與佳寧的賬目不符。至此，佳寧龐大的資金來源真相大白，它既非來自東南亞華僑巨富，亦不是菲律賓馬科斯夫人的支持，更不是前蘇聯莫斯科人民銀行站在背後，而是來自馬來西亞的一家裕民財務公司。

裕民財務是馬來西亞政府銀行──裕民銀行的一家全資附屬公司，該銀行是一家有國際業務的大銀行。由於香港政府凍結發出銀行牌照，裕民銀行便以附屬公司形式在香港成立一家接受存款的公司，名為馬來西亞裕民財務有限公司。

1979 年，裕民財務已與佳寧建立合作關係，而佳寧正是在得到裕民財務的全力支持下展開大規模擴張活動的。至此，神話已被戳穿。事後證實，當時，陳松青和裕民財務合作，企圖在債務重組計畫

107

之外努力為自己的公司取得資產。佳寧集團共欠下裕民財務、匯豐銀行、獲多利等金融機構逾百億港元債務額。陳松青和裕民財務企圖隱瞞佳寧的總負債，特別是拖欠裕民財務的逾 40 億港元的負債額，以便使重組得以進行。

9 月 18 日，警方再次出動，對佳寧集團展開全面搜查行動，取得了逾百萬份文件。10 月 3 日，佳寧集團主席陳松青在家中被捕。警方後又拘捕多名有關人士，包括律師行的合夥人，有數名核心人物在此前逃離香港，獲多利的約翰・溫巴思知道自己會被控，主動從倫敦回到香港。1984 年 4 月 13 日，就在伊巴拉希謀殺案開審前一日自殺。

警方的行動徹底粉碎了佳寧的重組計畫，就在陳松青被捕後六日，債權人之一的美國信孚銀行向香港高等法院申請將佳寧清盤。至此，顯赫一時的佳寧王國正式瓦解。

事後警方調查證實，佳寧集團破產時，有關債務已高達 106 億港元，其中僅欠裕民財務的債項就達到 46 億港元；而且，導致佳寧迅速崛起的關鍵——佳寧置業向百甯順出售金門大廈的交易從來沒有完成，佳寧的物業在無法出售時，就轉售名下的私人公司，由此換取紙上贏利。

作為佳寧集團覆滅的餘音，香港政府落案起訴前佳寧集團主席陳松青、董事何桂全，百寧順集團的林秀峰、林秀榮兄弟以及會計師碧格及盧志煊等六人，指控他們於 1981 年 1 月 1 日至 1982 年 7 月 31 日期間，在香港串謀以不確定和誤導的言辭以及隱瞞佳寧的贏利、流動資金和財政實況的方法行騙佳寧股東和債權人。

該案從 1986 年 2 月開審，1987 年 9 月 15 日審結，歷時 19 個月，開庭約 281 天，出庭證人達 104 名，證供文件 25000 多頁，控

辯雙方的法律費用接近 1 億港元。無論在審訊耗時方面，還是在花費方面，該案均創香港司法史之最。

最出人意料的是，主審官柏嘉最後以證據不足為理由，裁定六名被告均「無需答辯」，並引導陪審團裁定被告串謀詐騙罪名不成立，當庭予以釋放，並裁定所花費 1 億港元的訴訟費由政府支付。此裁決一出，香港輿論一片譁然。

在該案中，事件的主角陳松青雖然被裁定「無需答辯」而獲釋，但他的官司仍然不斷，為曾經稱雄香港一時、曇花一現的佳寧王國，早已滅亡，留下嫋嫋不斷的餘音。

心得欄 -

- -

- -

- -

- -

- -

第 **3** 章

挑 選 獵 物

——企業如何選擇併購目標

一、發現併購目標

下列情況可幫助併購方公司發現目標公司：

1.景氣行業中的不景氣公司

當行業總體情況很好而企業的利潤情況卻不好，原因往往出在企業內部，即管理上的問題。這時需要進一步調查研究，對這些影響因素進行分析，找出適合併購方公司需要的目標公司。

2.經濟界人士看好的行業中的公司

隨著經濟活動的複雜化，需求變化的預測，對主要行業生產量變化的預測等。每年都有一些行業處於上升時期而另一些行業處於相對

不景氣時期。通過對這些預測的分析，併購方公司便可找出近期和中期內處於發展態勢的行業和這些行業中有轉機的公司。

3.管理層出現分歧的公司

公司經營的好壞，關鍵在於公司的管理層。管理層高效、團結是公司取得良好經營業績的前提。但有時也會出現一部分高層經理人員反對公司現行經營策略的情況。特別是在公司利潤較低時，這少數經理人員的意見往往是改善公司經營，大幅度提高公司利潤的良策。

併購方公司在遇到這種情況時也要對被併購方公司作進一步的調查。

4.行業中的滯後公司

每個行業中總有經營情況極好和相對而言較差的公司。如果經營情況不盡人意的公司在設備和管理經驗上並不遜於經營好的公司，則問題必定出現在管理方面。對併購方公司而言，併購後公司更換不稱職的主管，可帶來利潤的迅速增長。

二、發現併購目標公司的兩大途徑

成功併購的前提是迅速發現和抓住適合本企業發展的併購目標。在實踐中，機會是稍縱即逝的。如何先一步發現有價值的併購機會呢？併購方公司應從兩方面著手：利用本公司自身的力量和（或）借助公司外部的力量。

1. 利用本公司自身的力量

即用公司內部人員通過私人接觸或自身的管理經驗發現目標公司。

首先，公司高級職員熟知公司經營業務及各參與者的情況，併購

同行業中的公司的想法常常來自這些人員。公司就有必要提供專門的機會和管道使這些想法得以產生、傳播和討論。

其次，也可在公司內部建立專職的併購部門，其主要工作是收集和研究各種公開信息，發現適合本企業的目標公司。在大企業中，併購部門可以是獨立於其他業務部門的；而在中小企業中，這部分工作往往由財務部門兼任。

2.借助公司外部力量

即利用專業金融仲介機構為併購方公司選擇目標公司出謀劃策。

事實上，在企業併購領域有許多專業仲介機構，它們擁有訓練有素、經驗豐富的併購專業人員，如精通某一行業的律師或會計師、安排併購雙方談判的經紀人等。投資銀行和商人銀行由於有專業客戶關係方面的優勢，也越來越多地捲入併購事務中。他們常常為併購方公司提供一攬子收購計畫，安排併購融資、代為發行證券等。

目前的發展趨勢是：投資銀行和商人銀行在企業併購活動中扮演著越來越重要的角色。投資銀行家與公司經常性地保持私人聯繫。由於熟悉公司的具體情況和發展目標，他們才能為公司高層決策人員提供適合併購建議和目標。而一旦公司採納建議，並成功地實施了併購，投資銀行也獲利不淺。

<案例一>　美國線上 AOL 併購時代華納

2000 年 1 月 10 日，全球最大的互聯網服務提供商(ISP)——美國線上(America Online，AOL)與全球娛樂及傳媒巨人時代華納公司(Time Warner)正式公佈合併，整宗交易的總值達 3500 億美元，成為當時有史以來最大的公司合併案，引起一時轟動。然而時至今日，AOL 時代華納面臨著重重壓力，2002 年巨額虧損，創美國歷史記錄，2003 年 9 月甚至決定將名稱中的 AOL 除去，令人唏噓不已。

一、併購背景

1. 全球最大的 ISP 公司與美國最大的傳媒集團公司

併購前，AOL 是一家成立不到 15 年的公司，該公司董事長兼首席執行官、42 歲的史蒂夫‧凱斯是美國互聯網界的經營天才，在凱斯的領導下 AOL 目前已發展為全球最大的 ISP，對全美用戶提供每月 21.95 美元不限時接人 Internet 的服務，2000 年初在全球 15 個國家用戶超過 2000 萬，得益於迅猛發展的美國股市，美國線上的股價自上市以來漲幅已超過 800 倍。

在美國線上公司的對面，是有近百年歷史的時代華納公司，它是世界最大的傳媒集團之一，由時代雜誌與華納通信公司合併而成，該公司擁有全美第一大有線電視網路，旗下擁有多家著名的電視臺，雜誌、報紙、出版社及網站，包括時代雜誌(Time)、財富雜誌

(For-tune)、CNN、卡通電視網(Cartoon Network)、華納兄弟影業公司(Warner Bors.)、人物(People)雜誌、HBO 電影台(HBO)、體育畫報(Sports Illustrated)、華納音樂集團(Warner Music Group)等。

2.結合契機

隨著互聯網的發展和其對人類生活的影響越來越大，許多大型的媒體公司無不積極構思如何通過互聯網加大其影響力，而互聯網公司也亟待改變消費者的閱讀、娛樂習慣和途徑。對於傳統產業來說，互聯網的興起，對其生存一度產生極大的威脅，大家無不苦思如何駕馭互聯網這股強勁的力量。

綜觀近年來傳統媒體在網路市場的表現，可以看出舊經濟傳統業站在求取新興網路經濟時代的生存地位時，著實有著心有餘而力不足的感歎。時代華納也面臨相似的問題，在網路事業的發展上，雖然著手較早，但由於對網路時代的傳統媒體如何更好地轉型，迎頭趕上，仍顯準備不足，招數不多。和其他傳統媒體相比，日子也好不了多少。1999 年 4 月時代華納集團還停掉了其 Pathfinder 入口網站，使得時代華納集團在如何跨入網路經濟的道路上陷入憂慮。

與此同時，AOL 在 1999 年 12 月宣佈訪問量已突破 2000 萬人次，人氣指數已經遠遠超越了多家有線電視頻道，是當時最成功地新興媒體品牌。1999 年打出美國線上隨處可見的策略主軸後，已經和包括Gateway、Palm、Motorola 及 DirecTV 等公司達成合作協議，涵蓋範圍已廣及 PC、手機、衛星電視及 DSL 寬頻服務，而惟一的缺憾尚未補足的地方，即是有線電視系統部分，而時代華納的有線電視系統(1300 萬家庭用戶)及 Road Runner 寬頻技術提供上網服務可以補足這惟一的缺憾，進而平衡美國電話電報公司(AT&T)併購 TCL 及

Mediaone 後，在寬頻世界的影響力。正是基於這一背景，雙方決策層下了合併的決心。

二、併購過程

2000 年 1 月 10 日，美國線上公司宣佈與時代華納公司合併，根據合併協定，AOL 和時代華納的股票將以固定的兌換比率換成「美國線上時代華納公司」(AOL Time Warner Inc.)(合併後新公司的名稱)的股票。1 股時代華納股票將兌換成 1.5 股新公司股票，AOL 的股東則以 1：1 的比率兌換。AOL 的股東將持有新公司的 55%股份，而時代華納股東將獲得其餘 45%的股份。這筆交易相當於 AOL 用發行價值 1780 億美元的新股換取時代華納的全部股份，實際上是 AOL 併購時代華納。新公司年收入 300 億美元，市值超過 3500 億美元。美國線上的執行總裁史蒂夫· 凱斯(Steve Case)出任新公司董事長，時代華納總裁兼主席吉羅德· 萊文(Gerald Levin)任首席執行官(CEO)。美國有線電視 CNN 的創辦者、擁有時代華納 9%普通股的時代華納公司副董事長特德· 特納表示支援合併，並擔任新公司的副董事長。

2000 年 10 月 10 日，兩家公司的合併案得到了歐盟准許。在爭取歐盟支持的過程中，兩家公司曾不得不兩度「忍痛割愛」。先是兩家公司被迫「割斷」與德國媒體集團貝托斯曼公司的聯繫，再是時代華納公司放棄屬下音樂業務與歐洲百代唱片公司價值 200 億美元的合併計畫。

2000 年 12 月 14 日，美國聯邦貿易委員會批准這樁合併案，但同時與這兩家公司達成一項為期 5 年的協議，意在防止兩家公司合併

後給它們的競爭對手及消費者帶來不利的影響。根據協定，美國線上
與時代華納合併後，不得拒絕其他網際網路服務商進入該公司的高速
網路傳輸系統。

2001 年 1 月 11 日，美國聯邦通信委員會有條件地批准這椿合併
案。為了保證網際網路市場上的公平競爭，聯邦通信委員會主要要求
新公司允許使用其高速傳輸系統的競爭對手的即時信息傳輸服務與
美國線上公司的同類服務相相容。至此，美國線上公司收購時代華納
公司一事可以說是獲得了「有照經營」。

由於美國線上是美國第一大網際網路入網服務商，而時代華納是
全球第一大媒體公司，兩家公司合併後，成為一家集電視、電影、雜
誌和網際網路為一體的超級媒體公司。

三、投資者對 AOL 併購時代華納的反應

合併消息剛公佈後，立即帶動了西方股市的全面上揚。本來歐美
股市新年伊始，因擔心美聯儲再提利率而一度暴跌，但在兩大公司合
併消息的刺激下，全面攀升。道鐘斯 30 種工業股票平均價格指數再
創新高，以技術股為主的納斯達克綜合指數也創造了日增點數的最高
記錄。投資者紛紛買進網路股和與網路有關的技術類股票。這兩家公
司在美國的股價也均大幅上漲，開市後曾分別上升 8%及 57%，分別報
每股 80 美元及 102 美元，兩公司股票當日最終以 71 美元及 90 美元
報收。

但在消息公佈的第二日，兩家公司的股價便從消息公佈當日的大
幅上漲變為一路下跌。由於有了一整天時間分析新公司可能面臨的問
題，在 11 日(合併消息公佈第二天)美國股市開盤之前，一家研究機

116

構科技股分析師紐曼發佈研究報告，將 AOL 未來 12 個月的目標價由 105 美元大幅下調為 85 美元，並把該股從推薦名單中除名。另一位證券分析師瓦戈尼也將 AOL 評級降為「觀望」，目標價由 130 美元降至 85 美元。投資者於是紛紛拋售 AOL 股票，導致 AOL 股價開盤後一路下挫，成交爆出 9400 萬股的天量，至收盤時跌幅超過 10%，是該股上市以來的最大單日跌幅。而當日時代華納股價也以每股 86 美元收盤，較前一日股價，跌幅為 6.8%。

至 14 日收市，美國線上股價為 63.25 美元，比 10 日宣佈消息前下跌了 14%以上。時代華納收於 82 美元，但比合併消息宣佈前上漲了 26.6%。

AOL 的股價表現顯示，投資者對 AOL 此次併購行為有所保留。像 AOL 這樣的網路公司，在營業收入不多，大部分面臨嚴重虧損的情況下，經過公開發行股票，搖身一變成為擁有億萬資產的公司，投資者看中的主要是其美好的成長前景。AOL 能在上市短短的 8 年中股價上升超過 800 倍，原因也正在於此。

但投資者擔心此次合併會使 AOL 的增長速度被時代華納拖慢。AOL 1999 年 12 月宣佈用戶突破 2000 萬，網站的廣告收入也大幅增加，其營業額已連續 5 年保持 1 倍以上的增長速度。而經營傳統媒體業務的時代華納的增長速度則只有 18%左右。市場分析人士指出:「併購將改變美國線上及時代華納的未來，新公司將擁有大量流動資金及更穩定的收入來源，但增長率將會顯著放緩。」

此外，把合併後的公司定位為傳統價值的公司，還是具有網路前景的公司，也成為投資人心中的大問題。合併消息一公佈，便有兩名 AOL 股東向法院指控公司以高昂及不合乎股東利益的代價收購一家老式經營的公司，希望法院阻止兩家公司合併賠償他們所遭受的損失。

就經營而言，時代華納可以說是困難重重，過去 10 年，時代華納的總收入超過 970 億美元，但由於負債累累，到 1998 年才開始贏利，10 年間虧損額超過 5.6 億美元。時至今日，時代華納的負債仍高達 178 億美元，而該公司在截止到 1999 財政年度共為此支付了 13 億美元的利息。加上 AOL 自己的 6.42 億美元債務，此次收購時代華納，AOL 等於背上一個沉重的財務包袱。

人們都擔心時代華納會影響 AOL 的高速發展，而事實上卻是併購後 AOL 的糟糕業績影響了新公司。

綜觀近年來傳統媒體與網路公司合併的先例，先是迪士尼收購了 Starwave Corp. 和 Infoseek Corp.，整合全部資源推出門戶網站 Go Network，結果內部爭鬥不絕，兩家公司的高級管理人員幾乎人去樓空。而另一家傳媒集團 NBC 買下 Snap 之後，該網站在門戶網站的競賽中依然名不見經傳，未有突出成績。雖然都是傳統媒體收購網路公司，但也充分顯示出舊經濟中的傳統業者與新興的網路經濟在觀念上格格不入。

一位華爾街分析家把美國線上與時代華納的合併稱為 20 世紀最差交易——時代與華納合併的延續，註定沒有好的結果。10 年前的合併得到了當時分析家和投資者的普遍認同，認為聯合《時代》雜誌與華納公司的電影及音樂優勢，勢必造就一個擁有無限資源和美好前景的傳媒帝國，而實際的情況卻恰恰相反。

兩家公司的管理模式許久未能融合，相互衝突不斷，機構臃腫導致虧損嚴重，時代華納股價在合併後的 7 年中僅上升了 20%，而同期道鐘斯工業指數的升幅達到 134%。

一如所有的公司合併，新公司必然面對所謂的「人事風險」，為節約成本和經營的多元化，現有的 82000 名員工可能會面臨大幅裁

118

員。由於企業運作方式存在差異，目前公司的管理人員尚缺乏跨行業管理的經驗。

AOL 董事長凱斯為此也存有戒心，為加強對新公司的控制，在 1 月 14 日正式向美國證券交易委員會(SEC)提交的合併協議中，凱斯任命了直接對自己負責的 4 名高級職員，原時代華納董事長、新公司 CEO 萊文將無權干涉其行動或將他們開除。

四、併購後 AOL 時代華納的表現

1. 股東訴訟 AOL 併購作假

新公司正式成立一年多後，昨日的無限風光就化為過眼雲煙。如今，美國線上-時代華納公司陷入四面楚歌，公司業績急劇下滑，股票價格大幅縮水。而更讓華爾街感到吃驚的是，美國大公司做假賬的醜聞也已經波及了美國線上-時代華納公司。

《經濟學家》雜誌披露了一個驚人的內幕消息：在當年的併購案中，美國線上的股票價格大大超過了其實際價值。《經濟學家》的報導說：「美國線上當年恐怕是把時代華納騙到手的。」

當年為了確保併購成功，美國線上公司開出了每股近 50 美元的加價來購買時代華納的股票(當時交易價為 65 美元)。現在，美國線上-時代華納的股價與合併前的高峰時期相比降低了 90%以上。該公司的股東最近向美國的司法部門提出十幾樁訴訟，認為美國線上當時能支持這麼高的併購價格，其背後必然有詐。

提出訴訟的股東們都持有驚人相似的觀點：一系列「極其虛假並有誤導作用」的財務報告使得美國線上當時的股價遠遠高於實際水準。如果在財務報告中公佈了真實的資料，美國線上當時的股價要低

得多，根本沒有能力以如此之高的價格併購時代華納公司。

而《華爾街日報》在 2002 年 10 月下旬披露，美國線上在併購時代華納公司前的確有做假賬的不法行為，證明了股東們的指控並非空穴來風。報導說，美國線上在與時代華納合併前 3 個月誇大了線上廣告收入。美國線上-時代華納稱該公司當時將幾筆廣告收入錯誤地記入了美國線上分公司的賬上，從而導致 2000 年 9 月以來的收入虛增了 1.9 億美元，利潤則增加了 1 億美元。

此次被揭露的事件給美國線上-時代華納再度蒙上陰影。在此之前，美國線上因為會計操作問題已經受到了美國證券交易委員會和司法部的調查。2002 年 8 月，該公司在對賬目進行內部核查時發現了一系列財會問題，當時公司一筆 4900 萬美元的廣告收入被錯誤地記入賬內。

美國線上-時代華納公司股東們提出的訴訟案對兩家公司的前董事會、會計、銀行和其他顧問機構形成了嚴重威脅。首當其衝的就是為美國線上做賬的會計事務所和幾位關鍵的管理人——包括美國線上前總經理、現任美國線上-時代華納董事長史蒂芬・凱斯、時代華納前總經理吉羅德・萊文及合併的新公司現任總經理裏查德・帕森斯。

毋庸置疑，當年曾經為這筆交易提供諮詢的投資銀行也難逃干係。儘管目前這些銀行還沒有被指名道姓地提出來，但根據湯姆森金融公司提供的數據，在這樁併購案中，這些提供諮詢的投資銀行一共獲得了 1.2 億美元的豐厚酬金。

2.合併後股價大跳水

2002 年 11 月美國《紐約時報》的報導透露，在華爾街正流傳著「2000 年開始出現的 IT 泡沫經濟的崩潰導致了一系列的非法會計」

的猜測。也就是說,「為了在 2000 年 6 月的原美國線上與原時代華納的臨時股東大會上獲得股東們的合併認可,不得不進行假賬會計」。

事實上,當時美國的網路經濟泡沫已經開始破滅,很多網路公司的股價都開始下跌。但是美國線上的股價卻出現了持續上漲。而當美國線上和時代華納的併購方案在股東大會上順利通過後,美國線上的股價就開始持續下跌,而且一直跌到現在也沒有停穩的跡象。

2001 年 1 月合併結束後,新誕生的美國線上-時代華納的股價徘徊在 39 至 45 美元之間。但「9‧11」事件發生後,其股價一下子跌到了 34 美元,此後一直未恢復。2002 年 1 月,該公司在發表的財政結算報告中宣佈,公司赤字額將進一步擴大。由此,股價下跌到了 26 美元。之後,同年 4 月公司公開了 542 億美元的巨額虧損,於是乎股價跌破了 20 美元大關。此後,公司股價持續下滑,在各種醜聞的衝擊下跌到 10 美元左右。

公司股價的大幅下跌引起了股東們的強烈不滿。究竟是因為「併購後遺症」造成公司陷入巨額虧損還是在併購前美國線上就一直在做假賬?顯然,後一種解釋讓股東們感到更為可信。

3.AOL 業績持續下滑,2002 年 AOL 時代華納巨額虧損

併購僅僅數月之後,AOL 的業務就開始走下坡路,對 AOL 時代華納公司的整體業績造成拖累。進入 2002 年,有關分拆 AOL 的言論一度流傳,人們認為分拆 AOL 將有助於提振美國線上時代華納的股價,該公司股價至 2002 年 10 月份的跌幅已經超過 50%。同美國線上不盡如人意的業績相比,前時代華納各業務部門普遍良好的表現也進一步印證了這種觀點。

2003 年 1 月 29 日,AOL 時代華納公司公佈,這家世界最大的媒體企業去年第四季度虧損 449 億美元,這使得其 2002 年全年虧損額

達到 987 億美元，創下美國企業有史以來最大的虧損記錄。該公司去年第四季度營業收入增長了 8%，達到 114 億美元，經營利潤為每股 28 美分，高於 2001 年同期和分析家預計的每股 26 美分。因此公司上季度出現巨額虧損的原因不在於經營本身，而是美國線上的價值大幅縮水。

4.高層變動頻繁

AOL 時代華納 2003 年 1 月 13 日稱，旗下有線新聞網(CNN)的首席執行官伊薩克森(Walter Isaaeson)已辭職。僅一天前，該公司就已宣佈，公司董事長史蒂夫‧凱斯(Steve Case)將在今年 5 月份辭職。伊薩克森是 2001 年 7 月出任 CNN 首席執行官的，之前他是《時代》雜誌的資深編輯，CNN 近年來漸漸被競爭對手福克斯新聞趕上。伊薩克森辭職之際，正值 CNN 與美國廣播公司在談判合併事宜。伊薩克森 2002 年年底曾對媒體說，兩家電視臺合併對 CNN 並沒有必要。凱斯是原 AOL 的首席執行官，也是 AOL 與時代華納公司合併的主要促成者。凱斯辭職的消息傳出當天 AOL 時代華納股價上升了 30 美分。

公司副董事長泰德‧特納也於 1 月 29 日公佈 AOL 時代華納巨額虧損時同時宣佈，他將於 5 月份辭職。特納是美國有線新聞網的創辦人，他於 1996 年將這家全球著名的新聞電視臺出售給了時代華納公司，後者兩年前與美國線上合併，組成美國線上-時代華納公司。當時網路股票泡沫尚存，美國線上公司以市場價值記賬，兩家企業的併購金額達到創記錄的 1060 億美元。但這個數字後來受到人們的質疑，信貸銀行也要求美國線上-時代華納公司減記資產價值。

分析師認為，這些高層人員的離職意味著公司承認了美國線上與時代華納當年的合併是一樁失敗的案例。後續將引發美國線上 AOL 撤資，或者將其名字從合併公司中除去。但是他們的離去並沒有解決公

司的根本問題，AOL 時代華納將繼續面臨艱難的運營之路，包括怎樣把傳統的傳媒業務和網路新經濟整合到一起，以及應對由此產生的文化衝突。

投資界正密切關注著 AOL 時代華納，美林證券的分析師科恩（Jessica Reif Cohen）稱，現在大家都在關心該公司下一步會有什麼動向。很多分析師認為，凱斯等人離去並不會帶來公司基本戰略的改變。

AOL 時代華納面臨的挑戰仍然是，如何有效地經營雜誌、書籍、有線服務、動畫等傳統的媒體業務，並將它們與美國線上網路服務的新經濟運營模式很好地結合起來。同時，如何改變目前 AOL 網路廣告減少的狀況也是個難題。

AOL 時代華納公司鼎盛時期市值曾高達 2600 億美元，而 2003年初已縮水至 680 億美元。合併以後公司一直受到經營問題、文化衝突和過高的贏利期待等的困擾。當時促成合併的談判雙方，時代華納的首席執行官李文（Gerald Levin）和美國線上首席執行官凱斯都已黯然離去。他們兩位都未能實現網路潮時期產生的夢想。

5.AOL 時代華納負債累累，剝離業務獲取資金

AOL 時代華納這家全球最大的傳媒公司的負債額已高達260億美元，銷售增長緩慢，急需通過變賣資產來獲得資金。

2003 年 4 月底，美國線上—時代華納以 12.3 億美元的價格將自己在 Comedy Central 有線電視網的一半股份出售給了維亞康姆，Comedy Central 股份的售價超出了人們的預計。

2003 年 5 月 5 日，AOL 時代華納與—家公司就收購自己的亞特蘭大運動隊的交易進行談判，這一交易將於 2003 年 7 月之前完成，從而幫助 AOL 時代華納減輕負債壓力。與 AOL 時代華納進行談判的是美

國德克薩斯州的百萬富翁大衛・麥克大衛，他是一個汽車經銷商，也是此次交易中惟一一家收購商。

這兩次交易均表明了 AOL 時代華納執行長官迪克・帕森斯減輕公司債務負擔的決心。分析家稱而目前正處於虧損狀態的亞特蘭大運動隊的價值將有 3.5 億到 4 億美元之間。有了這些資金，AOL 可以保住自己的書籍出版業務，或者至少可以在貝塔斯曼旗下的 Random House 準備充分之後再收購這一部門。

2003 年 7 月 3 日，AOL 時代華納公司宣佈把麾下「華娛電視」64.1%的股份以 680 萬美元的價格出售給亞洲首富、香港鉅賈李嘉誠所屬的網路、出版和廣告集團 TOM 公司。雙方交易前，在華娛電視的股權上，AOL 時代華納的特納廣播佔 80%，另外一家風險投資基金佔 16%，華娛電視創始人蔡和平佔 4%。交易後，李嘉誠的 TOM 集團佔到 64.1%，特納廣播持有餘下的 35.9%。TOM 集團取得了董事會控股權和管理權，而作為代價，TOM 需要以每股 2.53 元的價格，發行 2100 萬股票給特納廣播，同時 TOM 承諾在未來 30 個月之內提供最多不超過 3000 萬美金的運營資金，也就是說，在未來 30 個月裏，TOM 將承擔華娛運營的費用。

同時根據協定，特納廣播可以在交易完成後的第 30 個月開始到 2010 年的 7 月 1 日，行使一次認購權，回購華娛電視股權。2007 年 7 月 1 日前首次行使的價格是：TOM 的投資成本再加上 50%的報酬率；2007 年 7 月 1 日以後的回購價是投資成本加上 20%～30%的報酬率。

2003 年 7 月 15 日，據《華爾街日報》透露，目前已有兩家買主表示出對 AOL 時代華納公司的 DVD/CD 業務部門很感興趣，準備將其收購，這兩家買主分別是 Cinram 國際公司和一個由 WEA 公司老闆傑姆・卡帕羅(Jim Caparro)領銜的財團，收購交易最早有可能於下週

達成。

Cinram 公司是一家總部位於多倫多的 DVD 和錄音磁帶生產商，目前該公司尚未就此事發表評論。《華爾街日報》還透露，卡帕羅領銜的財團得到了 Apollo Advisors LP 和 Thomas H. Lee Partners 這兩家投資集團的支持，但這兩家公司的發言人均未就此事發表評論。有消息稱，德意志銀行和 JP 摩根公司也支持卡帕羅競標。

6. AOL 時代華納面臨新的欺詐指控——被索賠 3.5 億美元

2003 年 7 月 21 日消息，全球最大的媒體企業 AOL 時代華納公司最近又受到兩項新的司法訴訟的困擾，訴狀指控 AOL 時代華納在合併之前採用欺詐手段人為增加公司營收使得投資者遭受損失。原告加利福尼亞州退休金基金會及俄亥俄州退休金基金會要求 AOL 時代華納支付 3.5 億美元的賠償。

其中加州退休金基金會指控 AOL 時代華納在收購時代華納之前人為將公司營收增加了 17 億美元，為此要求得到 2.5 億美元的賠償。俄亥俄州退休金基金會則表示因為 AOL 時代華納的欺詐行為，其員工退休金基金的投資遭受重大損失，要求 AOL 時代華納賠償 1 億美元。

與此同時，Calpers 投資公司也針對 AOL 時代華納提出了類似的訴訟，該公司聲稱 AOL 時代華納對其財報進行重新發佈導致其股價下跌，使得 Calpers 損失了 2.5 億美元的投資。Calpers 公司的首席投資官馬克‧安森表示：「由於這一欺詐行動對投資者產生了重大的影響，我們向加州法庭提出訴訟，要求 AOL 賠償投資者的損失。」

截止到 2002 年，AOL2000 年到 2001 年的財報就一直是美國司法部和證券交易委員會雙重調查的重點。在 AOL 與時代華納合併之後，AOL 時代華納向美國證券交易委員會重新申報了財報，但財報裏面仍然有一些令人質疑的廣告營收會計問題。2002 年第三季度，AOL

時代華納對 2000 年和 2001 年的財報進行了再次發佈，在發現其 AOL 部門有一些銷售額數字不當後將其營收減少了 1.9 億美元。

2003 年 3 月，AOL 時代華納表示證券交易委員會在其 AOL 部門的財報當中又發現了另外 4 億美元有可能是誤報。AOL 時代華納在其 3 月份的一份文件中表示，證券交易委員會「正在繼續對一系列與 AOL 有關的交易展開調查」。

Calpers 公司目前持有 AOL 時代華納 1840 萬股股票，是 AOL 時代華納第二十八大股東。Calpers 公司還在訴狀中對 AOL 時代華納前任首席執行官斯蒂夫‧凱思和吉羅德‧李文提出了指控。

2003 年 4 月，加利福尼亞大學及管理退休金基金的 Amalgamated Bank 銀行已經對 AOL 時代華納提出了起訴，要求得到 5 億美元的賠償。另外，明尼蘇達州投資委員會也已經針對 AOL 時代華納提出了一項集體訴訟。

7. 將 AOL 從公司名稱中去除

當 AOL 與時代華納合併之時，AOL 的主管人員堅持要求在 AOL 時代華納公司的前面加上 AOL 三個字母。但是在 2003 年 8 月 11 日，AOL 時代華納董事會主席米勒表示，該公司正在考慮放棄名稱中的 AOL，儘管 AOL 將繼續留做公司的一部分，顯然此舉意在保護 AOL 的品牌免受 AOL 時代華納面臨的諸多問題的負面影響。米勒已經要求 AOL 時代華納的首席執行官理查‧帕森斯在董事會面前提出更改公司名稱的動議，董事會定於 2003 年 9 月召開會議就此事做出最終決定。

當有關 AOL 時代華納將更改公司名稱的消息透露出來時，公司的股價出現了攀升，在週一攀升了 2%，以每股 15.53 美元收盤。事實上，早在 2002 年 9 月，時代華納一些高級主管就開始談及將 AOL 從公司名稱中撤去的事宜。在《華盛頓郵報》發表了一系列有關 AOL 在

其與時代華納合併之前和之後的關鍵時刻故意虛報廣告營收的文章之後，有關 AOL 時代華納將在名稱中去掉 AOL 的傳聞就越傳越盛。

如果 AOL 時代華納董事會決定在名稱中去掉 AOL，那麼該公司的名稱和在股市上進行交易時的名稱都將改回時代華納。

在時代華納方面，很多主管人員幾個月以來都在敦促 AOL 三個字母應該從公司名稱中被去掉，他們這麼做主要是對 AOL 在合併之後業績過於糟糕感到憤怒。在 AOL 與時代華納合併之後不久，AOL 的增長就開始減慢，聯邦調查機構也開始調查 AOL 的會計問題，這使得 AOL 成了整個公司的拖累。

最近，其他一些來自時代華納方面的高級主管人員已經開始抱怨說 AOL 的麻煩仍然在削弱其他部門取得的成就，儘管 AOL 的營收僅佔公司營收的 1/5。但帕森斯身邊的主管人員表示，直到最近，帕森斯一直支援保留 AOL 三個字母，至少直到會計調查結束為止。一個原因就是在調查還在繼續時就去掉 AOL 三個字母有可能使得餘下的時代華納品牌更容易受到負面新聞的攻擊。如果調查結果對 AOL 非常不利，AOL 的品牌完全被破壞，那麼再去掉 AOL 也不遲，至少時代華納的名字還可以相對安全一些。

自從美國線上和時代華納合併以來，兩公司股票市值已經縮水了近 80%，美國線上的市值更是銳減 1700 億美元之多。目前，美國線上-時代華納因為會計問題正在接受美國證券交易委員會（SEC）的調查，該公司的股票目前已經跌至 4 年來最低點，公司信用等級也被調低。應當說，將「AOL」從公司名稱中去除是合併之後一次象徵性的大倒退。

2003 年 9 月 18 日，AOL 時代華納董事會表決通過在公司名稱中去掉「AOL」字樣，將公司名稱改為時代華納。這標誌著美國歷史上

最大的公司合併案失敗。時代華納董事會在當天發表的一份聲明中
說，公司新的名字更清楚地反映了公司的核心業務，結束了公司投資
者、合作者乃至公眾在時代華納與美國線上品牌間的疑惑和顧慮。更
名後的相關工作在未來幾週內展開。

五、併購後續工作的分析

顯然，AOL 與時代華納的合併並未達到「雙贏」的目的，雙方期
待的 1+1>2 的協同合作事實上並未出現，甚至連 1+1=2 都沒有實現。

現在的情況是 AOL 時代華納的媒體業務蒸蒸日上，而網路業務卻
日落西山，不得不靠傳媒業務的贏利去填補虧空，結果導致公司的全
面發展受阻，競爭力和公司地位顯著下滑。這種局面的出現使得該公
司內部充滿了相互猜疑的氣氛，而不是合作的氣氛，其結果只能是人
員的頻繁更迭和公司經營狀況的每況愈下。

在 2001 年初 AOL 與時代華納剛剛合併的時候，幾乎所有的人士
都認為這個巨無霸集團的前景將會無限光明，它很有可能成為網路媒
體業的「微軟」。孰料僅僅一年的時間，所有美好的前景都已煙消雲
散，一度實力無可匹敵的出版業務竟然出現了巨額虧損，創下美國公
司虧損記錄。

雖然 AOL 時代華納的落難有其外部的原因，畢竟互聯網泡沫破裂
之快，其影響之深遠，都是大部分人始料未及的，廣告收入迅速下降、
註冊用戶增長速度放緩等的確影響了 AOL 時代華納的經營業務。

但外部的原因無論怎樣說也只是一個方面，AOL 時代華納合併後
模糊的國際戰略和管理方面存在的諸多問題同樣是導致經營下滑的
重要原因，尤其是在美國整體經濟下滑的大背景下，經營管理不善、

策略調整滯後更是讓這家公司嘗盡了苦果。Giga 信息集團的研究員羅伯‧安德勒(Rob Enderle)表示，「巨大的未開發市場造就了 AOL，所以當市場崩潰的時候，AOL 自然也就崩潰了。」

　　AOL 時代華納的根本問題在於，他們對互聯網產業的潛力估計得過高，對互聯網產業的發展速度估計得過快，因此導致了目前所處的尷尬局面。現在，不僅 AOL 時代華納在做互聯網內容，其他公司像新力、迪士尼都在做，而目前這一市場其實並沒有當初想像的那樣大。再加上 AOL 時代華納的內部管理問題，出現目前巨額虧損的局面也就不難理解了。

　　另外，AOL 與時代華納公司合併後，兩家公司的員工並沒有學著相互合作。出於保護各自利益的考慮，雙方的員工的合作並不理想，公司內部相互猜忌的氣氛很重，這根本無法實現合併時期望的雙贏局面。

心得欄

<案例二> 不動聲色收購香港電燈

20 世紀 80 年代中期，李嘉誠以兵不血刃的方式，通過和黃收購香港電燈，在這次收購中，他已穩佔主動權。

其實，李嘉誠早已看上香港電燈，旗下公司曾與港燈有過多次合作，他也曾對港燈作過深入的考察和研究，對其業績、潛質了然於胸。其時置地正大肆擴張，捷足先登。李嘉誠遂按兵不動，靜候良機。後來，香港地產市道崩潰，置地因盲目擴張而陷入危機，被迫臨陣易帥，並頻頻出售旗下非核心資產。李嘉誠面對置地的困境不動聲色，以靜制動，讓形勢的發展迫使置地就範。果然，置地主動上門求售，不再抬價。李嘉誠在短短 17 個小時，就毅然決定用 29 億港元鉅資，拍板收購香港電燈股權。

孫子兵法曰：「知己知彼，百戰不殆。」此役可以說是這一戰術運用的最佳寫照。

香港電燈集團前身是香港電燈有限公司，創辦於 1889 年，是迄今世界上歷史最悠久的電力公司之一。

香港電燈創辦後，即在港島灣仔區今日永豐街的山坡上興建第一間發電廠。該廠於 1890 年 12 月正式供電，給 50 盞街燈照明及供山頂抽水。當時，明亮的街燈成為香港電燈公司的最佳廣告，中區的洋行、銀行以及華商的店鋪紛紛裝設電燈，香港電燈公司的業務開始發展。

到 20 世紀初，香港島市區已延伸到灣仔，灣仔發電廠亦告飽和，

香港電燈遂向香港政府投得北角海旁地段興建新發電廠。該地段由填海而成，即現在的電氣道城市花園地段。北角發電廠於 1919 年建成投產，當時適逢第一次世界大戰結束，香港電燈公司於是在中區皇后像廣場舉辦首屆「電燈節」作為紀念。

北角發電廠到 1964 年總發電量已達到 225 兆瓦，這時北角已發展成為稠密的住宅區，而且當時用煤為燃料已不及用石油經濟，因此進行遷廠計畫，在港島南部的鴨利洲興建大型燃油發電廠，設備全部從日本進口。1968 年鴨利洲第一組機投產，到 1972 年共有七台發電機組發電。

1974 年世界石油危機爆發，當年香港也要實施能源管制。1978 年，香港電燈公司便計畫在南丫島興建一座可靈活運用燃料的發電廠。南丫島鳳梨咀發電廠於 1982 年開始投產，待所有海底電纜全部完成，便將鴨利洲的全部發電設備轉移到南丫島，而鴨利洲發電廠則於 1989 年正式停產。

20 世紀 70 年代中期，香港電燈的業務開始多元化。1975 年 7 月，香港電燈公司曾建議以現金及部分股票方式收購當時另一家歷史悠久的公用事業上市公司——中華煤氣有限公司，但因中華煤氣的大力反對而未果。香港電燈於是在 1976 年實行對香港島區一些新居民點送電力熱水器，一方面「報復」中華煤氣，另一方面是爭取在供電區增加電力銷售。

這些即熱式電熱水器功率達 8 千瓦，每小時用電 18 度，幫助增加電力銷售。雖然是免費「奉送」，但用戶要交按金 500 港元，實際上是一次性取得大量現金作電熱水爐的投資。從這一點可見香港電燈公司在經營上的精明。

1976 年 4 月，香港電燈重組註冊，成立香港電燈集團有限公司，

簡稱港燈集團，目的是統籌電燈公司及其附屬機構，包括地產發展與
管理、技術服務、零售業、廣告及財務等經營，以加強賺錢能力。當
時，港燈集團旗下的主要附屬公司包括香港電燈公司(根據法例專責
供電給港島、鴨利洲及南丫島)、協聯工程(工程設計及管理)、嘉雲
發展集團及嘉雲發展(物業發展)、豐澤(電器用品銷售)、匯澤財務(財
務)等。

　　港燈集團的贏利以售電為主，但地產發展的收益亦是迅速增加。
1976 年港燈開始發展地產，1980 年 11 月 20 日與李嘉誠的長江實業
及英資洋行會德豐等組建國際城市集團有限公司，股本 30 億港元，
公開發售 4.5 億股在香港上市，港燈和長江實業均為國際城市大股
東，分別持有約 34%股權，由李嘉誠出任公司主席，這是李嘉誠與港
燈的最早聯繫及合作。

　　當時國際城市的主要目的，是將港燈旗下的主要地皮物業加以發
展，包括北角電氣道發電廠舊址、渣甸山內地段 8200 號，以及荃灣
的數幅地段，其中，北角電氣道發電廠舊址和渣甸山內地段由港燈集
團以 21.1 億港元價格售予國際城市。國際城市將北角電氣道發電廠
舊址發展為後來著名的城市花園，包括 13 幢住宅及一幢寫字樓，總
樓宇面積 317.8 萬平方英尺。

　　港燈集團業務的多元化可從其年度業績反映出來。1982 年度，
港燈售電量約為 35 億度，售電獲利為 4.341 港元，而當年的綜合純
利為 7.82 億港元，售電獲利僅佔總純利的 55.5%的上市公司。由此
可見，港燈集團售電獲利之外的業務亦贏利豐厚，是一家頗具發展潛
質的公用事業公司。

一、置地出售港燈的背景

　　港燈集團作為一家股票上市公司，一直沒有家族性大股東。首先窺視港燈的，是怡和旗下的置地公司。

　　置地長期以保守、穩健聞名，主要致力於中環核心商業區貴重物業的投資，其唯一一次大規模的策略性行動，就是 1972 年兼併牛奶公司。

　　然而，踏入 20 世紀 80 年代尤其九龍倉一役受損後，置地在執行董事兼總經理鮑富達的主持下，其投資策略發生了一百八十度的大轉變，明顯放棄了一貫奉行的保守、穩健、持重的策略，而轉向冒進、急躁及投機。

　　當時，香港的地產市道經過六七年的迅速發展，正逐漸迫近巔峰。然而，置地管理卻罔顧當時香港地產繁榮時期已出現的一系列不利因素，大肆擴張。它先後與遠東發展、佳寧集團、恒隆、油麻地小輪等約 30 家公司合作發展超過 70 個地產項目。

　　1980 年，置地因出售金門大廈給佳寧集團，以及售出九龍倉股票獲得大量非經常性利潤，資金充裕，因而更展開一系列極為引人注目的大型發展或收購活動。

　　同年年初，置地與信和集團合組財團（置地佔 40%股權），以 13.08 億港元購入港島大潭道白筆山一幅面積達 145 萬平方英尺地段，計畫興建約 400 個別墅式豪華住宅單位。

　　同年 8 月，置地再與佳寧集團合組財團（置地佔 35%股權），以 28 億港元購入尖沙咀旅遊中心區美麗華酒店舊翼一幅約 6.8 萬平方英尺地段，計畫發展置地廣場式的高級商廈，該宗交易成交價創下世

界紀錄，一時令國際注目。

1982 年 2 月，置地在香港的地產投資達到高潮，置地以 47.55 億港元的高價，投得香港島中區海旁位於康樂大廈西側一幅面積達 14.4 萬平方英尺「地王」。該「地王」平均每平方英尺地價高達 32964 港元，創香港官地拍賣歷史的最高紀錄，並成為全球最大宗地產交易者在香港轟動一時。這座被命名為「交易廣場」的地產發展計畫包括三幢高級商廈，建築面積達 200 萬平方英尺，預計總投資超過 80 億港元。

這一時期，置地不但從一個保守、穩健的地產投資商迅速轉變成一名活躍、冒進的地產發展商、香港地產界的超級「大好友」，更極力試圖發展成一家業務遍及地產、酒店、零售貿易，以及公用事業的多元化綜合性大型企業集團。

1981 年 12 月，置地聯同怡和特別投資發動「破曉突擊」行動，以不超過每股 32 港元的價格，在股市購入 2000 萬股香港電話公司股票，約佔香港電話已發行股票的 21.9%，涉及資金約 9 億港元。經過這次收購，置地及怡和特別投資連同已持有的股票，約佔香港電話已發行股票的 34.9%，成為該公司大股東。

1982 年 4 月，置地再次發動「破曉突擊」行動，這次的目標就是港燈集團。置地委託怡富以不超過每股 6.75 港元價格，在市場大舉吸納港燈股票，約吸人 2.2 億股港燈，佔港燈已發行股票的 34.9%，涉及資金高達 26 億港元。當時，市場盛傳李嘉誠的長江實業和陳松青的佳寧集團均有意收購港燈。結果置地捷足先登，成為大股東。置地收購香港電話和港燈集團，兩次的股權都未超過 35%，未抵觸當時剛修訂的收購及合併條例所規定的全面收購觸發點，都無需向股東提出全面收購。

　　一連串重大的發展及收購計畫，明顯反映了置地管理層在九龍倉被包玉剛強行收購後，試圖將置地扶植成一家超級「大行」，與華資大亨一決雄雌的冒進、急躁及投機的心態。可惜，當時置地決策層對香港的政治、經濟形勢的判斷已與客觀現實嚴重脫節，導致置地為此付出高昂代價。

　　當時，香港地產市場經過七八年的輾轉攀升，已達到巔峰狀態，所謂位高勢危，已相當危險。然而，怡和主席紐璧堅與置地執行董事兼總經理鮑富達對香港經濟前景仍盲目樂觀，對置地在香港地產業的影響力過於自信，迫切希望利用這段時間充分擴張，以彌補九龍倉一役的損失。這時，怡和系的不善經營導致內部權力部門鬥爭白熱化，結果又加速了兩人的輕率、冒進。

　　1982 年英國首相柴契爾夫人訪問中國，提出了以主權換治權解決香港前途問題的建議，遭到中國領導人鄧小平的斷然拒絕，香港前途問題表面化，早已疲憊不堪的香港股市、地產應聲下跌。在空前嚴重的地產低潮中，置地由於前段時間的過分擴張，損失慘重，其中，僅中區交易廣場、美麗華酒店舊翼、白筆山發展計畫三大項目，損失就超過 30 億港元。

　　1983 年，置地首次出現高達 15.83 億港元的巨額虧損，總債務增到 150 億港元，成為香港最大的負債公司，被稱為「債王」。財政危機加速了怡置系高層權力鬥爭。當年，怡和高層「大地震」，怡和主席紐璧堅和置地執行董事兼總經理鮑富達先後辭職，由大股東凱瑟克家族的西門‧凱瑟克和大衛思分別接任。

　　新任怡和主席西門‧凱瑟克，是前任主席亨利‧凱瑟克的胞弟。1942 年出生，早年畢業於英國伊頓公學和劍橋大學。1962 年加入怡和，曾先後在香港、北美、日本、新加坡、澳大利亞等地的分公司任

135

職。1982 年返回香港出任怡和執行董事，為人精明強悍，深於謀略。

西門· 凱瑟克接任怡和時，怡置系正處於風雨飄搖之中，凱瑟克即開展連串救亡措施，包括停止及推延部分龐大發展計畫，大幅出售公司的非核心資產和業務，重組龐大債務等。

置地出售港燈，以及李嘉誠覬覦港燈，正是在這種特定的歷史背景中展開的。

二、李嘉誠靜觀其變

李嘉誠收購和記黃埔後，集團的擴張步伐並未停止。1982 年，李嘉誠開始通過和黃研究收購港燈集團的可行性。港燈集團是僅次於中華電力公司的優質公用股，收入穩定，市值高達 55 億港元，比其大股東置地的市值稍低，在香港十大市值公司中排名第五位，是一家大型的上市公司。其實，早在 20 世紀 80 年代初，李嘉誠已與港燈展開合作。當年長江實業就與港燈、會德豐等合組國際城市集團，發展重建港燈旗下的剩餘土地，其中最令人矚目的，就是將北角發電廠舊址發展成著名的城市花園。因此，李嘉誠深知港燈的潛在價值。

1982 年初，市場上已盛傳長江實業有意收購港燈，只是置地搶先發難，李嘉誠唯有按兵不動，靜觀其變。

1983 年，李嘉誠洞悉置地在地產投資方面遭到財政困難，遂向怡和、置地收購他們手上的港燈、牛奶公司或惠康超級市場的股份，但雙方始終談不攏。當時，正是怡置系內部權力鬥爭白熱化之際，即將辭職的怡和主席紐璧堅固然不想在其任內丟失港燈，而將上任的西門· 凱瑟克亦在忙於鞏固權力，對售賣港燈股權暫無迫切性。李嘉誠深知怡和、置地的困境，亦不急於行動，靜待最有利時機的出現。這

場商戰，再次以兵不血刃的形式展開。這符合李嘉誠的性格特點，他的策略就是「以和為貴」，「將烽火消弭於杯酒之間」。

其後，置地公司因為現金短缺，曾試圖通過港燈，動用港燈持34%股權的國際城市的資金。不過，當年長江實業與港燈集團創辦國際城市時曾訂立協議，國際城市由長江實業出任主席，並全權負責發展和管理該公司的業務。因此，置地無法動用國際城市手上的大量現金。置地一計不成，又轉而打港燈集團的主意，希望說服港燈將其手上逾 10 億港元現金儲備，用作償還置地的部分債款。不過，這個建議亦遭到港燈管理層的否決。

置地在無計可施的情況下，惟有出售旗下非核心資產和業務，包括 1983 年 3 月將所持香港電話公司 38.8%股權售予英國大東電報局，套現 14 億港元；同年 6 月，怡和將南非雷裏斯公司 51.7%股權出售，套現 13 億港元；10 月將怡和屬下金門建築公司 50%股權售予英國的特法加集團，套現 2 億港元；同時將夏威夷大衛思公司所擁有的甘蔗園以 5.4 億港元價格售出。

1984 年，怡和主席西門‧凱瑟克被迫主動與和記黃埔接觸，洽商出售港燈股權事宜。置地的要價是每股港燈的收購價須在 6.5 港元至 6.6 港元之間，比當時股市價值約高出 30%。李嘉誠眼見形勢正向著他所預計的方向發展，遂擺出對港燈興趣不大的姿態，他以低於市價 10%的價格還價。當時，置地手上的港燈股份平均成本約為每股 6.6 港元，如果以李嘉誠的還價出售，帳面損失將超過四億港元。因此，雙方的談判因條件談不攏再度擱置。

三、和黃成功收購港燈

　　到 1984 年，置地的財務狀況進一步惡化，怡和兼置地主席西門・凱瑟克在宣佈 1984 年上半年度業績時表示，目前置地的借貸總額為 142 億港元，最高債項需求估計約為 160 億港元。期間，置地將要繳交給香港政府交易場地段最後一期款項 19.02 億港元，而置地全年的借債利息就高達 10 億港元。置地要減輕欠債，不外兩種途徑：一是供股東集資；二是出售資產。對於前者，置地執行董事大衛思已予以否定，理由是目前置地的股價只是其資產淨值的四成，如供股集資，則對原有的股東不公平。至於出售資產，由於地產市道仍陷低迷，難以售到合理價錢。這樣，被迫出售港燈股權的議題，再次擺在怡置系高層的面前。

　　1975 年面臨破產的和記黃埔，在 1985 年則威風八面，而 1973 年因收購牛奶公司而如日中天的置地，卻為沉重債務傷透腦筋，這一起一跌，令人慨歎時勢變化之巨大外，公司董事局的決策，對一家公司盛衰的影響之深遠。

　　當時，行內人士估計，置地若不儘快出售港燈股份減債，到 1986 年，置地的負債總額可能上升到 200 億港元，屆時可能出現負債太重而資金週轉不靈的危機。

　　李嘉誠準確地估計到置地面臨的財政困境，他更瞭解到除長江實業系外，在當時香港面臨前途問題困擾的情況下，無論是海外或是香港本地財團，能夠或願意動用數 10 億港元購買置地所持有港燈股份的，可說是絕無僅有。

　　因此，他一直採取以退為進的政策，以靜制動。一方面不動聲色，

絲毫不流露出購買置地的熱切意向，使對手不能漫天要價，化解了置地的攻勢；另一方面又增加對置地的壓力，使它沒有喘息的機會，從而迫使對手就範。1985 年 5 月，中英正式簽署關於香港前途問題的聯合聲明後，投資者逐步恢復信心，香港股市開始飆升，港燈集團的股價亦從 1984 年 11 月底的每股 6.3 港元上升到 1985 年中的每股 7.3 港元。雙方達成交易的時機逐步成熟。

在置地方面，出售港燈股權已不能再拖，且港燈價已經回升，有一定討價還價能力。然而，置地管理層仍在猶豫不決。

1985 年 1 月 21 日，怡和集團幕後主腦、前怡和主席亨利・凱瑟克親自從倫敦飛抵香港，說服置地高層，促成此項交易。當日下午 7 時，怡和主席西門・凱瑟克親自到中區華人行會見和黃主席李嘉誠，經過約兩小時的會談，雙方決定根據李氏半年前收購港燈時的原則達成協定。然而，由於港燈股價已經上升，李嘉誠遂提出以低於市價 13% 的價格成交，而且應包括港燈末期股息。

翌日上午，李嘉誠就和黃收購港燈會否導致須全面收購國際城市一事諮詢了法律顧問的意見。隨後，李嘉誠便在和黃行政總裁馬世民的陪同下，前往中區康樂大廈怡和總部，於上午 11 時前簽署了收購協定。

置地公司的首腦為高築的債台傷透腦筋，終派員前往長江實業兼和記黃埔公司主席李嘉誠先生的辦公室，商討轉讓港燈股權的問題。結果，在 16 小時之後（1 月 22 日上午 11 時），和黃決定斥資 29 億港元現金，收購置地持有的 34.6%港燈股權。這是中英會談結束之後，香港股市的首宗大規模收購事件，同時也是李嘉誠 1979 年收購和黃後，另一轟動的商業決定。」

1 月 22 日中午 12 時 15 分，和黃、置地、港燈三隻股票在四家

證券交易所同時停牌。傍晚，和黃主席李嘉誠以極其喜悅的心情召開了記者招待會，宣佈和黃向置地收購港燈股權的事宜。他表示，和黃將以每股 6.4 港元價格向置地收購約 4.54 億股港燈股份，約佔港燈已發行股份的 34.6%，涉及的資金為 29.05 億港元。整個收購行動將於 1985 年 2 月 23 日完成。李嘉誠還強調，屆時和黃將以現金支付，和黃已準備了 15 億港元，賒款亦已得到匯豐銀行的口頭答允，絕不成問題。因此，和黃肯定不會在市場籌集資金，而這次收購也絕不會影響其他發展計畫，諸如黃埔花園、葵湧貨櫃碼頭等。李嘉誠這次智取港燈，其內心喜悅之情不言而喻。

當 1979 年 9 月，匯豐宣佈將手上 9000 萬股和黃售予長江實業時，李氏在公開場合沒有顯露出這一份喜悅；去年底和黃在發展黃埔船塢計畫上，經過與政府漫長的談判後，最後只需補地價 4 億港元，較兩年前政府要求的 28 億港元，節省了 20 多億港元，李氏在與政府簽訂協定時，對那次重大的勝利，也不曾表現出特別高興。

李嘉誠的喜悅是有道理的，在這次長達數年的與老牌的英資財團角力的商戰中，李嘉誠以獨到的眼光和超人的財技最終取得了勝利。這次收購除了給他帶來財富和權力之外，更重要的，是帶來成功感。

李嘉誠說了這麼一段話：「在過去兩年，我不停地研究港燈這家公司，老早便詳細考慮到投資港燈的各個優點。」一年後，他再向記者表示：「我對那些資產值高的公司皆感興趣。……在過去，我差不多用工作上一半的時間在策劃公司的未來發展方面，留意著香港或海外的投資機會，我腦海裏對很多香港公司的資產狀況都很清楚。因此，一有機會我便可以作出迅速的決定。例如港燈，由開始商談到正式簽署文件，時間共 17 個小時，但不要忘記除去睡眠的 8 小時，實際只有 9 個小時。我為何能在這麼短的時間，決定一項如此重大的投

資呢？原因是港燈是我心目中的公司，一早已掌握全部資料，機會來時我就知道怎樣做。」

這番話，實際上亦是李嘉誠經商的成功秘訣之一。20 世紀 90 年代初，和黃行政總裁馬世民談起當年協助老闆收購港燈，曾對李嘉誠的經商手法稱道不已。他說：「李嘉誠綜合了中式和歐美經商方面的優點。一如歐美商人，李嘉誠全面分析收購目標，然後握一握手就落實了交易，這是東方式的經商方式，乾脆俐落。」

就這樣，李嘉誠以低於市場價格購得一家潛質優厚的大型上市公司。李嘉誠表示：「我今次出價是以港燈的贏利能力及派息作為衡量標準；以星期二收市價計，港燈的市價贏利率約為 8 倍，目前香港利率有繼續下降的趨勢，和黃手上現金如不作收購港燈股份而放在銀行收息，與現在投資在港燈所收到的股息比較差不會太遠，但在港燈的投資，長遠來說十分有利，因此便有這次交易。」

當然，這次售股對置地亦有重要意義。怡和兼置地主席西門‧凱瑟克在評論出售港燈權益時表示：「出售港燈權益符合公司既定目標，不但可增加流動資金，減低借貸需要，還可改善公司的資產負債比率。」經過一連串的措施，怡置系亦終於順利渡過難關，重新走上正軌。不過，置地所持有的港燈股份，在 1982 年購入時每股價格是 5.95 港元，到出售時帳面值為 6.87 元。因此，是次售股導致置地特殊虧損達 2.19 億港元。

四、併購餘音

李嘉誠收購港燈時，曾聲言做長線投資。然而，事隔半年，即1985 年 8 月，即以每股 8.2 元(比購入價每股 6.4 元上升 30%)將港燈一成股權配售，集資 11 億港元，這次售股行動令和黃額外獲得 2.4億港元利潤。

當時，市場懷疑港燈此舉是令和黃減債，亦有人懷疑李嘉誠在短短半年間便將港燈股權配售 1/3，似乎有違他當初的諾言。不過，事後證明，李氏是趁地產低潮集資。1986 年 10 月，港燈又發行新股一億多股，發售價是每股 10 港元，集資 10.03 億港元，主要用做收購長江實業擁有的中區希爾頓酒店，而新股則配售給海外基金，實行變相高價出售。這類資產轉移行動一直持續進行。

1987 年 3 月，李嘉誠決定重組港燈集團。重組後，港燈集團原有的非電力業務包括地產、酒店、零售貿易、財務投資，以至天然氣工業等由一家新成立的公司嘉宏國際集團持有。該集團於 1987 年 6月獨立上市，由和記黃埔持有超過 50%股權，而嘉宏國際則持有重組後的香港電燈公司，後者重新成為一家單純的電力生產及供應公司。

當時，有人懷疑港燈分拆是受到香港政府的壓力，例如分拆前港燈宣佈與和黃合資 27 億港元投資加拿大赫斯石油公司，就會引起立法局議員的質疑，認為港燈作為公用事業公司，不應參與海外有巨大風險的投資計畫，以免一旦投資失敗而打擊港燈專利發電業務。

不過，李嘉誠對這些傳聞加以否認，他只強調整個重組建議由港燈主動提出，並取得香港政府的支持。

自此，李嘉誠旗下擁有四大公司，包括長江實業、和記黃埔、嘉

宏國際和香港電燈，成為香港股市中控制上市公司市值最多的首席家族財閥。1987 年 9 月，李嘉誠趁香港股市高潮，首次四劍合璧，通過四大公司集資逾 100 億港元，為未來發展大計做部署，結果轟動香港，創下歷史上集資規模最大的紀錄。

　　收購港燈集團，無疑是李嘉誠個人的一次輝煌勝利，李氏在香港商場的首席地位，由此最終確定。

心得欄 ------------------------------

第 **4** 章

專業的併購紅娘

——尋求投資銀行的協助

投資銀行有併購「紅娘」美稱，它參與企業併購，主要透過兩種
方式：

一是併購仲介或代理。在這類業務中，投資銀行不是併購交易的
主體，而只作為仲介人為併購交易的併購主體或目標企業提供策劃、
顧問及相應的融資服務。這是投資銀行傳統「正宗」的併購業務。

二是產權投資商業務。在這類業務中，投資銀行是併購交易的主
體，它把產權（公司）買賣當作一種投資行業，先是買下產權，然後
或直接整體轉讓，或分拆賣出，或整組經營待價而估，或包裝上市拋
售股權套現，目的是從中賺取買賣差價。

作為併購仲介和代理，是投資銀行在企業併購中的主要功能。對

企業併購中的買方來說，投資銀行可幫助它們以最優的方式用最優的條件併購最合適的目標企業，從而實現自身的最優發展。而對企業併購中的賣方來說，投資銀行的積極作用表現幫助它以盡可能高的價格將目標企業出售給最合適的買主。

對敵意併購中的目標企業及其股東而言，投資銀行的反併購業務則可幫助它們以盡可能低的代價實現反併購行動的成功，從而捍衛目標企業及其股東的正當權益。

1. 為併購方策劃和實施併購

投資銀行利用其掌握的大量併購信息和長年積累的經驗，可以幫助企業確定併購方案。企業根據自身的發展戰略，提出對目標企業的要求。投資銀行則通過對併購方進行評價，並判斷行業的發展前景，確定有無併購的必要。然後，篩選目標企業，通過對比，確定目標企業，並制定出相應的併購方案，幫助企業實施併購。

在併購過程中，投資銀行應當準確判斷目標企業的價值，為併購方提供出價方案，並力求說服目標企業放棄過高的要價，接受出價。

例如，如果一家鋼鐵公司決定滲透到電腦行業，那麼這個企業很可能要得到投資銀行的協助，幫助它確定被併購的電腦企業。當一家投資銀行受聘為併購方的財務顧問後，它所要進行的工作主要是：

⑴替併購方尋找合適的目標公司並加以分析；

⑵提出具體的併購建議，包括併購策略、併購的價格與非價格條件、併購時間表和相關的財務安排等；

⑶和目標公司的董事或大股東接洽並商議併購條款；

⑷編制有關的併購公告，詳述有關併購事宜，同時準備一份寄給目標公司股東的函件，說明併購的原因、條件和接納併購程序等；

⑸提出一個令人信服的、併購方有足夠財力去完成的併購計畫。

上市公司的併購活動中還有一種獨具特色的類型，即上市公司私有化。

所謂私有化是指由上市公司在股東作為併購建議者所發動的併購活動，目的是要全數買回小股東手上的股份，買回後撤銷這間公司的上市資格，變為大股東本身的私人公司。在多數情況下，大股東和被私有化的股東都會聘請投資銀行作為財務顧問。投資銀行作為大股東的財務顧問，主要是向大股東提供以下建議：私有化的方式、私有化的價格及非價格條件、私有化成功的機會、編制有關私有化計畫的文件。作為小股東的財務顧問，投資銀行的工作主要就是私有化建議是否合理，向獨立董事和小股東提供意見。

投資銀行在提出他們的建議時，應考慮的因素主要是：公司近期股價的表現、私有化價格的市盈率和股息率、私有化價格對公司資產淨值的溢價或折讓水準、大股東發動公司私有化的原因及公司前景等。

2.協助併購方融資

投資銀行在作為併購方公司併購的財務顧問的同時，往往還作為其融資顧問，負責其資金的籌措。因為投資銀行利用其融資優勢，可以低成本地在短時間內為併購方籌得大量併購資金。

這樣對企業而言，可以大大提高融資能力，對投資銀行而言，則可獲得更高的傭金。有時甚至是投資銀行將自己的資金借給併購方使用，以收取較高的利息。

最能體現投資銀行的融資優勢的就是「杠杆收購」。

所謂「杠杆收購」，實質上就是收購公司主要通過借債來獲得目標公司的產權，又從後者所產生的現金流量中償還負債的收購方式。

在杠杆收購中，併購方的自有資金僅佔其中的一部分，大部分資

金是由投資銀行作為融資仲介向外進行借貸,或向商業銀行和其他投資銀行借入,或發行垃圾債券等金融工具來籌措的。根據美國德崇證券公司的調查,從事杠杆收購的美國公司的資本結構大致為:股本 5%～20%、垃圾債 10%～40%、銀行貸款 40%～80%,杠杆比率一般在 1:5～1:20 之間。

　　在這種方式的收購中,投資銀行的作用主要體現在協助購買方設計和組織發行「垃圾債券」。利用垃圾債券與債券收購最成功的例子可以說是 1988 年底亨利‧克萊斯對雷諾煙草公司的收購。當時,該筆收購的價碼高達 250 萬美元,但克萊斯本身動用資金不多,也就是說在整個收購過程中,高達 99.5%的資金均是靠發行垃圾債券籌得的,收購者所出的本金不足投資總額的 0.6%。

　　美國的德雷克塞爾公司就是一家專門為杠杆收購提供融資的公司,該公司在著名的「垃圾債券之父」邁克爾‧米爾肯的率領下,曾經為美國上百家小公司的併購,尤其是杠杆收購提供資金來源。

　　80 年代席捲美國的企業併購熱潮,後來在 1989 年華爾街股市風波的衝擊之下,德雷克塞爾公司宣佈破產,其他投資銀行於是紛紛收縮這方面的業務,大舉退出對杠杆收購的融資,市場萎靡不振,一直到 1995 年此種業務才又重新活躍起來。

<案例一> 中巴保衛戰的局部收購

80 年代香港新興華商亦向華資的老牌公司策動收購兼併，其中最著名的，就是百利保收購中巴一役。

向中巴展開敵意收購的，是新興華商羅鷹石旗下的百利保，百利保以母公司鷹君的實力為後盾，邀得著名「公司醫生」、前和記黃埔主席韋理掛帥，組成陣容強大的戰車——亞隆，陣前又得到中巴股東黃氏家族倒戈相助，在收購戰中著著領先，似乎勝券在握。

面對強敵，中巴大股東顏氏家族表面上雖然聲稱「以不變應萬變」，實際上出盡奇謀，先是向小股東動之以情，誘之以利，繼而利用當時證監法律的縫隙和漏洞，邀得好友組成局部反收購的奇兵，以其人之道還治其人之身，終於令形勢逆轉，挽狂瀾於既倒，保住了江山。

中巴保衛戰開創了香港「局部收購」的先例，期間處處挑戰當局的證券監管，是頗值得研究的收購兼併案例。

中巴全名「中華汽車有限公司」，是一家老牌的華資公用事業上市公司，創辦於 1933 年，創辦人是顏成坤和黃旺財兩大家族，兩家且有姻親關係。不過，後來黃氏家族不斷出售中巴股份，顏氏家族遂成為中巴大股東。

顏成坤出生於香港，後發跡，擁有大批坐轎，賺得第一桶金。黃旺財則從事船務運輸業務，往來香港與廣東沿海各埠。兩人的背景均與運輸有關。1930 年，顏成坤及黃旺財等看到香港市區人口增加，

各業繁榮，經營巴士服務大有可為，遂合資創辦中華汽車有限公司（China Bus Company）。

當時，香港已有六家巴士公司，其中，顏成坤及黃旺財的中巴與鄧肇堅、雷氏家族創辦的九巴（當時稱九龍汽車公司），以及啟德汽車公司均在九龍市區提供巴士服務。這三家公司行走的路線相似，競爭相當激烈。1933 年，香港政府將港島區和九龍區的巴士服務專營權分開招標，顏成坤、黃旺財等成功投得港島區的巴士服務專營權，遂將中巴重組，創立中華汽車有限公司，並接管了港島區原有三家巴士公司業務，壟斷了港島區巴士服務專利。而九巴亦成功投得九龍及新界的巴士服務專營權。自此，香港的交通運輸業形成「兩分天下」的局面。

1941 年底太平洋戰爭爆發後，日軍侵佔香港期間，中巴的車隊悉數被毀或被徵用，業務陷於停頓，損失慘重。

二次大戰後，中巴在顏成坤的掌舵下，經營策略相當進取，不斷購入巴士及廠房，其業務不但迅速恢復，規模更日漸擴大。從 1951 年到 1966 年，中巴車隊擁有的巴士已從 151 輛急增到 498 輛，年載客量從 4612 萬人次增加到 1.86 億人次。1960 年，中巴再度獲得港島區巴士服務的專營權，為期 15 年。1962 年，中巴根據《1960 年交通事務（港島）法案》規定在香港上市，成為上市公司，其時，控制權仍掌握在顏氏和黃氏兩大家族手中。

顏成坤不但是潮州大亨人物，更成為香港政經界炙手可熱的紅人。1955 年，他獲得港督葛量洪委任，出任立法局議員，1959 年更晉身香港政府最高權力架構——行政局，並兼任立法局首席議員，直接參與戰後香港的重建與發展的許多重要決定。期間，顏成坤先後於1955 年和 1961 年獲英女王頒發的 OBE 和 CBE 勳銜。這是中巴及顏

成坤本人的黃金時期。

顏成坤克勤克儉，事事親力親為，顏氏即使到了 80 多歲高齡，仍然每天扶著手杖上班，工作至深夜，甚至星期六、日亦不休息。他精力過人，頭腦清晰，公司上下大小事務，包括巴士的日常運作都能兼顧，甚至能隨口說出任何一條巴士線的成本和收入。然而正是他的這種性格，導致了他的巴士王國的衰落。

到了 20 世紀七八十年代，隨著香港經濟的蓬勃發展，市民生活品質的提高，市場對巴士服務的品質提出了更高的要求。然而，顏成坤仍堅信市民只需要低廉的巴士服務，繼續維持中巴低成本的經營方針，拒絕將中巴現代化。他的這種日趨保守經營方針，令中巴呈現一片衰老破敗的景象：40 多年樓齡的總部大樓殘破而欠修理，車輛陳舊，班次不足，員工士氣低落，巴士服務每況愈下，乘客投訴有增無減……

1973 年，香港的交通諮詢委員會就曾認為，香港的兩家巴士公司經營服務水準不高，因此向香港政府建議由英國聯合海外運輸公司與香港兩家英資公司合作，聯手接辦兩家巴士公司，否則到 1975 年兩巴專利權合約期滿後中止續約。聯合海外運輸公司是英國電機牽引公司的附屬公司，其主要業務是向客戶提供公共交通的管理服務，業務範圍包括非洲、中南美洲、印度及遠東部分地區。當時聯合海外公司總經理曾親自來港與兩巴負責人洽商，並提出以購買或換股方式以獲取中巴 30%及九巴 45%股權，希望藉此參與香港的巴士業務，後遭到兩巴的堅決拒絕而作罷。

1971 年，中巴與香港政府達成協議，再度獲得港島區巴士服務的經營專利權。根據協定中巴純利受到政府管制，為固定資產淨值的15%，超出之數撥入發展基金，不足之數由發展基金撥回，如發展基

金的資金用完，可申請加價。由於中巴須按香港政府的意圖擴充車隊及增加行車路線，業務再度發展。到 70 年代末，香港的地價大幅上升，中巴因擁有車廠、停車場等大批廉價土地，資產值亦大幅上升。然而，中巴的保守經營作風依然故我，改善不大，導致股價長期大幅低於資產淨值，遂成為新興財閥覬覦的目標。

一、百利保覬覦中巴

此次覬覦中巴公司的新興財閥，是鷹君集團旗下的百利保公司。鷹君集團原名鷹君有限公司，創辦於 1963 年，創辦人是潮州籍富商羅鷹石。羅鷹石早年隨父親到泰國謀生，跟隨長輩學習經營土產、洋雜生意。1938 年羅鷹石轉到香港繼續經營家族的洋雜、布匹、貸款等生意，及至 20 世紀 50 年代中期他個人賺取了第一百萬港元。50 年代後期，羅鷹石眼見大量內地移民湧入香港，房地產市道日見興旺，便轉而經營房地產業，於 1963 年創辦鷹君有限公司。「鷹君」寓意振翅高飛，鵬程萬里。1972 年 10 月，羅氏趁香港股市大潮，將鷹君上市，集資 3000 萬港元。

鷹君公司上市後對香港的地產市道興衰看得頗準，早在 1974 年、1975 年間地產市道還十分疲弱的時候，大股東羅鷹石便估計到地產市道不久便會復蘇，而且將從工業樓宇起步。鷹君原本在新界已擁有不少工業用地，這時又在葵涌等地區大量購入工業用地，相繼興建金威、貴寶、保盈、瑞樂、金龍等工業大廈，成為 1975 年後那兩三年內工業大廈的最大供應商。由於當時「牛仔褲熱潮」流行，很多山寨廠老闆積累了大量財富，他們紛紛購入廠房以作擴大生產之用。加上香港政府嚴格執行工廠遷出住宅樓宅的法例，小廠家對小型工業

單位需求迫切，使鷹君興建的工業樓宇在短期內銷售一空。1976 年度，鷹君的贏利仍不足 500 萬港元，到 1980 年度已超過 1 億港元。鷹君成為 20 世紀 70 年代中後期急速成長的地產公司之一。

1979 年，羅鷹石次子、畢業於香港大學建築系的羅旭瑞加入鷹君，協助父親拓展業務。羅旭瑞是公司理財的高手，鷹君自此進入大發展時期。1980 年 5 月，鷹君將旗下的酒店業務組成富豪酒店集團，並於同年 10 月在香港上市，以每股 1.9 港元價格公開發售 1.6 億股新股，集資 3 億港元用於興建位於尖東和機場的兩家富豪酒店。

鷹君又通過富豪酒店以 1.06 億港元價格收購小型地產上市公司永昌盛 61.68%股權。1981 年 1 月，永昌盛以現金及發行新股方式向富豪酒店收購一批物業，包括沙田麗豪酒店地盤，以及中巴、九巴各約 10%股權，並易名為百利保投資。這時，羅鷹石家族控制的上市公司已增加至三家，包括鷹君、富豪酒店及百利保，市值已達 33.5 億港元，在華資地產財閥中，僅次於李嘉誠的長江實業、郭得勝的新鴻基地產、鄭裕彤的新世界發展，以及陳松青的佳寧置業而名列第五位。

鷹君之覬覦中巴、九巴等擁有大批廉價土地儲備的公用事業上市公司，其實早在 1980 年已經開始。不過，九巴的收購被新鴻基地產捷足先登。1980 年 11 月，新鴻基獲得百利保的配合，新地的收購未能取得成功，最終只購得九巴 23%股權。

新地公司收購九巴顯然加快了羅氏家族收購中巴的計畫。1981 年 1 月 23 日，羅鷹石家族發覺有第三者介入爭奪中巴的控制權，決定先發制人，令第三者知難而退，遂通過百利保收集和吸納中巴股份，從鷹君處購入 66.4 萬股、從富豪酒店購入 252.2 萬股、從羅旭瑞、羅嘉瑞兄弟分別購入 11.6 萬股及 74.8 萬股中巴股份，每股成交價為 22 港元。從 1 月 25 日到 6 月 10 日，百利保再從市場暗中吸

納 19.8 萬股中巴股份，6 月 11 日更成功得到中巴另一股東黃氏家族的倒戈支持，向其購入 308.8 萬股中巴股份，每股成交價為 24.96 港元。至此，百利保約動用了 1.77 億港元取得中巴已發行的股份的 20.4%，成為中巴第二大股東。

從 1981 年 3 月 11 日到 7 月 17 日，百利保在市場試盤，先後拋售了大約 22.5 萬股中巴股票。結果發現股票不斷被買家吸納，中巴股價不但不受「試盤」拋售的壓力而下跌，反而緩緩地從每股 23 港元逐漸上升到每股 33 港元水準。百利保因而確定市場上有人希望大幅增加中巴股份的持有量。這次試盤的結果，加強了百利保收購中巴的決心。

同年 4 月，百利保通過屬下一家附屬公司亞隆（Athlone），組成收購中巴的戰車。亞隆邀得著名「公司醫生」、前和記黃埔主席兼行政總裁韋理出任公司主席，又邀得前匯豐銀行董事牟詩禮出任公司董事。亞隆的董事總經理羅旭瑞表示，邀請韋理和牟詩禮加盟，就是要借助他們的專才重組中巴。其時，韋理辭退和記黃埔主席兼行政總裁一職僅數月，這次重出江湖，再掛帥印，顯然對收購中巴信心十足。

在 1981 年上半年的數月間，百利保以中巴最大的小股東身份，不斷向中巴董事局提出改善中巴的管理與效率的建議，結果均如所料未獲接納。此舉顯然是要爭取市民和香港政府的同情和支持。果然，百利保再與香港政府有關高層官員接觸，獲得保證無意對中巴控制權易手提出異議。至此，百利保收購中巴的條件已趨成熟。

二、收購中巴開創香港「局部收購」先河

1981 年 7 月，正是香港股市從牛市轉向熊市的轉捩點，不過，熊市悄然降臨並未為多數股民所感知。7 月中旬中巴收購的消息開始外傳，中巴的股價從每股 29 港元輾轉攀升到 34 港元，當時市場已盛傳百利保公司將收購中巴公司，收購價為每股 35 港元。

7 月 22 日星期五，當日港股在銀行加息一厘後開始下跌，然而中巴股價在收購傳言的支持下繼續上升。事實上，當日下午在中環德輔道中遠東大廈 20 樓百利保總部的會議室內，一個高機密的高層會議正在進行，參加者包括亞隆主席韋理、董事總經理羅旭瑞、副董事總經理羅嘉瑞、董事牟詩禮，以及亞隆的財務顧問、獲多利的集團財務經理羅撥斯等。他們正為策動的中巴收購戰做最後準備。會議期間，記者得到傳聞，紛紛致電求證，得到百利保財務顧問的證實，百利保正舉行高層會議，內容與收購中巴有關，但拒絕透露詳情。

當晚 7 時，百利保高層會議結束，即時向公眾發表收購中巴的建議：百利保將通過全資附屬公司亞隆，以每股現金 35 港元，收購 1350 萬股中巴已發行股份，約佔中巴已發行股份的 36.5%，涉及資金約 4.72 億港元。百利保表示，已持有中巴 20.4%的股權，收購完成後百利保的持股權將增至 56.9%。

此次收購，可說開創了香港「局部收購」的先河。百利保表示，之所以沒有向中巴提出全面收購建議，原因是根據公共巴士服務條例的規定，中巴必須維持一家公眾上市公司才能取得經營專利權。因此，收購建議只擬收購足以令百利保取得中巴控制權的股份。

對此，香港證券監理專員兼收購合併委員會主席明確表示，根據

香港現行的收購合併守則的第十條規定，即「如提建議者謹擬收購某公司一部分之任何證券，則所作之任何聲明必須清楚說明該建議仍須待委員會批准」，他表示，雖然百利保的收購建議是以導致控制權轉移，同時亦超越即將執行的 35%控制權分割點定義，根據專利法例，公共事業機構如屬上市公司，約 20%至 25%股份必須由公眾人士持有，以免中巴成為私營機構，故此收購及合併委員會批准了百利保「局部收購」的建議。

　　鷹君、百利保主要是經營地產生意，忽然插手公共交通事業，自然令人聯想起收購中巴背後的真正目的，是覬覦中巴大量優質廉價土地儲備，這將使收購遇到阻力。因此，百利保在這方面做足準備，包括事前不斷以最大小股東身份向中巴提出改善意見，收購時又向市民提出不少惹人憧憬的承諾，諸如改善服務、提升保養標準及次數，又答應收購成功後改善員工服務條件、工作環境及內部晉升機會等。為防止外界及中巴董事局攻擊百利保缺乏管理巴士服務經驗，亞隆主席韋理更飛抵澳大利亞，會晤英國聯合海外運輸公司首腦，商討一旦收購中巴成功後，由該管理顧問公司向亞隆提供業務幫助等。

　　百利保收購中巴，事前已做了充分準備，既邀得前和記黃埔主席兼行政總裁韋理、前匯豐銀行董事牟詩禮等重組公司的專才加盟，組成精英雲集的戰地司令部，又取得中巴股東黃氏的倒戈支持，已持有兩成中巴公司股權，並獲得香港政府和收購及合併委員會的批准，可說一開始已不同凡響，勝數頗高。然而，百利保收購中巴卻有兩個致命弱點：一是收購價不夠吸引，其時中巴股價在市場上已升至每股 35 港元左右；二是收購附帶條件，一旦收購失敗，小股東只能得回股票，這給中巴大股東顏氏家族可乘之機。

　　百利保收購中巴的消息傳出後，瞬即引起廣大市民的關注，持有

中巴股票多年的小股東當然更加興奮，中巴大股東顏氏家族此時才如夢初醒。

7月20日晚上7時15分，顏成坤之子、中巴董事兼副監理顏傑強致電報社，探查市場關於百利保收購事件的發展。在獲悉報社已獲得有關的收購內容後，大表驚訝，立即停止晚膳，並要司機從中環開往北角一家報社，親自向報社借取百利保收購建議的影印副本。顏傑強隨即致電其父顏成坤，在找不到顏成坤之後即驅車返回中環，與其財務顧問寶源投資舉行緊急會議，商討對策。

顏氏家族與寶源投資的緊急會議直到晚上11時左右才結束。會後，寶源投資財務部一位負責人向記者透露，顏氏家族已持有中巴股權超過35%，並決定拒絕百利保提出的收購建議。該名負責人還透露，在過去六個月內，中巴大股東的股權分佈已有轉變，與顏氏一起創辦中巴並一直出任中巴董事的黃氏家族已不再是中巴大股東。

翌日，中巴董事局在股市開市前，申請將中巴股票停牌一天。當日，中巴董事局在顏氏家族堅尼地道的住宅內與財務顧問寶源投資繼續舉行緊急會議。會後，顏傑強在北角中巴總部向新聞界公佈董事會的三項決議：第一，接納早於數日前請辭的原董事黃氏家族成員等的辭職，即時生效；第二，正式委任寶源投資有限公司為中巴的財務顧問並立即成立一個特別小組，以便就收購行動對股東提供意見；第三，中巴董事局認為亞隆的收購建議絕對不受歡迎，亦不充分反映中巴的價值，且不切實際及不反映中巴股東及公眾的利益，董事局建議其他股東拒絕收購。

顏傑強並在記者會上表示，中巴董事會暫時無意提出反收購建議，將以「不變應萬變」的態度注視事態的發展。不過，對於記者詢問顏氏家族會否在市場上吸納更多的中巴股份，顏傑強則拒絕表態。

　　7 月 24 日，中巴複牌買賣。奇怪的是中巴股價在市場上並未見異動，僅在每股 34.5 港元至 35.5 港元窄幅徘徊，交投亦未見活躍。不過，顏氏家族表面上雖按兵不動，實際在複牌當日已快速在市場上以每股 35 港元的價格，大手吸入了 15 萬中巴股票「定驚」。

　　剛好，當日香港城市設計委員會發表北角分區計畫大綱圖則，中巴位於北角英皇道內地段 5532 號及 7178 號的露天停車場及車房辦事處的地皮獲城市設計委員會從「工業用地」改為「綜合重建區」，供非工業綜合重新發展之用。這兩幅地面積達 10 萬平方英尺，經修訂後其價值已大幅提高，中巴董事兼副監理顏傑強即直指亞隆每股 35 港元的收購價不合理。

　　百利保方面隨即展開反擊。7 月 25 日上午，百利保董事總經理羅旭瑞在中環德輔道中遠東大廈二十樓百利保總部接受記者獨家採訪時強調，中巴每股 35 港元的收購價極為合理，該收購價是依據中巴詳細的物業價與前景分析後才小心厘定的，由於中巴北角車廠獲城市設計委員會批准改為非工業用地早已在意料之內，收購價亦已將其計算在內。他並表示，事實上，每股 35 港元的收購價已略微偏高。

　　7 月 27 日，中巴董事局發表聲明，表示已委託仲量行對中巴的物業資產進行重估，並呼籲中巴股東拒絕亞隆的收購建議，理由是亞隆的出價過低，收購所提出的要點並不符合經濟原則，收購亦非為公眾利益著想。翌日，中巴發表最新的物業估值報告，該報告指出，如果將廠房另加高空發展權，並假定政府批准物業重建發展，中巴物業資產淨值為 12.68 億港元，每股資產淨值為 34.25 港元。但如果主要物業可以交吉（即這些物業不再作為中巴廠房），及按政府條件發展，中巴物業資產淨值為 15.54 億港元，每股資產淨值為 42.51 港元。

157

中巴的物業估值立即遭到百利保方面的駁斥。百利保董事總經理羅旭瑞表示，中巴的估值是「不切實際」的，因為中巴的估值報告中的假設是屬於仍要「期待實現」的利益，而亞隆所提出的每股 35 港元收購建議比中巴的「期待實現」的利益更高，顯示亞隆的出價極為合理。與此同時，百利保亦發表聲明，駁斥中巴董事局對亞隆收購建議的指責，又呼籲中巴小股東接受亞隆的現金收購建議。

顏氏家族在與百利保方面就中巴的價值展開激烈舌戰的同時，又步步緊逼，發動輿論，爭取同情和支持。其時，中巴勞資雙方正就工人的工資增加額方面展開談判，中巴董事局利用此形勢動員中巴員工臨危表態，由於資方「識做」，中巴員工遂通過工會表態支持，同情老闆，一時間「做生不如做熟」、「擁護中巴」的言論此起彼伏。中巴又找到摩托車業職工總會香港巴士分會聲援，表示支持中巴原董事局，並對公司的遭遇表示同情。中巴大股東顏氏家族除「動之以情」之外，亦一反慣常吝嗇的作風，向中巴的股東「誘之以利」。

7 月 31 日，終究董事會在致股東函件中宣佈建議派末期股息每股 0.35 港元，令該年度全年派息額達每股 0.45 港元，較 1980 年度全年股息每股二角九分增長了 55%。中巴董事局並表示，擬於日後秉承其一貫政策，將每年度贏利的 50%撥作股息派予股東，因此來年的派息可望增加。在該股東函件中，中巴董事局還透露有關方面的持股量，稱各董事及其合夥人已合共持有中巴 1457.77 萬股中巴股份，即約佔中巴已發行股份的 39.4%。

至此，百利保方面的形勢開始不利，副董事總經理羅嘉瑞表示，儘管中巴董事局已聲稱擁有近四成中巴股份，但他對百利保的收購量行動上仍具信心，他更透露百利保曾與部分持有相當數量（約 2%～3%）的中巴股東洽商，他們均表示支持百利保的收購行動。鹿死誰手，仍

屬未知數。

三、顏氏家族展開「反收購」

8 月 4 日，持續了近半個月的收購戰終於打破悶局，出現了石破天驚的逆轉。當日，由顏氏家族佔 80%股權、新昌地產佔 20%股權的新公司 Snowspark 宣佈，該公司將以每股 38.5 港元價格，收購中巴股份 260 萬股，約佔中巴已發行股票的 7%。這實際是針對亞隆「局部收購」的一場「局部反收購」。

根據 Snowspark 收購建議披露的資料顯示，截至 8 月 1 日，顏氏家族實共擁有 1163.2 萬股中巴股份，約佔中巴已發行股份的 31.4%。另一名董事黃熾光及其合夥人則共持有 430.21 萬股中巴股份，約佔中巴已發行股份的 11.6%。換言之，顏氏家族及其合夥人已共擁有中巴已發行股份的 43%。因此，Snowspark 只要購入中巴 7%股份，就可以保住江山不失！

該份資料還顯示，其實早在 1981 年 1 月 23 日百利保宣佈已購入 11.1%中巴股權以後，顏氏家族已意識到中巴有被收購的危險，故在 3 月 8 日至 7 月 22 日期間，不惜動用 2260 萬港元先後共購入 110.76 萬中巴股份，平均購入價為 20.22 港元，從而令顏氏的持股量從原有的 28.1%增加到 30.81%。亞隆宣佈收購中巴後，顏氏再分別於 7 月 24 日和 7 月 31 日購入 15 萬及 5 萬中巴股份，遂令持股量增至 31%。

與此同時，中巴董事局宣佈，原先就亞隆收購建議受聘出任中巴董事局及股東顧問的寶源投資，由於已獲 Snowspark 請求代表收購數目為 260 萬股為限的中巴股份，將不能向中巴董事局及股東提供獨

立意見。因此，中巴董事局已另委任怡富有限公司就亞隆及 Snowspar
的收購建議出任中巴董事局及股東的顧問。中巴董事局又申請將中巴
股份停牌一天。

對於這次「局部收購」，半途殺出充當「白武士」義助顏家的新
昌地產主席兼總經理葉謀遵則表示，葉家與顏家已有 20 年的交情，
雙方亦有合作的先例，本次合組 Snowspark 提出反收購，有利於兩
家公司的股東及公眾人士。不過，他拒絕透露新昌地產在這次收購行
動中所擔當的角色。而中巴董事兼副監理顏傑強則表示，經過此次合
作，新昌地產在日後中巴物業發展方面，將會扮演一個極為重要的角
色。不過，事後證明，新昌地產的如意算盤並未打響。多年後，葉謀
遵眼看中巴將北角車廠交由太古地產發展，遂一怒之下辭去中巴董事
之職。此是題外話。

Snowspark 的「局部反收購」行動隨即遭到百利保方面的強烈反
對。當日，亞隆的財務顧問獲多利即向香港收購及合併委員會提出投
訴，投訴的內容有三點：

⑴Snowspark 只接納收購 7%的中巴股份，遠低於亞隆所提議收
購的 36.5%，未能真正照顧少數股東權益；

⑵新昌地產顯然觸犯收購及合併條例中「一致行動」的規定；

⑶英國方面規定任何團體提出「局部收購」建議後，則有關雙方
均禁止在市場吸納被收購公司的股份，以便小股東可自由作出決定。

但顏氏家族在公佈中顯示，在亞隆提出收購建議後仍在市場上吸
納中巴股份有限公司，明顯有違守則精神。

獲多利代表亞隆所提出的投訴，實際上正是亞隆的致命傷，是顏
氏家族針對當日香港證監條例的漏洞和不足向亞隆投下的致命一
擊。因為根據 Snowspark 的收購建議，Snowspark 只要能購得中巴

已發行股份的 7%即大功告成，而且 Snowspark 還可採取收購建議以外的途徑，即在市場上自由吸納達到此一目標。這實際上已將亞隆置於極為不利的位置。無怪乎亞隆即向收購及合併委員會提出投訴。

可惜的是，亞隆的投訴並未獲收購及合併委員會的接納，後者並未對 Snowspark 採取任何行動。收購及合併委員會主席麥思甚至表示，香港無需以英國所執行的守則為惟一的準繩。至此，百利保方面可說形勢急轉直下，然而，亞隆仍未放棄最後努力，反而奮起反擊。8 月 5 日，百利保在與其財務顧問獲多利召開緊急會議以後，即宣佈亞隆的反「反收購」建議，把原本每股 35 港元的收購價大幅提高到每股 41 港元，仍維持收購中巴 36.5%股權不變。百利保同時聲明，將與 Snowspark 看齊，保留在市場或採用其他方法買賣中巴股份的權利。百利保董事總經理羅旭瑞在接受記者訪問時表示，亞隆對收購行動仍具有信心。他指出，由於百利保以前是以低價買入中巴股份，現在雖然將收購提高到每股 41 港元，但平均而言百利保購入中巴股份有限公司價將仍低於 35 港元。

就在戰事進行得如火如荼之際，8 月 6 日，麥思以收購及合併委員會主席身份，根據香港收購及合併守則第三十條規定，發表中巴股份的交易詳情，7 月 27 日，即在亞隆提出首次收購建議後的第七日，百利保及其附屬公司會在市場上出售 39.8 萬股中巴股份。百利保發言人對此解釋說，公司在 7 月 27 日出售該批股票主要目的是試探中巴的反應。該發言人表示，這批股票相信大部分已注入顏氏家族或新昌地產手中。不過，當時證券界人士則認為，百利保這項出售中巴股份行動，除有試探作用外，也可能是要抑制中巴股價超過 35 港元，以免亞隆的收購價失去吸引力。

與此同時，受聘為中巴董事局及股東的顧問怡富有限公司發表聲

161

明，該聲明包括四點建議：

　　⑴對所有股東來說，亞隆所提出的每股 41 港元的收購價是公平
合理的，具吸引力；

　　⑵顏氏家族及其合夥人已擁有龐大數量的中巴股份，亞隆實難購
得逾 50%的中巴股份，其收購計畫可能失敗。同時，Snowspark 保留
在市場或其他方面購入中巴股份以達其建議收購數目，因此尚未出售
其持有中巴股份的股東，可能沒有機會為任何一個收購建議接納；

　　⑶基於這種情況，股東應考慮在中巴股份恢復買賣時，以現時高
價在市場上售出中巴股份；

　　⑷在股東及公眾利益的前提下，中巴董事局應嘗試與 Snowspark
及亞隆就爭購達成若干協定。怡富的建議，實際上鼓勵股東在中巴股
份恢復買賣後趁高拋售，這為 Snowspark 的收購提供了更有利的條
件。至此，亞隆的收購可說敗局已定。

四、顏氏家族成功保衛中巴控制權

　　由於收購及合併委員會在本次收購戰中的處理手法引起各方不
滿，從 8 月 5 日至 8 月 12 日，收購及合併委員會就「中巴收購戰」
展開了持續 8 天、長達 25 小時的會議。期間又邀請中巴董事局和百
利保雙方的財務顧問出席，而中巴股份亦遲遲未能恢復掛牌買賣。這
種情形令市場人士更加不滿，香港證券交易所主席莫應基就直指證監
會在處理這件事上十分不當，遲遲未能將中巴股份恢復買賣，間接剝
奪其他股東將中巴股份出售的權利。

　　及至 8 月 13 日，事情終於出現突破性的進展。當日下午 2 時 30
分，證券監理專員及收購及合併委員會主席麥思在證監會召開記者招

待會，宣佈該委員會對中巴收購事件的決定。麥思表示，這是香港首宗「局部收購」事件，因此各方面均不熟悉有關情況，有關三方均需對「誤解」負責。麥思強調，「局部收購」本質上是十分不公平的，原因是雙方原來持有的股數不同，又無須向其他股東提出全面收購。有了這次經驗後，收購及合併委員會將極不可能再批准另一宗「局部收購」建議。

麥思承認，寶源投資代表 Snowspark 提出另一個局部收購建議時，曾向他表示建議與亞隆所提出的大致相同，因此建議獲得了收購及合併委員會的通過。但實際上，兩者之間有重要的差別。因為 Snowspark 的建議中表示，如該公司在市場上或從其他途徑購得所擬收購的足夠股份時，則該公司可以削減或拒絕接受收購建議的股份。麥思除將責任推卸給 Snowspark 的財務顧問寶源投資，指它除沒有「特別促請委員會注意」外，又透露曾盡力要求雙方停止在市場吸納中巴股份，及退一步不將所吸納的部分算入收購建議中，但均遭到 Snowspark 拒絕。

麥思表示，收購及合併委員會經過接近一週的馬拉松式會議後，決定保留雙方可自由在市場上或通過其他途徑購買中巴股份的權利，但 Snowspark 必須依循收購建議，按比例收購最少 160 萬中巴股份，而所付出的收購價，須為在收購結束六個月前由 Snowspark 購入中巴股份所付出的最高價。麥思又表示，有關新昌地產與顏氏家族在收購戰過程中是否有違反「一致行動」的守則，收購及合併委員會經過調查後，證實新昌地產並沒有違反此項守則。

麥思所宣佈的種種決定及解釋，顯然有偏袒 Snowspark 一方的嫌疑，故理所當然遭到百利保方面的強烈不滿。亞隆主席韋理立即親自在其財務顧問獲多利公司辦事處向記者派發聲明，猛烈抨擊收購及

合併委員會處理中巴收購事件不當。他指出：

⑴批准 Snowspark 的 7%「局部收購」建議，對大部分小股東不利；

⑵准許 Snowspark 在市場上吸納中巴股份，而明知此舉將打擊亞隆的收購和阻礙股東從兩項收購建議中自由取捨；

⑶雖然委員會承認 Snowspark 收購建議內的按比例收購條款完全不可接受，但仍然批准實行；

⑷問題發生後，無法採取適當行動以確保所有股東獲得平等待遇。當晚深夜，百利保副董事羅嘉瑞對記者表示，收購及合併委員會的決定令百利保的獲勝機會變得更微。

8 月 14 日，中巴股份經過 9 天的停牌後，終於恢復掛牌買賣，但其股份則從上個交易日收市價每股 34.75 港元，下跌至每股 28 港元才有成交。不過當時香港證券交易所的第一宗交易價則為每股 41 港元，其股數達 49.32 萬股。而四家證券交易所當日上午成交的中巴股數為 70.9 萬股，約佔中巴已發行股份的 2.1%。

上午股市收市後，證監會獲悉 Snowspark 曾以每股 41 港元價格購入中巴股份。因此，要求寶源投資調整收購價並將中巴股份在下午再次停牌。寶源投資則在下午宣佈，Snowspark、顏氏家族及其合夥人已依照收購及合併守則以每股 41 港元購入 160 萬股中巴股份。至此，顏氏家族已在這場收購戰中穩操勝券。

而在 8 月 14 日當天下午，百利保方面眼見大勢已去，亦當即在市場上共拋售了 54.52 萬股中巴股份，其中 23.9 萬股的售價為每股 41 港元，另外 29.92 萬股的售出價為每股 40 港元，其餘 7000 股以每股 30 港元售出。共套現資金 2197.7 萬港元。對此百利保發言人表示，該公司在 8 月 14 日拋售中巴股份亦如 7 月 27 日的行動一樣，

主要是試探市場上的反應。而經過前後兩次拋售，百利保持有中巴的股份權已下降至 18%。

8 月 22 日，寶源投資正式宣佈，截至 8 月 21 日止，Snowspark 的收購建議已收到 221.26 萬股接納。換言之，顏氏家族及其合夥人實際上已持有中巴已發行股份的 52.1%，成功保衛中巴的控制權。不過，由於顏氏家族及其合夥人的不少中巴股份是以每股 41 港元的高價收購的，所付出的代價相當高昂，尤其是後來遭遇到股市大跌，中巴股價會一度跌至每股 5 港元水準，一向慳吝的顏氏家族見到帳面上的不菲損失，相信必定心痛不已。

8 月 24 日，獲多利亦代表百利保正式宣佈，由於接納亞隆建議的中巴數目不足，有關收購計畫失敗。不過，百利保的收購行動雖然功敗垂成，但期間不失時機地買賣中巴股票卻獲利約 3000 萬。中巴保衛戰開創了香港「局部收購」的先例，期間處處挑戰當局的證券監管，是頗值得研究的一宗收購兼併案例。

心得欄 _____

_____

_____

_____

_____

_____

＜案例二＞　暗度陳倉的酒店收購戰

　　美麗華酒店在創辦人時代可以說是一隻傳奇性的股份公司，它曾有過大放異彩的時期。

　　可惜的是，創辦人楊志雲病逝後，楊氏家族內部產生分歧，部分成員無心繼續經營酒店，有意售盤。股東從中穿針引線，導致中信泰富與李嘉誠再度聯手，向美麗華提出全面收購。

　　然而，另一頂級巨富李兆基通過旗下的恒基發展，暗度陳倉，向大股東楊氏家族購入策略性股權，由於未觸發收購點，無須提出全面收購，瞬即處於進可攻、退可守的有利位置。結果，中信泰富初嘗敗績，恒基發展一舉取得逾百億市值上市公司的控制權。此役最矚目之處，是兩大巨富的正面交鋒。

　　而楊氏家族則將父輩一手創下的基業，拱手相讓，殊為可惜，應驗了一句古語：「創業難，守業更難。」

　　美麗華，原名美麗華酒店企業有限公司，創辦於 1957 年。創辦人楊志雲，廣東中山，1945 年移居香港，初期任職大有金號，後收購該金號，改組為景福金號，專營金銀、珠寶及鐘錶生意，與「珠寶大王」鄭裕彤是老朋友。1957 年，楊志雲得知西班牙教會準備出售所經營的一家旅店，遂聯同何善衡、何添等購入，由何善衡出任董事長，楊志雲任永遠總經理。1983 年，何善衡因年事已高而退位，楊志雲便兼任董事局主席，直至逝世後才由何添接任。

　　楊志雲接掌美麗華酒店後，多次將位於尖沙咀的酒店大肆擴充，

先後在毗鄰地段興建數幢新樓，1966 年又與素負盛名韻美國西方酒店集團簽訂聯合推廣合約，將美麗華酒店經營得風生水起，在香港酒店業頗具知名度。1970 年，楊志雲將美麗華酒店重組，易名為美麗華酒店企業有限公司，以每股 10 港元價格公開發售 535 萬股新股，集資 5350 萬港元，在香港上市。到 20 世紀 80 年代初，美麗華已發展成擁有 1300 間客房的人型酒店集團。

美麗華酒店在楊志雲時代，可說是傳奇性股份公司。1981 年 8 月，正值香港地產處於高峰時期，美麗華酒店將佔地 8.6 萬平方英尺的酒店舊翼，以 28 億港元的高價售於佳寧、置地為首的財團。這項交易在香港轟動一時，國際間亦為之矚目。當時，美國的《時代週刊》曾指為「創下吉尼斯紀錄的單一物業轉讓的最高成交價」。

以佳寧、置地為首的財團原計劃將該幅土地發展為「置地廣場」式的高級商業大廈，可惜因地產市場崩潰，佳寧集團被清盤而半途夭折。美麗華酒店因此與置地訴之法庭，後來雙方庭外和解，美麗華除獲得 9.24 億港元的預付款項外，還得到置地賠償 3.75 億港元，而酒店舊翼業權仍歸美麗華所有。這種變故，令美麗華平白獲得額外收益近 13 億港元，股東一再分紅，這是美麗華最幸運的時代。

1985 年楊志雲病逝，美麗華董事總經理由其長子楊秉正出任。楊秉正早年曾在加拿大攻讀醫科，1961 年返港即協助父親管理家族生意，先後在美麗華酒店旅遊部、訂房部任職，後出任董事總經理。

楊秉正執掌美麗華以後，美麗華酒店亦獲得一定程度的發展，先後將酒店舊翼拆卸自行重建，建成氣派豪華的柏麗廣場和基溫大廈，總樓宇面積達 103 萬平方英尺。美麗華還積極推動業務多元化，除了早期在香港各區設立方便食家，包括中環翠寧邨茶寮、海洋公園翠亨邨茶寮、銅鑼灣中華遊樂會翠亨邨茶寮，及香港仔深灣遊艇會濤苑海

洋酒店等，還於 1986 年創辦美麗華旅運，經營美加、歐洲、澳紐、遠東及中國線旅遊業務。

　　總體而言，自楊志雲病逝後，美麗華酒店已不復當年的光彩，經營作風日趨保守，業務漸走下坡路。1988 至 1989 年度，美麗華稅後贏利尚達 1 億港元，及至 1991 年至 1992 年度，已跌至 4000 多萬港元，贏利能力之差令人側目。這就導致了董事局對管理層的嚴重不滿。董事局主席何添在售出恒昌股份之後，亦有意將所持美麗華股份出售。

　　對於業務不進反退，楊秉正的解釋是，已故董事長兼總經理為美麗華創辦人，只要他提議，馬上得到支援，但自己雖然跟隨已故董事長兼總經理 24 年，但始終不是創辦人，而是從前臺服務員擢升到總經理職位，威望相差太遠，所以經常受到掣肘，要作出讓步妥協。自從佳寧事件後，管理層便不斷受到壓力，不但不能供股集資，還需多次派發巨額紅利，甚至在物業擴建期間，還要保持 80%以上的派息率，由於資金來源受掣肘，故此不得不保守。

　　經營保守、業績平庸，使得年事已高的董事有意出售股權套現，而作為大股東的楊氏家族內部亦出現意見分歧。1985 年楊志雲病逝後，遺下股權由家族信託基金及家族投資公司持有，遺產繼承人為楊志雲妻子以及兒子和女兒。惟楊志雲眾子女中，多人已分別移民美國、加拿大，對香港的前景看法不一致，部分成員傾向將所持美麗華股權出售套現，而主理美麗華的長兄楊秉正則力拒將家產出售。美麗華酒店的爭奪戰，正是在這種特定的背景下展開的。

一、聯手收購美麗華

1993 年 5 月，市場傳聞楊氏家族有意出售，首先向美麗華酒店提出全面收購的，是榮智健的中信泰富與李嘉誠的長江實業所組成的財團。

6 月 9 日，中信泰富和長江實業宣佈，雙方各佔 50% 股權的 Hall Rich Investments Ltd.，將向美麗華酒店提出一項有條件的全面收購，收購價是普通股每股 15.5 港元，比市值高出 4.7%，認股權證是每份 8.5 港元，比市值有 1.2% 折讓。代表收購財團的百富勤表示，收購者有足夠財政資源應付這項涉及資金達 87.8 億港元的全面收購。

不過，這項收購需符合多項條件才能完成，包括收購入及一致行動人士須獲逾八成投票權支持，以及美麗華與其附屬公司在 1993 年 3 月底以後未有發行任何股份、出售或收購任何資產和派發任何特別股息。

李嘉誠表示，之所以向美麗華酒店提出全面收購建議，是因為該公司一名大股東主動前來接觸，故屬善意收購。不過，頗令人意外的是，中信泰富和長江實業為這次收購行動而特別成立的 Hall Rich Investments Ltd.，卻早在同年初的 2 月 26 日已成立。

消息公佈後，市場為之轟動，這次收購美麗華，基本上就是 1991 年收購恒昌的翻版，兩者的分別只在於：美麗華屬於上市公司，主要經營酒店、地產及旅行社團組織；而恒昌則屬私人公司，業務以貿易、汽車代理為主。

這兩次收購，確實有許多相同的地方：首先，兩家公司都屬香港

有影響力的大商家，業務範圍較廣闊，有不少貴重物業資產，收購恒昌涉及資金 72 億港元，美麗華則為 87 億港元。兩家公司都由創業第一代打下濃厚根基，然後，隨著第一代逝世或年事已高，欲退出戰線，而下一代接班人除了面對股權分散的困擾外，亦無心接掌繼承業務。故公司發展沒有積極擴充，而是以穩步發展為主。

其次，這兩家公司的董事局成員，幾乎屬同一班人，包括何善衡、何添、利國偉等，而上次恒昌企業所以能夠成功完成股權轉移，便是持股量最多的何善衡、梁球琚首先同意將股權出售，何添更通過何厚鏘兄弟主動加入收購財團。因此，這兩次收購都涉及香港商界這幾個具有領導地位的元老級人物，並傳聞從中擔當了穿針引線的重要角色。

再次，兩次收購，無論在收購者以至代表收購一方的財務顧問，亦差不多是原班人馬。當時，就有輿論認為，此次收購美麗華，雖然是中信泰富和李嘉誠的長實出任主角，但亦不能忽視鄭裕彤的動向，市場並傳聞鄭氏於 1993 年 4 月間曾以每股 10 港元價格大手吸納美麗華股權。

鑑於兩次收購情形過於相同，市場認為中信泰富和和長實的收購，贏面應該相當大。

事態很快便急轉直下，6 月 14 日，美麗華酒店董事總經理楊秉正以個人名義發表了一封公開信，反駁中信泰富和長實「友善收購」和「應美麗華大股東邀請才提出收購」的說法，並指出美麗華每股起碼值 20 港元，間接表示收購財團每股 15.5 港元的收購價偏低。雖然楊氏事後就聲明致歉，但其心態早已表露無遺。

楊秉正的聲明，立即使長實和中信泰富的收購行動蒙上濃厚的陰影。誰都知道，楊氏家族是美麗華酒店的大股東，楊氏家族僅通過楊

志誠置業和 Goldberg Corp. SA 就持有美麗華 32.7%股權，楊氏家族的意向成為收購成敗的關鍵。

然而，楊秉正在財務顧問未作出正式建議前，率先發表個人意見，顯示出以何添任主席的美麗華董事局對這次收購有內部分歧。6月 10 日，何添通過發言人向報界表示，董事局目前仍在研究長實及中信所提出的收購建議，未有結論是否接納收購。

稍後，美麗華董事局正式發表聲明，指集團董事總經理楊秉正以個人名義發給新聞界的公開信，只代表其個人的觀點，董事局在獨立物業估值師未有估值結束前，並未就百富勤代表中信與長實的收購建議條款達成意見。

受到收購消息的刺激，美麗華酒店股份在複牌後股價明顯飆升，一度升至每股 16.5 港元水準，已超過中信及長實的收購價，顯示有人可能介入收購戰，正在市場大手吸納美麗華股份。證券界人士又指出，長實及中信泰富收購美麗華失敗，有可能將收購目標轉移到同樣在尖沙咀有酒店物業的凱聯國際，甚至一些高資產、低市值的股份。結果帶動凱聯國際、永安集團、萬邦投資等股價紛紛上揚。

6 月 16 日，市場再度傳出鄭裕彤有意加入美麗華收購戰，並且出價每股 17.5 港元，比長實及中信的收購價高出 2 港元。不過，有關傳聞隨即被鄭氏家族否認。鄭申明他沒有持任何美麗華酒店的股份。

6 月 17 日，中信泰富和長實合組的 Hall Rich Investments 宣佈將美麗華的收購價提高到每股 16.5 港元，以增加收購的吸引力。調整收購價後，收購財團需多動用 5 億港元，令涉及資金增加到 93.6 億港元。長實集團主席李嘉誠再次強調，當初是有人提出想出售美麗華股份予長實，所以長實才提出收購建議。

171

二、李兆基暗度陳倉

正當長實和中信泰富提高收購價之際，卻出現石破天驚的突變。

6 月 18 日，香港地產鉅子李兆基旗下的恒基發展突然介入收購戰，宣佈已購入 34.78%的美麗華股份及 34.39%的美麗華認股權證，作價分別為每份 17 港元及每股 10 港元，主要由大股東楊氏家族售出，涉及資金達 33.57 億港元。由於未觸發 35%的全面收購點，恒基發展無須提出全面收購建議。在當時的香港，能夠與李嘉誠一爭高下的人已十分少，而李兆基則肯定是這極少數中的一個。

李兆基，1928 年生於廣東順德，1948 年移居香港，其後與郭德勝、馮景禧等創辦永業及新鴻基企業，被稱為香港商界的「三劍客」之一。1972 年李兆基自立門戶，創辦恒基兆業。1981 年通過恒基地產上市。至美麗華收購戰爆發時，李兆基旗下的上市公司已增加到四家，包括恒基地產、恒基發展、中華煤氣及香港小輪，所控制的市值高達 684 億港元，在香港上市財閥中名列第五位。

李兆基早與李嘉誠的關係就頗為不錯，20 世紀 80 年代香港商界就曾出現「新三劍俠」之說，指兩李一鄭，即李嘉誠、李兆基和鄭裕彤。80 年代後期，「新三劍俠」曾聯手採取一系列矚目行動，包括 1987 年 10 月股災後聯手購入 9000 張恒生期指好倉合約，以支持股市穩定人心；1988 年密謀收購怡和旗下的置地，雖無功而返，但卻迫使怡和斥鉅資購回他們手中 8%置地股權；同年又聯手成立太平協和，以 30 多億港元鉅資投得加拿大溫哥華世界博覽會舊址，計畫發展一個龐大商業中心，可見彼此關係甚好。

美麗華收購戰爆發時，李嘉誠還與李兆基聯手推出大型住宅屋邨

「嘉兆台」，嘉兆台即李嘉誠的「嘉」與李兆基的「兆」之合組。此役，李兆基介入，兩位超級巨富正面交鋒，在香港商界引起相當大的震撼。

兩巨富交鋒，其中的內幕究竟如何？原來，李兆基動美麗華的念頭，亦是楊氏家族主動接觸而起。1993 年 5 月 21 日，李兆基與楊秉正在置地廣場一間日本餐廳午膳時，楊秉正向他透露，兄弟們都有意放棄美麗華，惟獨他捨不得父親遺下的事業。十數天后，市場即傳出楊氏家族有意出售美麗華的消息。

李兆基估計，美麗華名下的地產，價值約為 150 億港元，如果以每股 17 港元收購，收購金額約 90 多億港元，僅相當於期價值的六成，可說相當便宜。李兆基即請楊秉正前來磋商，楊秉正坦言家族有意出售美麗華股權，以便套現資金，讓各兄弟的發展更加自由。

李兆基即表示樂意承購，並請楊秉正回家商議。稍後，楊秉正向李兆基傳遞一個重要口訊：其母親楊志雲夫人希望李兆基能承購美麗華股份，並請李答應在成功收購後不要將美麗華「拆骨」，仍由其子楊秉正主理業務。對此，李兆基慨然答允。

這期間，長實和中信泰富亦在部署收購美麗華酒店，香港華商的兩大巨頭就這樣不期然地正面交鋒，只能說是「人在江湖，身不由己」罷。

6 月 17 日下午，李兆基通過旗下的恒基發展與楊氏家族達成協定，李的助手林演高、黃永麟及雙方的代表律師到達中環德輔道中景福大廈楊秉正的辦公室舉行會議，準備簽訂協定。在場的楊氏家族成員包括楊志雲夫人、楊秉正、楊秉堅、楊秉剛及楊秉梁。

楊夫人表示：「楊氏家族要出售的股份應該是價高者得，但是我們的情況比較特殊，因李兆基和先夫是好朋友，楊志雲在世之時一直

是恒基兆業的董事，有了這層淵源，就算是收購價一樣，我也會毫無考慮地賣給四哥。」

及至晚上 9 時，正當雙方律師在詳細檢閱文件之際，代表長實、中信泰富財團的百富勤向楊氏家族提出了收購的最新條件。最後，楊夫人表示：「長江和中信出價 16.5 港元，比你們的價錢要低，不過，我說過了，就算價錢一樣，都寧願讓給四哥。故此，這件事就決定下來。」結果，恒基發展成功購入美麗華 34.78%股權。

鄭裕彤與楊秉正父親楊志雲是親密拍檔，70 年代發展尖東新世界中心時，楊也有參與，但事後因意見不合，楊退出，結果鄭裕彤繼續扶搖直上，楊的生意反而停滯不前。因為這歷史淵源相信楊秉正不會找鄭裕彤，而鄭也不想去奪楊志雲的家族事業。

至於為何找李兆基，除了雙方的淵源外，一個最主要的原因是，李兆基過往從無將收購得來的公司私有化的紀錄。如收購中華煤氣和香港小輪後，仍保持原有管理層不變，直到有關人員病逝或退休為止。因此，由李兆基收購美麗華，美麗華董事總經理楊秉正亦可繼續留任，故他雖然在公開信中指美麗華每股資產值 20 港元，但卻肯以較低價出售祖業予李兆基。

李兆基收購美麗華近三成半股權的消息傳出後，香港轟動一時，以兩大世頭的正面交鋒最為關注。香港傳媒紛紛發表評論。

當時，報紙雜誌的評論普遍指出，恒基發展收購美麗華 34.78%股權，卻又按兵不動未提出全面收購，實際上已處於進可攻、退可守的有利位置，而長實和中信泰富財團則已從主動變為被動，並已漸處下風。

評論並認為，如果長實、中信財團退出收購戰，則恒基發展在無須提出全面收購的情況下，即可取得美麗華的控制權；如果長實、中

信財團窮追不捨，恒基發展則可根據不同情況，採取不同對策。假如長實、中信財團咬著不放，並提高收購價，恒基發展若要獨得美麗華，須提出更高的收購價。孰勝孰負，則視何者有財力出價更高。

當然，這樣一來，恒基發展增持美麗華股權將超過三成半，從而會提出全面收購建議。

恒基發展亦可採取合作態度，僅持有已收購 34.78%股權，而長實、中信財團繼續收購，若取得其餘 65%股權，按該財團的計畫是將美麗華私有化。屆時，恒基發展可與長實、中信財團合成一個新財團，作為一致行動者，同時控股私有化後的美麗華，這是善意的合作方法。

當然也有迫不得已的合作：恒基發展持有 34.78%股權，而長實、中信財團向恒發收購該批股份未果，雙方爭持不下，惟有同時進駐美麗華。屆時美麗華維持上市地位，兩大股東按比例減持股份，以符合公眾持股量需達二成半的規定。

三、李兆基成功控制美麗華酒店

李兆基通過恒基發展介入美麗華收購戰後，長實和中信泰富馬上作出反應，宣佈第二度提高收購價，普通股每股 17 港元，認股權證每份 10 港元，與恒基發展看齊，收購涉及資金增至 96.5 億港元。

面對僵局，李嘉誠仍然表現得氣定神閑，中信泰富則似乎志在必得。證券界人士分析，中信泰富目前的市值 300 億港元，在香港四大洋行中排名最末，距離第三位的怡和還有 100 億港元的距離，榮智健要在短時間內壯大中信泰富，收購美麗華便是少有的絕佳機會。因此，儘管一開始榮智健已表示不會提高每股 15.5 港元的收購價，但面對形勢的突變仍然二度提價。

應該說，長實和中信的加價對小股東而言，在價格上有一定的吸引力。原因是恒基發展已表示不會再增購美麗華的股份。因此，小股東若要出售手上的股份，就只有賣給長實及中信。而長實及中信加價後，恒基發展的處境也顯得比較尷尬，若恒基發展再增購，便觸發全面收購點，最保守估計要動用超過 90 億港元。雖然恒基發展有這樣的實力，但看來犯不著這樣做。

7 月上旬，美麗華酒店獨立估值公司魏理仕物業顧問於 6 月 16 日所作的估值，以重建發展為基準，美麗華所擁有的物業總權益市值應達 112 億港元，相當於帳面值的 1.7 倍。於最後可行日期，美麗華的經調整綜合資產淨值為 106.59 億港元，未經攤薄的每股資產淨值為 19.23 港元，假設現有認股權證全面行使後的全面攤薄淨值為 18.74 港元，分別比每股 17 港元的收購價折讓 11.6%及 9.3%。

該文件並披露，持有美麗華 34.78%股權的恒基發展已向獨立顧問確認會嘗試要求進入美麗華董事局，並表示會鼓勵董事局考慮重建美麗華酒店及柏麗廣場第一期，以發揮該物業的潛在價值。恒基的這一招可說相當高明，目的是要牽制小股東接受長實、中信的收購，加強對恒發入主董事局後公司前景的憧憬。

結果，美麗華董事局對是否接納收購出現了嚴重的分歧，以美麗華董事總經理楊秉正為首的六位董事表示拒絕接納收購，他們共持有美麗華已發行股份的 7.61%，而以美麗華董事局主席何添為首的五個董事，則表示接受收購，他們共佔美麗華股東 5.38%。這樣一來，恒基發展與長實、中信財團聯手收購美麗華的可能性已十分渺茫。

楊秉正又向美麗華股東致函表示，獨立財務顧問渣打亞洲所作的每股資產淨值的估計，未有計及美麗華的商譽及取得控制權的溢值。他並指出，隨著柏麗廣場第二期完成，租金收入將會十分可觀，所以，

預期美麗華的贏利及股價短期內將有顯著改善，以反映其真正價值。很明顯，自恒基發展介入收購戰後，長實及中信泰富一直未能扭轉局勢，及至 7 月 15 日收購建議截止期，長實、中信僅接獲 7590 餘萬股普通股及 213 萬認股權證接受收購，分別佔已發行正股的 13.7%及認股權證的 9.2%，由於未符合收購條件，故收購建議失效。

此役，恒基發展僅動用 33.57 億港元，就成功控制了資產逾 100 億港元的大型上市公司，策略上可說相當成功。恒基發展表示，收購美麗華股權的原因，是看中它是一次極具吸引力的投資機會，而該項投資符合恒基發展的多元化策略。

不過，證券界則指出，恒基發展收購美麗華股權，明顯是看中該集團所擁有的物業的重建價值。據分析，美麗華在尖沙咀的三項重要物業中，美麗華酒店和基溫大廈均攤具有重建價值。這兩項物業興建時，由於處於啟德機場航道附近而受政府高度限制，致使地積比率未能用盡。

高度限制已於 1989 年放寬，故此兩項物業重建後，美麗華酒店的資產值可以從 16.26 億港元增加到 38.85 億港元，基溫大廈的資產值亦可從 12.26 億港元增至 21 億港元，扣除 9.5 億港元重建費用，實際增值可達 22.33 億港元。

事實上，自李兆基入主美麗華之後，該公司的物業重建已按部就班地進行。第一步是將基溫大廈拆卸，興建一座數層高商場與柏麗廣場第二期連接，然後將柏麗廣場第二期商廈從 18 層加建至 24 層。很明顯，在恒基集團的管理工作下，美麗華的發展潛力逐步發揮。收購美麗華，對李兆基旗下的恒基發展還有另一層意義。在此之前，恒基發展已持有中華煤氣、香港小輪兩家上市公司股權，收購美麗華之後，所控制的公司增加到三家，業務從地產投資、煤氣、交通運輸，

擴展到酒店、旅遊業，已初具「大行」的雛形。

　　李兆基成功收購美麗華之後，遵守諾言，仍讓楊秉正出任董事總經理一職，主管公司業務，1995 年，楊秉正心臟病病發逝世，享年僅 59 歲。李兆基惟有由獵頭公司聘請專業人士餘達綱繼任董事總經理。經此變故，楊氏家族徹底將祖業拱手讓予恒基集團的李兆基。

心得欄 _____

_____

_____

_____

_____

_____

第 **5** 章

身 家 調 查

——對目標併購公司的審查

盡職調查「duediligence」，也叫審慎調查，其原意是「適當的、應有的勤勉」。知己知彼，百戰不殆。對併購方而言，盡職調查就是對目標企業進行調查並審核其提供的各項內容是否屬實的過程，在此基礎上再決定是否併購。

併購企業非小事，必須詳加考慮，並且仔細審查項目，可區分為盈利能力評估、商業審查、財務審查、法律審查四大項目。說明如下：

一、對目標公司盈利能力的評估

對併購對象的評估，一般集中於分析各種商業因素對目標公司能

獲利能力的影響。這一分析框架包括三個組成部分：目標公司的行業
競爭因素、經營戰略和競爭地位。

目標公司的總體盈利能力在很大程度上受到管理部門經營戰略
的影響，其次是行業競爭因素和公司競爭地位。約 2/3 的盈利能力是
由公司經營戰略所決定，而行業因素和競爭地位加在一起只佔了 1/2
的比重。

評估過程中的第一步是對這一分析框架中的各個部分進行分
析，然後再進行總體分析和評估，以便作出正確的判斷。

1.行業因素

目標公司所在行業競爭因素是由許多部分組成的，表明影響目標
公司盈利能力的行業競爭因素所涉的各個方面，其中消費者的集中
度、購買數量和購買的重要性被認為是最重要的。這是因為消費者集
中度越高，購買數量越大，其重要性就越突出。

若某一消費者的購買數量越大，他就越有可能與廠商磋商價格或
尋求與目標公司相競爭的其他供應商的產品和勞務。消費者購買物的
重要性將有可能影響到目標公司產品品質、款式、技術等各個方面。

2.經營戰略

公司的經營戰略是影響公司盈利能力的最重要因素。一般來說，
有效的經營戰略包括追求全面品質管制（TQM）、市場佔有率的增加和
資本密集度的降低。這三方面若能成功地結合在一起，則能提高生產
效率，大大提高公司的盈利能力和產生巨大的經濟利益。

⑴全面品質管制（TQM）

全面品質管制是公司經營戰略中最引人注目的一項內容。對於併
購公司來說，TQM 可能代表了併購中最有潛力的部分。對於 TQM 的評
估主要集中於兩個方面，一個是內部品質管制，另一個是外部品質管

制。所謂內部品質管制是指目標公司採取什麼措施把外部消費者的產品和勞務需求結合到自己的製造、分配、營銷體系中去，並根據這一外部需求如何提高產品和勞務的品質，而同時能夠通過取消非增值活動和縮短循環時間來降低成本。外部品質管制是指目標公司如何有效地滿足外部消費者產品和勞務的需求。評估目標公司外部品質管制問題相對來說比較容易。

併購者可以直接或間接地同目標公司的客戶接觸，以瞭解其對目標公司相對其他競爭者來說的滿足程度，產品的淘汰、替代以及在多大程度上受到新技術的影響等。對於目標公司內部品質管制的評估涉及到對其品質成本的測定。

這一測定可能是表明目標公司潛力的最重要的指標。據估計，美國企業的平均品質成本在銷售額的 20%～25%之間，但這些成本大部分能夠通過各種方式得以降低或消除。公司全面品質管制成本包括四個組成部分：

①內部失敗成本。這些成本產生於浪費、報廢、返工等行為，約佔 TQM 成本的 7%左右。

②外部失敗成本。大約有 6%的品質成本是由客戶退貨引起的。外部失敗成本只包括產品的修理或退貨。因次品而引起對商譽的影響這一成本很難計算，因此一般不計入外部失敗成本。但如果能確定所損失的銷售額，該損失部分應計入在內。

③估損成本。5%～6%的品質管制成本產生於與品質檢驗有關的活動，這些成本不增加公司產品和勞務的價值。

④培訓成本。這是指為保證「好」的品質而進行專門的職工培訓等支出的費用，一般約佔 TQM 成本的 2%。

(2)市場佔有率

這是目標公司經營戰略的第二個重要因素。較高的市場佔有率可以產生諸方面的好處，如：可以更有效地使用固定成本；因規模經濟作用而引起成本的降低，最終結果是提高盈利能力。

在這方面對併購對象進行評估不僅對併購決策具有重要影響，而且對併購發生後所採用的戰略具有重要影響。

例如，如果併購對象是市場主導者，未來的戰略應該集中於使其規模經濟作用最大化，即可以擴大產品生產線和勞務，通過廣告和促銷確保其市場形象，並不斷創新以提高產品品質。相反，如果併購對象是市場追隨者，TQM 作為一種競爭性戰略就顯得更為重要。市場追隨者必須尋求適當的市場位置，這不是由市場主導者來滿足這些要求，而是要自己去尋求新的產品或改進經營戰略中的其他有關成分。

(3)資本密集度

目標公司的資本密集度對未來的成本和利潤具有重大的關係。一般來說，高資本密集度對市場追隨者的盈利能力具有反作用。高度的固定資本可以產生進攻性競爭環境，形成過高的價格競爭和壓抑利潤。高度的固定資本是競爭者進入的障礙而同時也是退出的障礙，這就減少了公司未來通過退出戰略收回投資時的彈性。

在評估併購對象時，分析其在歷史上如何提高資本密集度是很重要的，促使資本密集度增加的因素可能包括生產工藝和產品的技術變化，對供應短缺的防護措施以及橫向一體化策略等。此外，不妥的資本支出計畫和盲目的追隨都會產生不必要的資本密集。

3.競爭地位

目標公司的經營戰略和公司所在行業的競爭力之間的相互作用決定了公司的競爭地位。

競爭地位能以公司的資本成本、實際盈利能力和預期盈利能力之間的相互關係進行量化。公司實際盈利能力和其資本成本之間的關係決定了股東價值的未來變化。只要實際的和預期的盈利能力能夠超過資本成本，就能增加股東的利益，反之亦然。

對目標公司競爭地位的分析對於併購公司具有很大的指導意義。如果目標公司具有較強的競爭地位，其實際盈利能力低於預期的盈利能力，那麼對買方來說將是一項合算的買賣；反之，如果目標公司的競爭地位呈下降趨勢，其實際盈利能力超過預期的盈利能力，那麼對併購公司未來的經營戰略具有挑戰性。因此，併購公司必須對此有充分的認識，避免錯誤估計和付出不必要的代價。

二、對目標公司的商業審查

對目標公司的審查工作是併購策略中的一個重要環節，草率的審查極易導致併購行為的失敗，因此必須謹慎地做好這一步。必須謹防賣方提供虛假或錯誤的財務報表，要通過會計師的詳盡審查確保財務報表的真實性和可靠性。

另外，在審查過程中要注意保密性。賣方在對買方提供各項報表資料以供評估時，往往要求併購者簽署「保密條約」，保證不讓資料流入第三者手中。一旦發生洩密的情況，會對目標公司的經營活動造成不利的影響，對買方來說也會產生併購實施後的損失。另外，買方擔心其他競爭也參與競價併購而把價格炒高，也會主動注意保密的。

對目標公司進行商業審查可以廣泛瞭解目標公司所經營業務的各個方面，其中包括產業信息，營銷方式，製造和分配方式，財務報告系統，勞資關係，公司財務報表，會計資料和稅收，法律問題，研

發計畫等。

1.產業信息

如果目標公司所在的行業或市場並非買方熟悉的行業或市場，那就必須對該公司在此行業的競爭地位及其本身所擁有的潛力有詳盡的瞭解，以便判斷該公司是否符合併購標準，並在此基礎上對以下因素進行分析：

· 來自產業內和產業外的競爭和相對市場佔有率；
· 產業的銷售和利潤增長率，影響產業增長和盈利能力的外部因素；
· 分析該產業中的併購情況，以便確定公司合併對該產業的繼續生存和增長的重要性；
· 政府的管制；
· 專利、商標、版權等對該產業內的公司所具有的重要性。

2.目標公司營運狀況

若併購公司想利用目標公司現有營銷管道來擴展市場，則應詳盡地瞭解其現有客戶性質、購買動機、區域分佈、購買力狀況與結構等關鍵因素；與其他競爭者相比較的產品成本和專利情況；該併購對象在生產、技術、市場營銷能力、管理能力及其他經營特色上，與本公司的配合程度有多高。

若目標公司主要業務是代理某種名牌消費品的銷售業務，則應注意對這種產品代理權的控制範圍及力度的大小。在業務上除了調查其利潤和銷售量外，更重要的是調查在併購後原有的供應商及主要客戶是否會流失。

3.市場營銷

併購方應該取得並分析有關下面各種產品和營銷因素的信息：

- 主要產品和新產品開發；
- 銷售量、利潤和產品的積壓；
- 主要客戶；
- 營銷和銷售組織，包括專門的賠償安排；
- 銷售計畫和預測方法；
- 廣告和促銷的費用及方法；
- 分銷管道和戰略；
- 顧客滿意程度和購買力情況；
- 主要競爭對手的市場佔有率；
- 產品生命週期和技術水準；
- 定價戰略；
- 競爭戰略。

在對目標公司進行這方面評估的時候，應該把公司的發展趨勢與產業的平均發展水準相比較，以便確定公司的相對績效；應該調查具有競爭性的新產品，因為它們對目標公司未來的前途會產生不利的影響；應該把市場營銷情況和目前的產品銷售信息與庫存分析作比較，以便查明過量的和已廢棄的庫存。

4.稅收

應該對目標公司的納稅申報單和稅收檢查情況進行檢查，通過對目標公司稅收狀況的檢查應該使買方確信，目標公司的納稅義務都已正確地反映在其賬簿上。納稅義務檢查主要是瞭解：

⑴出售方是否已解按照目前的稅率繳納了公司所有稅收；

⑵對在併購的進展過程中和各稅務主管機關將來的審計中，可能出現未知的和預期的調整是否已經作出了充分的考慮；

⑶這些問題的程序依目標公司的規模、出售方特殊稅收狀況的複

185

雜程度不同而應有所變化。一般需要對存檔的納稅申報單進行檢查和分析，特別需要注意財務報表內容和收稅額之間的核對，還要對由各稅務主管機關所作的最新調整的報告進行檢查。

5.法律方面的審查

在對目標公司法律方面的審查時要特別注意以下幾方面的審查：

⑴必須謹慎審查目標公司組織、章程及招股說明書中的各種條款。尤其對於重要決定應予以特別注意，如合併或資產出售的決定須通過百分之多少以上股東的同意才能進行，以避免併購過程中受到阻礙。也應該注意公司章程是否有特別的投票權的規定及限制，對股東大會及董事會的會議記錄，亦應加以審查。若是資產併購，還應取得股東大會同意此項出售的決議文件。

⑵除審查相關的文件外，還應取得目標公司主要財產清單，瞭解其所有權歸屬、使用限制及重置價格、對外投資情況及財產投保範圍。同時，買方應從賣方取得說明其擁有產權的證明，而且賣方公司營運上使用的一些資產，若是租賃而來則應注意此類契約的條件對併購後營運是否不利。

⑶審查目標公司對外書面合約。這包括對任何使用外界商標及專利權，或授權權人使用的權利義務的約定，應特別注意目標公司控制權改變後契約是否仍然有效，對於租賃、代理、借貸、技術授權等重要契約是否會因公司控制權的變更而使對方有解除合約問題應予以注意，並瞭解由此而帶來的影響。

⑷債務方面。在這方面，應審查目標公司所牽涉的重大債務償還情況，注意其償還期、利率及債權人對其是否有任何限制等。例如有的公司債務契約規定維持某種負債比率，不准股權轉移半數以上，否則須償還債務。對在這些契約的關係中，併購後須立即償債的壓力應

及早察覺。

　　其他契約審查，如廠外加工及與下游代理商、上游供應商的合作契約上權利義務的規定、員工僱傭契約及與公司工會的契約、與銀行等金融機構的融資契約等也應注意，瞭解這些契約是否合理，是否併購後還會有其他限制等。

6. 人力資源和勞資關係

　　購買方應該瞭解目標公司的高級職員和經理人員，檢查他們的經歷和背景，比較補償金的水準和計畫。如果有必要的話，還可以與目標公司的經理層面談，以便對他們的能力作出評價，特別是在購買不相關產業的公司時更應該如此。

　　購買方應該檢查工會協議、罷工歷史和相關因素，以便發現存在的問題。因為有些勞工協議使得許多裁減人員的計畫不能實現。還必須檢查年金、利潤共用和其他的僱員利益計畫，以便確定對公司合併以後的業務將會產生怎樣的影響。如果出售方有許多長期僱員，在沒有建立年基金而又必須向他們支付退休金時，就會減少購買方的現金流量。

7. 加工製造和分配

　　對加工製造和分配領域的檢查主要包括以下幾方面的內容：

　　⑴各種生產設施（名稱、分佈、是自己的還是租賃的、帳面價值、公平市價、生產能力、從業人員）現有條件、目前使用情況和其他用途等）；

　　⑵製造過程；

　　⑶主要原材料供應；

　　⑷實物分配方式；

　　⑸製造效率。

187

8.研究與開發

購買方應分析過去的研發項目(費用和實際的或估計的利益),當前和將來的項目(估計的費用和利益),研發中使用的人員和設備,研發的會計處理方法。

9.財務和管理控制系統

瞭解目標公司內部的報告和控制系統是非常重要的。併購後,併購方很可能在很大程度上需要依靠出售方現有的系統,因為在兩個公司建立完全一致的系統通常是不可能的。生產和原材料控制系統、指揮系統都是特別重要的,因為這些系統的失敗可能會嚴重影響到公司的正常運轉。此外,基本的合計控制也是重要的,因為它們對報告的準確性僱員欺詐產生潛在的影響。

10.其他項目

審查項目還包括對公益管理部門(如環保局、職業安全與保健管理等部門)頒佈的各種規定和要求的審查,忽視這些要求可能會導致巨大數額的罰款。

如果目標公司從事於國際貿易或其他的國際業務,那麼併購公司應該充分瞭解這些國際業務,以及它們對公司的總體業務產生什麼樣的影響。應該注意有關國際投資環境、貿易和投資限制、外匯管制、通貨膨服等方面的問題。

三、對目標公司的財務審查

對目標公司的財務審查是併購活動中的一個非常重要的事項,因為各公司的財務總會存在各種各樣的問題,或者目標公司出於各種目的,往往會在財務方面採取一些虛假的做法。併購公司在對目標公司

的財務審查的時候，一般都要成立一個專家小組，其主要任務是對可能出現的財務問題有充分的估計和進行仔細的審查，特別是要對那些易低估、高估或未記錄的資產和債務進行查實。在財務方面的審查一般包括以下幾方面的內容：

1. 資產負債表中容易被低估的項目

⑴按扣除歷史成本計算的財產、廠房和設備很可能低於市場價值或估定價值；

⑵在合資企業和未列入報表的附屬公司的投資項目，由於「成本」和「資本」的習慣計算法，這些投資的實際價值不能正確地反映出來；

⑶可銷資本證券，在資產負債表上反映出來的證券組合的價值一般都不低於市場價值；

⑷由上期轉來的淨經營損失和抵減稅額，這些一般不被認作為資產計算；

⑸以優惠利率借入的債務和租賃項目。如果這些債務以低於市場價值的利率借入，那麼公司的實際債務就被減少了，這就相當於漏記的資產；

⑹無形資產，這些包括各種許可、特許、商標和非專利的技術等。從別的公司購買的無形資產按扣除歷史成本計算，其價值可能低於公允價值；而內部形成的無形資產通常就不計入公司的資產；

⑺私人公司為減少稅收而低估庫存品的價值。這可能會導致扭曲收益趨勢和潛在的稅收評估的結果。這種低估通常是保守的定價、過量的廢品登記和不準確的清點庫存數量形成的。

2. 資產負債表上容易被高估的項目

⑴由於沒有記錄廢棄的庫存品而產生的庫存高估。這可能是由於產品過剩、銷售退回和折讓、技術變化、新產品開發和產品進入成熟

和衰退期而引起的。

⑵未收到的應收項目或未到期的應收項目，這些項目不附利息或低於市場利率；

⑶打算出售的財產、廠房和設備，如這些資產在使用中，其使用水準不足以抵補存儲成本；

⑷不能實現利益的投資，如在被列入或未被列入的國外附屬公司的投資。有些國家對外資轉移具有限制，這使得母公司在國外的子公司所投資的現存價值不能充分實現；

⑸無形資產，這些資產的實際價值已低於登記時的價值；

⑹其成本得不到補償的一些正在建設中的資產，例如有些項目無法完成，或是由於未來的經營不良而不足以抵補存儲成本。

3.訴訟

很少有公司能夠避免訴訟。最常見的訴訟來自於產品責任和環境侵權事件，而這些往往在併購之後才發現。

4.在公司出售前「包裝」財務報表

這一手段主要有：遞延研發和維護費用；對壞賬、銷售退回和折讓、購股權證、滯料和過量庫存等事實，不予以披露。

5.帳面上不能收回的應收賬款

沒有為疑賬、現金和商業折扣、過期的應收賬款、銷售退回和折讓提供充分的準備。

6.或有稅收

這是併購領域中的一個非常重要的問題。大多數公司在準備納稅申報單時都傾向於具有一定的隱蔽性。應該仔細地檢查過去年份和當年的納稅申報單和稅務部門的報告，要注意其中的任何非常項目。

7. 某些不能變現的投資

股權投資和非證券投資只有在「長期虧損」，而不是在暫時虧損的情況下，才要求減記資產的帳面價值。在使用了放寬的調整之後，就可以避免對長期虧損的承認。

8. 未記錄債務

可能包括假期工資支付、銷售退回、折讓和折扣、年金債務等。

9. 關係戶業務

在公司易主的情況下，這將對公司業務有大影響。

10. 不完善的財務控制

包括定價和成本政策不當、預算和控制制度薄弱等。

11. 主要的客戶或合約

在併購後要儘量保持原有的客戶，失去一個客戶就會對公司的經營產生大的影響。

12. 對未來重大支出的需要

這些可能包括工廠遷址或擴建，過時固定資產的重置和新產品開發。

13. 國際業務

如果目標公司涉及到國際業務，可能會產生許多問題，包括勞工、過量人員、經營困難以及財務性質問題等。

14. 非正常業務和非常項目，如資產出售

這些常常會改變目前的發展趨勢，應該予以確認並認真進行評估。

在對以上的項目進行審查過程中，常可發現目標公司很多未被披露之事。例如，通過查核該公司的律師費支出，可能會發現被披露的法律訴訟案。在進行一般的財務分析，如對各種週轉率（如應收賬款

週轉率、存貨週轉率等）進行分析時，可發現有無虛列的財產價值或虛增收入現象。

在對資產科目的審查方面，對於應收賬款按其可收回的可能性大小，估計提取適當的呆賬準備，對存貨則應注意有無提取足額的跌價、呆滯、損壞損失準備，對長期股權投資應注意所投資的公司財務狀況。至於土地、建築物、設備及無形資產（如專利權、商標和商譽等）的價值評估，可依雙方事先同意的評估方式作調整。

在財務的審查上，最易疏忽的是否有債務，而且很難預料其確定金額。例如，公司某車輛最近發生車禍，賠償與否未定，金額也不可能確定，其他如對他人的背書保證承諾等，均可能使目標公司必須負連帶責任而招致額外的財務損失。

四、對目標公司的法律審查

律師的盡職調查是律師在公司投資活動中最重要的職責之一。律師的盡職調查是指律師對目標公司的相關資料進行審查和法律評價。它是由一系列持續的活動所組成的，不僅涉及公司信息的收集，還涉及律師如何利用其具有的專業知識去查實、分析和評價有關的信息。律師的盡職調查的意義在於使投資方掌握目標公司的主體資格、資產權屬、債權債務等重大事項的法律狀態，對可能涉及法律上的情況了然於胸；同時還可以瞭解那些情況可能會對投資方帶來責任、負擔，以及是否可能予以消除和解決，從而避免投資方在缺少充分信息的情況下，或在沒有理清法律關係的情況下做出不適當的決策。

通常法律審查盡職調查包括以下內容：

1. 目標公司的主體資格及本次投資批准和授權

公司投資實質上是主體之間的產權交易，這一產權交易的主體是否具有合法資質是至關重要的，如交易主體存在資質上的法律缺陷，輕則影響投資的順利進行，重則造成投資的失敗，甚至可能造成投資方的重大損失。

目標公司的資質包括兩個方面的內容，首先是調查目標公司是否具備合法的主體資格，主要是瞭解目標公司的設立是否符合法律的規定，是否存在影響目標公司合法存續的重大法律障礙，等等；其次，若目標公司的經營的業務需要特定的資質證明或認證，如醫藥企業、建築企業、房地產開發企業必須具備相應的特殊資質，則對上述資質的調查也是盡職調查必須包括的範圍。

2. 目標公司章程的審查

必須調查目標企業組織、章程中的各項條款，尤其是重要的決定，如合併或資產出售須經百分之幾以上股權的同意才能進行的規定，要予以充分注意，以避免併購過程中受到阻礙；也應注意公司章程中是否有特別股票權的規定和限制；還應對股東大會及董事會的會議記錄加以審查；如果是資產收購，還應取得股東大會同意此項出售的決議文件。

公司章程是一個公司的「憲法」，是體現公司組織和行為基本規則的法律文件。近年來隨著公司投資活動的發展，在公司章程中設置「反收購條款」作為一項重要的反收購策略也被越來越多的公司所採用。針對此種情況，律師必須審慎檢查目標公司章程的各項條款；尤其要注意目標公司章程中是否含有「反收購條款」，例如有關章程修改，辭退董事，公司合併、分立，出售資產時「超級多數條款」；「董事會分期、分級選舉條款」；是否有存在特別的投票權的規定；以及

反收購的決定權屬於股東大會或董事會，等等。

3.目標公司各項財產權的審查

目標公司的資產，特別是土地使用權、房產權、主要機械設備的所有權、專利權、商標權等，應該是完整無瑕疵的，為目標公司合法擁有的。律師對此審查的意義在於實現發現或理順目標公司的產權關係，確保併購方取得的目標公司的財產完整，不存在法律上的後遺症。

律師除審查相關的文件外，還應取得目標公司主要財產帳冊，瞭解其所有權歸屬、是否抵押或有使用限制，是否屬租賃而來以及重置價格。投資方應從目標公司取得說明其擁有產權的證明。而且目標公司使用的一些資產，若系租賃而來，則應確定租賃合約的條件對收購後營運是否不利。這方面應審查的具體內容包括以下三方面。

⑴固定資產。應審查目標公司的主要房產的所有權證，主要房產的租賃協議；佔用土地的面積、位置，和土地使用權的性質（出讓、租賃）以及佔用土地的使用權證書或租用土地的協議。主要機器設備的清單，購置設備合約及發票、保險單；車輛的清單及年度辦理車管手續的憑證、保險單，等等。

⑵無形資產。主要應審查有關的商標證書、專利證書等。

⑶目標公司擁有的其他財產的清單及權屬證明文件。

4.目標公司合約、債務文件的審查

審查目標公司的對外書面合約，更是投資活動中不可或缺的盡職調查內容。重點是對合約的主體、內容進行審查，要瞭解上述合約中是否存在純義務性的條款和其他限制性條款，特別要注意目標公司控制權改變後合約是否仍然有效。合約中對解除合約問題的約定及由此而帶來的影響也是要予以關注的。

在債務方面，應審查目標公司所牽涉的重大債務償還情況，注意

其債務數額、償還期限、附隨義務及債權人對其是否有特別限制等。例如有的公司債務合約中規定維持某種負債比率，不准股權轉移半數以上，否則須立即償還債務。對這些合約關係中在收購後須立即償債的壓力，應及早察覺。

其他合約的審查，如外包加工及與下游代理商、上游供應商的合作合約上權利義務的規定、員工僱用合約及與銀行等金融機構的融資合約等也應注意，看合約是否合理，是否會有其他限制等。

對目標公司進行債權債務的盡職調查中，要注意：

(1)貸款文件：長短期貸款合約和借據（如為外匯貸款，則包括外匯管理機構的批文及登記證明）；

(2)擔保文件和履行保證書（如為外匯擔保，則包括外匯管理局批文及登記證明）；

(3)資產抵押清單及文件（包括土地、機器設備和其他資產）；

(4)已拖欠、被索償或要求行使抵押權之債務及有關安排；

5.目標公司正在進行的訴訟及仲裁或行政處罰

除了公司對外有關的合約、所有權的憑證、公司組織上的法律文件等均需詳細調查外，對公司過去及目前所涉及的訴訟案件更應加以瞭解，因為這些訴訟案件會直接影響目標公司的利益。這些可通過以下內容的審查來確定：

(1)與目標公司的業務相關的較大金額的尚未履行完畢的合約；

(2)所有關聯合約；

(3)與目標公司有關的尚未了結的或可能發生的足以影響其經營、財務狀況的訴訟資料，如起訴狀、判決書、裁定、調解書等；

(4)要瞭解目標公司是否因為環保、稅收、產品責任、工作關係等原因而受到過或正在接受相應行政處罰。

<案例一> 時移勢易的航空公司爭奪戰

從 20 世紀 80 年代中期到 90 年代，圍繞著港龍航空公司的控制權，一場並無刀光劍影的爭奪戰持續了整整十年之久。

港龍航空公司創辦之初，向長期壟斷香港航權的國泰航空公司提出挑戰，但香港政府有關資本結構的規定以及「一條航線、一家航空公司」政策的掣肘下，港龍航空舉步維艱、困難重重，被迫一再資本重組，就連船王包玉剛入主仍無濟於事，終於將管理權拱手讓予國泰航空，成為後者的子公司。

20 世紀 90 年代以後，時移勢易，國泰航空的地位再次受到挑戰，這次是背景更深厚的香港中航公司。國泰航空在內外交困之下，幾經權衡，以退為進，將港龍航空控制權售予香港中航公司。

一、成立港龍航空公司

港龍航空有限公司創辦於 1985 年 5 月 24 日，當時註冊資本 1億港元，屬港澳國際投資有限公司的全資附屬公司。

港澳國際公司成立於 1985 年 3 月，股東包括包玉剛、李嘉誠、霍英東等 31 位港澳著名商人以及中國銀行、華潤公司、招商局等機構，其中，中國銀行持有 22%股權，而華潤和招商局則共持有另外 30%股權，港澳國際具有極濃厚的中資色彩。

港澳國際成立後，即召開董事局會議，決定創辦港龍航空公司，

由牽頭創辦的毛紡商人曹光彪出任董事長。當時，曹光彪曾表示，創辦港龍航空的意念，來自中英關於香港問題的《聯合聲明》中有關香港民航事業的條文。

聯合聲明附件一第九條規定：「香港特別行政區將保持香港作為國際和區域航空中心的地位。在香港註冊並以香港為主要經營產地的航空公司和與民用航空有關的行業可繼續經營。香港特別行政區繼續沿用原在香港實行的民用航空管理制度，……香港特別行政區自行負責民用航空的日常業務和技術管理……。」

根據條文精神，在未來香港特別行政區的管理下，航空公司的本地色彩極為重要，曹光彪等人顯然看准這一點，希望創辦一家有中資背景的華資本地公司，與長期壟斷香港民航業的英資公司國泰航空展開競爭。

而當時，由於中國已實行對外開放政策，香港與內地的航空交通出現繁忙擠迫的現象，尤其是香港—北京、香港—上海的航線相當緊張，旅客往往無法如願買到機票，有時需繞道其他城市。因此，成立一家航空公司，以加強香港與內地各大城市的航空運輸，亦實屬必要。

港龍航空的創辦及其背景，立即引起了國泰航空公司及港英政府的高度重視。1985 年 7 月，市場即有傳聞說港英政府將指定國泰航空為唯一代表香港的航空公司，後經港龍航空向香港政府交涉，提出強烈抗議，港英政府否認有關傳聞。當時，敏感的香港輿論指出：港龍航空由於中資色彩濃厚，所以其創辦將被視為 1997 年後香港特別行政區爭取航空權的先聲，以使英國政府逐步讓香港獲得更多對外訂定航空協議的自主權。

港龍航空創辦後，隨即組成一隊機組人員，租賃了一架波音 737 客機，向香港空運牌照局申請營業證書，以及開辦來往香港和北京、

上海等八個內地城市的定期包機服務，又與中國民航局展開有關包機
服務的磋商。

　　然而，同年 7 月 9 日，香港政府民航處突然頒佈新條例，規定凡
以香港為基地的航空公司，在與外國民航機構商討空運服務前，須事
先取得民航處的同意。該條例於 7 月 26 日生效。而在此之前，港龍
航空的代表已與中國民航商妥包機事宜。新條例生效當日，民航處即
向港龍航空發出一封措詞強硬的信函，警告港龍必須服從新例，不得
擅自與中國民航接觸，否則將不獲民航處批准經營包機。該信函還要
求港龍放棄爭取北京、上海兩地的包機服務，以換取民航處對港龍經
營中國內地其他大城市包機服務的支援。8 月 17 日，香港民航處拒
絕港龍關於開辦港京、港滬航線包機服務的申請。據港龍航空透露，
民航處的理由主要有三點：其一，經營港京及港滬兩條航線的執照，
已發給國泰航空；其二，在中英航空協定談判前，批准港龍開辦往中
國的包機服務，將會使談判複雜化；其三，民航處事前未原則批准港
龍航空與中國民航展開有關包機的磋商。

　　港龍航空隨即召開記者招待會，指出政府偏心國泰航空，並去信
香港總督抗議。港龍航空行政總裁表示，香港政府一向強調會以不偏
不倚的態度對待各家航空公司。這次卻因國泰航空已有該等航線的牌
照為理由，拒絕其他公司的包機申請。

　　這時，國泰航空亦發表聲明，駁斥港龍航空的論點，反對港龍航
空關於航行內地定期班機的申請，並聲稱自己是一家香港政府指定的
航空公司。其後，民航處以港龍航空的飛機類型問題，撤銷港龍 7 月
份八條香港與內地定期班機的申請。這時，中國民航局亦通知國泰航
空，取消該公司兩班新增的港京包機服務，事件的政治意味加深。

　　這時，港龍航空又面對新的難題。9 月 9 日，香港民航處致函港

龍，認為中國不單在中英航空協定中享用中方的利益，同時通過港龍股本的中資成份，企圖獲取英方的利益。而在此之前，民航處亦要求港龍航空提供大多數股份由英籍人士所擁有和控制的證明，以便取得中英航空協定下代表英方的指定航空公司的資格。

在民航處步步追逼下，港龍航空公司被迫重組，將公司資本從 1 億港元增至 2 億港元，分別由已取得英籍的包玉剛和曹光彪之子曹其鏞注資，包玉剛取得港龍航空 30.2%股權，成為大股東，並出任該公司董事長；曹氏家族則持有港龍 24.7%股權，成為第二大股東，而港澳國際所持股權則減至 24.99%，其餘 20.11%股權由其他少數股東擁有。同年 11 月，港龍並邀請當時的行政局首席非官方議員鐘士元加入董事局，此舉反映出港龍加強實力和聲望的決心。

經過這次重組，港龍航空已成為由大多數英籍人士持有和控制的「以香港為基地」的航空公司，取得了與國泰航空同等經營定期航班的資格。

二、港龍航空遭掣肘起步維艱

港龍航空的成功改組，使國泰航空的壟斷局面受到威脅。11 月 20 日，香港政府財政司彭勵治匆匆在立法局宣佈新的航空政策，規定一條航線只可指定一家航空公司經營，而先獲得空運牌照局發牌的一家，將擁有指定經營的資格。

港英政府這一新航空政策，暴露了其偏袒國泰航空的明顯傾向。由於利潤高、容量大的航線早已由國泰航空經營，這一政策實際上使到港龍航空無法與國泰航空在同一航線上競爭，被迫去經營一些利潤低甚至虧損的航線。

彭勵治本人在出任香港政府財政司之前，曾任國泰航空及其控股公司太古集團董事局主席多年，1986 年退休後返回英國，再出任英國太古集團的董事。

然而，儘管困難重重，港龍航空經重組後開始起步發展。1985年 12 月，空運牌照局公開聆訊港龍的申請。經過努力爭取後，港龍獲頒經營香港至西安、廈門、杭州、海口、湛江、南京、桂林、廣州等航線的牌照，但關於港京、港滬航線的申請則被拒絕。

1986 年 5 月，港龍航空為了拓展新航線，減少虧損程度，申請經營香港至泰國清邁等四個城市的定期航班牌照，獲得批准。同月，港龍再成功申請香港至內地 14 個大城市的定期航班，包括成都、重慶、大連、福州、哈爾濱、濟南、昆明、拉薩、南寧、寧波、天津、武漢、鄭州、汕頭等。國泰航空的寬體波音客機機隊只適合較長程飛行，對於這些靠近香港的城市，是港龍公司順利取得這些航線的原因之一。

不過，港龍航空在拓展業務時仍然遭遇到極大的困難。旅客數目最多的港京、港滬定期航班，因已由國泰航空經營，港龍無法染指。1987 年 8 月港龍雖成功獲空運牌照局批出京滬定期航班牌照，但在向港英政府申請批准及由中英政府民航談判有關事宜時卻沒有結果。

至 1988 年 9 月，港龍航空才獲准開辦港京、港滬航線的不定期班機服務。因為屬包機服務，既不准做廣告宣傳，也不得直接向乘客售票，更不能在京、滬兩地設立辦事處，每個月還須向香港政府申請一次才能繼續經營，根據香港民航條例，包機不准在繁忙時間升降。因此，港龍的實際獲益不大。

港龍在國際航線開拓亦困難重重。從 1986 年，港龍申請開辦香港至倫敦的航班，又遭到國泰航空的強烈反對。國泰表示，香港至倫

敦的航線已有英國航空、英國金獅及國泰航空三家航空公司提供服務，該航線近年乘客增長接近於零，故無須一家新航空公司加入，否則徒使市場混亂，票價下降，令現有航空公司收入減少，而且也不會刺激市場，增加乘客量，結果，港英政府以港龍航空未有足夠提供長程及新服務設施為理由，拒絕了港龍的申請。

港龍航空創辦人曹光彪多次公開抨擊港英政府，他表示：「香港政府竭力反對國際保護主義，並派人到歐美遊說，要歐美開放市場，但在香港航空政策上卻構築保護主義堡壘，這豈不是莫大的諷刺？國泰既不是香港的公司，也沒有向香港政府交納專項壟斷稅，如此保護國泰利益，實際上是保護英國利益不遺餘力，而不惜用香港政府政策的名義。」

港龍航空董事長包玉剛表示：「不要以為我現在只為港龍爭利益，這也不僅是航空公司之間的衝突。一條航線只准一家公司的政策，造成壟斷而不公平，有違香港工商業以至香港長期遵循的自由經濟哲學。實在極不光彩，後患無窮！」

然而，抨擊歸抨擊，港英政府的航空政策並未因此而改變，港龍航空困境亦未因此得到改善。每年各股東都要向港龍注資以維持局面。至 1987 年，港龍的資本已增至 4 億港元，到 1988 年 4 月更增至 6 億港元。當時，港龍副董事長曹光彪曾公開表示，港龍每月的虧損額高達 500 萬港元。到 1989 年底，港龍航空的虧損累積達到 23 億港元，大股東漸感無力支撐，逐萌退意，這形勢，為國泰航空入主港龍航空，提供了契機。

三、由國泰航空接管港龍航空

　　數十年來，香港航空業務主要都由英資航空公司提供，最早是英國航空公司，繼而是國泰航空，英國金獅亦於 1979 年進軍香港。然而，三家航空公司中，只有國泰航空是以香港為基地並在香港註冊，該公司亦以「政府指定之航空公司」自居。事實上，國泰航空壟斷了由香港飛往世界各地的大部分航線。

　　國泰航空公司創辦於 1946 年，1948 年 7 月被英資太古集團取得控制權。國泰航空在香港上市前，它的兩大股東分別是太古洋行和匯豐銀行，各持有國泰 70%和 30%的股權。由與英資的背景，國泰的航空得港英政府的全力支持，儼然成為代表香港的航空公司，享有航空的專利權，自然宏圖大展，業務發展一日千里。

　　到 80 年代中期，國泰航空公司已建立以香港為基地的全球性航空網路，其航線伸延至亞洲、中東、英國、歐洲以及北美的 28 個主要城市。國泰航空旗下的機隊包括波音 747 客機、洛歇 L1011 客機、洛歇三星客機，共擁有逾 20 架廣體客機，每星期有 400 多班航機飛往世界各地，已躋身主要國際航空公司之列。國泰航空在香港航空業的壟斷地位為太古集團帶來相當可觀的利潤，根據 1984 年度太古洋行的年報，該年度國泰航空的機隊服務收益就高達 68.2 億港元，當年共計運載 360 萬名乘客，運載貨物達 4.58 億貨運噸裏數。

　　港龍航空公司的創辦，明顯是要挑戰國泰航空在香港的壟斷地位，尤其是聯合聲明附件一第九條的規定，對港龍航空極為有利，而國泰航空則因其英資背景而處於被動局面。據聯合聲明的規定，港龍有可能在 1997 年香港回歸中國後，取代國泰地位。

　　太古集團隨即展開連串部署，1986 年 4 月，即港龍航空成立將近一週年之際，太古宣佈將國泰航空在香港上市，以加強其香港公司的形象。國泰航空申明此舉將令國泰航空與香港更密切，並使國泰航空在處理香港的國際航空事務上更加主動，獲得更直接的裨益。

　　1987 年太古更邀得香港中信集團加盟，以 23 億港元價格向香港中信出售國泰航空 12.5%股權。交易完成後，太古集團的持股量減至 51.8%，匯豐銀行減至 16.6%，香港中信成為國泰第三大股東。香港中信的榮智健及另一高層人員加入國泰董事局，經此交易，國泰與港龍的形勢出現微妙變化。

　　到 1989 年，港龍航空處境日漸困難，國泰航空眼看時機已到，遂展開併購部署。首先找到港龍航空董事長包玉剛，提出換股建議，使港龍航空成為國泰的全資附屬公司，作為交換條件，包玉剛可加入國泰董事局，並出任副董事長。

　　如果從純商業角度考慮，國泰航空的這項建議對包玉剛來說極具吸引力，但包氏並未立即答允。他曾徵求有關方面的意見，得到的答復是建議他考慮中國民航總局的反應。包玉剛立即表示放棄與國泰的換股，包玉剛這麼乾脆地作出了這個「非商業性的選擇」，是政治方面的考慮。

　　1989 年 9 月，港龍航空宣佈，包玉剛因年齡關係辭退董事局主席職位，由其女婿、原任常務董事兼行政總裁蘇海文接替。這實際上是包氏家族淡出港龍的先聲。同年 11 月，包氏宣佈出售所持港龍航空 37.8%股權予曹其鏞，蘇海文亦同時辭退董事局主席兼行政總裁職務。蘇海文並表示，包氏家族出售所持港龍股份，純屬商業決定，與政治因素無關。無論如何，投資港龍航空成為包玉剛一次不愉快的經歷。他曾表示：「我平生只做了兩件失敗的事，一是投資渣打銀行，

二是港龍航空。」

　　包氏家族的淡出，實際上為國泰航空及香港中信入股港龍鋪平道路。稍後，香港中信從港澳國際購入全部所持 26.6%港龍航空股權。而港澳國際亦早已於 1988 年 4 月成為完全的中資公司。至此，港龍航空的三大股東已去其二。

　　1990 年 1 月 17 日，港龍航空再次實行資本重組，註冊資本又增加到 8 億港元。經過重組，太古集團和國泰航空分別持有港龍航空 5%和 30%股權，香港中信的持股量亦增加到 38.3%，而曹氏家族的持股量則降至 21.6%。重組後，國泰航空以第二大股東身份接管港龍航空的管理權，國泰兩名要員加入港龍董事局並分別負責財務及營運職責。國泰並將其經營的港京、港滬兩條航線轉撥港龍，將港龍定位為專營國內航線的香港航空公司。這樣，港龍航空實際上成為國泰航空的子公司，國泰航空成功鞏固了它在香港航空業的霸主地位。

　　當時，港英政府對港龍的股權重組表示歡迎，認為將令港龍獲得更佳的管理，兩家公司合作，開拓新市場，對香港有利，並使中英的民航談判較前簡單。

　　國泰接管港龍後，即成立一個執行委員會去監管港龍航空，並把它納入自己的工程、會計和預定系統。在國泰的管理及香港中信集團的協助下，港龍航空的業務逐步走入軌道，並開始急速發展。港龍除經營國內 14 條航線外，還開辦了亞洲七條航線，平均每日有 15 班客機離境。1992 年，港龍航空首次轉虧為盈。

　　1993 年，港龍航空的載客量達到 126 萬人次，比 1992 年大幅增長 34%，其中八、九成是中國國內業務。香港中信對港龍的振興也發揮了作用，僅 1993 年，港龍的中國內地港空運載量就增加了 50%，這主要歸功於該集團的國內網路。

　　1993 年 3 月，港龍航空向怡和集團及國泰航空收購了國際航空服務公司其餘 70%股權，該公司是香港啟德機場內三家提供地勤服務公司之一，其業務一半以上來自港龍。港龍收購該公司最重要的原因並不是要增加贏利來源，而是希望能對該公司的服務質素有更大的控制權，並改善顧客對港龍的整體印象。

　　到 90 年代初中期，港龍航空的發展勢頭，已超過了國泰航空。當時就有分析家認為：「事實上，未來港龍航空肯定趕得上國泰，無須在其他市場開闢新航線，這是不容置疑的。」摩根斯坦利一位分析員更稱，「中國屬於港龍」，「香港是通向中國的門戶」。不過，就在港龍航空業務發展漸入佳境之際，港龍航空的爭奪戰再次爆發。這次國泰航空面對的對手，是背景更加深厚的香港中航。

四、香港中航覬覦港龍航空

　　香港中航公司全名是中國航空（香港）有限公司，是中國航空公司的附屬公司。在 1995 年香港中航決意染指香港航空市場的意圖已露端倪，當時，香港中航已擁有數架波音 747 客機及數名機師和工程人員，並成功向國泰航空挖角，聘得國泰及港龍高層管理人員 Lew Roberts 出任中航航線經理。同年 4 月，香港中航突然向港英政府申請航空營運牌照。

　　面對這一突變的形勢，太古集團及國泰航空隨即展開反擊。公開表示，香港中航的母公司是中國內地的航空公司，不符合中英聯合聲明的要求；聯合聲明指明本地航空公司牌照只發給以香港為主要營運地的公司。如果中航有權申辦本地航空權，則其他外國航空公司一樣有權這樣做。

205

　　這番話除了是向香港政府抗議之外，也明顯是對國泰航空的投資者派發定心丸。當香港中航公司申請開辦航空牌的消息曝光後，國泰航空及太古集團的股價雙雙下跌。當時市場人士分析，香港中航與國泰航空競爭香港現有航線在商業上並不合理，可能是想進一步逼太古減持國泰股權，或者想取得港龍航空的股權。

　　對於太古的抗議，香港中航的回應是：香港中航早已是香港的航空公司，目前的做法只是恢復原有的業務。

　　中航創辦於 1929 年 5 月 1 日，翌年 7 月 8 日正式定名為中國航空公司。抗日戰爭爆發後，中航幾經遷徙，逐步將機務和航空轉移到香港。1947 年底，中航已開設以上海和香港為中心的國內外航線 39 條，在香港註冊的飛機數十架。1949 年 11 月 9 日，中國航空公司和中央航空公司的數千名員工在香港舉行了震驚中外的事件，將 12 架飛機駛返大陸，奠定了中國民航事業的基礎。1949 年 6 月 7 日，中航曾以中航香港辦事處的名義在香港註冊，可見中航在香港確已有悠久歷史。

　　當時，中航公關部發言人表示，中航向以發展和建設香港為己任，自 1978 年恢復內地至香港的銷售業務和飛機維修業務以來，對香港的航空業發展保持著極大的熱情，每年為數百萬計的港內外旅客提供運輸服務，最近又參與了赤鱲角新機場的倉儲、貨運、供油、配餐、飛機維修、航空保安、機坪和地面代理等七個項目的競標。1992 年，中航還斥資 16.9 億港元購入國泰航空 5%股權。

　　公關處表示，中航在香港曾有過相當大的規模，早在 1947 年，中航就有 71 架飛機在香港註冊飛行，並有 39 條港內外航線、4700 多名員工，後來因歷史原因暫停，現在重返藍天，會更加有利於香港的繁榮與穩定。正是出於這種原因，決定恢復中航的實體，這也是歷

史發展的必然，勢在必行。

1995 年 10 月，香港民航處表示，香港中航將可於 1996 年取得航空營運牌照。這使香港中航參與香港航空業的努力邁進了重要的一步。香港評論認為，市場早已覺察到中航對國泰存在的威脅，只不過沒有意想到挑戰會如此早地來臨。

很明顯，如果香港中航能符合聯合聲明的規定，成為一家「以香港為主要營業地」的航空公司，1997 年後可能將成為國泰強而有力的競爭對手。屆時，失去港英政府庇護的香港「一條航線、一家航空公司」的政策將可能發生動搖，國泰航空能否繼續維持其原有的專營權將成為疑問。

國泰航空雖然公開表示強烈反對中航在香港成立基地，可惜英國勢力在香港已近落黃昏，影響力漸失，國泰航空在微弱援助的情勢下，惟有通過其股東之一的香港中信與中方斡旋。

1995 年 9 月，中信泰富宣佈配售國泰航空股份，套現 8.14 億港元，將持股量從 12.5% 減至 10%。其後，兩集團高層更罕有地在報刊上正面交鋒。2 月，國泰航空董事總經理艾廷俊在出席「宇航論壇」時表示，基於航空業正處於調整期的壓力，相信香港只能容納一家國際性的航空公司。翌日，中信泰富董事總經理范鴻齡立即反駁艾廷俊的說法不切實際。範表示：國泰航空應接受壟斷局面已經結束的現實，如果香港中航符合有關規定，應有權在香港成立航空公司，與國泰及港龍競爭。稍後，中信泰富主席榮智健亦公開表示：任何行業都須引入競爭，航空和電訊業都不例外，香港應可容納兩至三家航空公司。

作為國泰航空的第二大股東，中信泰富高層人員的聲明即時引起軒然大波。市場揣測國泰兩大股東是否出現「內訌」。1996 年 3 月，

中信泰富主席榮智健和董事總經理范鴻齡突然雙雙辭去國泰航空非執行董事，代之以級別稍低的管理人員。事態的發展令國泰航空一時孤掌難鳴。

在這種形勢比人強的背景下，國泰航空開始考慮以出售港龍股權來保護自己的航權，繼續維持原有的既得利益。

五、國泰拋售港龍股權

1995 年底，國泰航空開始考慮出售港龍航空股權予香港中航的問題，希望藉此阻止香港中航成為香港第三家航空公司。

初期，太古和國泰表示願意出售 6%的港龍航空，港龍航空的其餘兩位股東中信泰富和曹光彪家族則均表示無意減持港龍股權；而中航則有意向太古購入一成港龍航空股權，事件一度處於膠著狀態。

這時，港龍航空的困難，又開始出現了，自 1995 年上半年獲准開辦寧波航線之後，港龍再沒有增加新航線，申請開辦香港至青島及武漢的航線，則遲遲未獲批准。當時，港龍航空正籌備在香港上市，不過，中國民航總局就表示，港龍目前是國泰系內公司，且由國泰管理，在香港政府一條航線由一家公司經營的政策下，港龍往往只能經營一些國泰選擇不經營的航線，這在航權分配上有衝突；港龍若要成為上市公司，便須成為獨立法人。

1996 年初，市場一度傳出香港中航擬放棄收購港龍航空股權的計畫，準備另起爐灶，全面參與香港航空業。中航副總經理就表示，香港是中國的一部分，因此自然地希望在香港成立中國擁有的航空公司。他還表示，中航期望獲得營運牌照，可以開設一些現時由國泰航空獨家經營的國際航線，包括贏利能力較強的中國大陸及臺灣航線。

　　對於港臺航線，中國民航總局說得更清楚：1997 年以後，港臺航空屬於一個中國、兩個地區的特殊航線，所有領空、航權都屬於中國，中國航空公司理應加入營運，而不應由外國人全部壟斷。又表示，這不意味中方要把國泰航空從港臺航線中擠出去。他並讚許澳門航空公司兼顧三方利益的模式：澳門航空由葡萄牙、澳門商人和中方共同參與，各方利益都整合好了，再談航約，既有權威性，利益也易一致。

　　香港沒有這種整合，利益完全操在國泰手中，因此希望能向澳門航空看齊。這實際是向國泰航空傳達了一個明確的信息。

　　在形勢比人強的情況下，太古集團終於下決心作出讓步。1996 年 4 月 29 日太古及國泰宣佈，將與中信泰富攜手以低於市場預期的價格，將 35.8%的港龍航空股權出售予中航，總作價 19.72 億港元，太古、國泰一方和中信泰富一方各售出 17.66%股權，雙方分別套現 9.71 億港元。出售完成後，中航將成為港龍航空的最大單一股東，若計算第二大股東中信泰富所持有 28.5%股權，中資背景財團持有港龍股權將超過六成，而太古及國泰所持港龍股權將減至 25.5%。

　　根據交易協定，中航將按股權比例，委任代表進入港龍的董事局及執行委員會，國泰航空和港龍航空將訂立新的合約協議，以取代現有的合作協定，使港龍航空能儘快順利過渡為獨立的班子管理。中航將通過港龍航空在香港發展其航空業務，中航現有的航機、支援人員將轉移到港龍。換言之，中航以 7 倍多市盈率的低價取得港龍的控制權，但放棄了與國泰航空全面競爭的機會。

　　與此同時，國泰亦與中信泰富達成一項協定，中信泰富將認購 5.72 億股國泰新股，每股作價 11 港元，使所持國泰股權從 10%增加到 25%，中信泰富雖然喪失港龍航空的大股東地位，但將委派四名董事加入國泰董事局，其中兩名加入國泰執行委員會。這種安排無疑大

大加強了中信對國泰的影響力。

香港輿論指出，表面上，太古公司是輸家，因為它在國泰及港龍的股權都下降了，但「懷璧其罪」，太古作為一家英資公司，在香港航線上擁有特權，1997 年後中國主權下的香港特區政府不會再維護它的利益；太古若要繼續享有航權壟斷地位的利益，最為有效的方法莫如將有力的競爭對手納入同一陣營，這等於付保費購得政治保險。因此，太古的策略明顯是「棄車保帥」。太古及國泰航空在這一回合確實失去了港龍航空的控制權，1996 年 6 月 10 日，香港中航董事長王貴祥、總經理姚紹先及副總經理曾慶光加入港龍董事局，姚紹先及曾慶光並加入港龍執行委員會。一場長達十年的港龍爭奪戰，至此算是基本結束。

心得欄 ------------------------------

〈案例二〉　波音航空兼併麥道航空

1997 年 7 月 31 日，世界航空製造業排行第一的美國波音公司 (Boeing) 宣佈正式收購世界航空製造業排行第三的美國麥道公司 (McDonnel Douglas)，新的波音公司從 1997 年 8 月 4 日運營。這次併購屬於典型的強強聯合。進入 20 世紀 90 年代後，波音公司就有意與麥道進行戰略合併，一直未果，經過多年的風風雨雨，1996 年 12 月 15 日波音公司終於與麥道公司達成換股收購協議。儘管本次併購引起了很多人的質疑，併購終於還是實現了。換股方式是每一股麥道公司的普通股股票折合成 1.3 股波音公司的普通股股票，波音公司完成這項收購共出資 160 多億美元。波音兼併麥道對行業競爭影響巨大，充分體現了政府在併購中的作用。

一、併購背景及動因

20 世紀 90 年代初期，隨著冷戰的終結，美國的軍費開支開始大幅削減，國防部的意願使為軍方提供武器裝備的防務公司從 32 家銳減到 9 家，從而引發了防務公司的大規模合併。在這一合併浪潮中，為了增強波音在防務市場中的實力，原波音公司的 CEO 菲利浦·康迪特 (Philip Condit) 也逐漸構思出一項大膽的併購計畫：通過對羅克韋爾和麥道的收購，打造出全球最大的航空航太集團。

1996 年，美國國防部開發聯合攻擊戰鬥機的計畫為康迪特的構

想起到了催化作用。這項有史以來數額最大的招標項目將為贏家帶來 3000 億美元的天價合約。當時已經在走下坡路的老牌戰鬥機製造企業麥道公司沒能進入最後一輪招標，決賽者是波音和洛克希德·馬丁。而波音公司開發的 JSF 驗證機令軍方感興趣的，則是它利用民用飛機製造技術所帶來的成本優勢。

　　在聯合攻擊戰鬥機競標中的落選，對麥道來說意味著它在航空防務領域中的全面失落。儘管招標的最後結果也令波音失望（美國東部時間 2001 年 10 月 26 日下午 5 時，被稱為「世界第一軍火訂單」的聯合攻擊戰鬥機合約還是落在了洛克希德-馬丁公司），但這次競爭的間接後果便是促成了波音對麥道的併購。1996 年 8 月，在敲定收購羅克韋爾一事之後，康迪特打電話給他 20 多年的老友，麥道公司老闆哈裏·斯通塞福爾（Harry Stoneeipher），約他在西雅圖的四季酒店再次商談與麥道合併。這一次，康迪特得償所願。

1. 麥道

　　論實力，麥道是世界上第三大航空製造公司，1993 年全球大企業排名位列第 83 位。1990～1994 年間，全球民用客機的市場佔有率，波音佔 60%，空中巴士佔 20%，麥道佔 15%，其他企業佔 5%。然而，1994 年以後，在與波音和空中巴士的競爭中（主要是民用機），麥道一路敗北，佔世界市場的佔有率從 15%下降到不到 10%。1996 年，麥道只賣出 40 架民用客機——300 座 MD-11，無力與波音的 400 座 747 相抗衡。12 月，麥道放棄了自己 440 座 MD-11 的計畫，開始作為波音的「分包商」，幫助波音生產 550 座「加長型」747 客機。

　　麥道曾經是最大的軍用飛機商，生產著名的 F-15、FA-18 和「獵兔狗」。然而 1996 年 11 月，在美國新一代戰機——「聯合攻擊戰鬥機（JSF）」的競爭中，麥道再度鎩羽而歸。11 月 16 日，美國國防部

宣佈，新戰機將從洛克希德-馬丁和波音的樣機中選擇。在民用客機和軍用飛機雙雙淪落的情況下，麥道總經理無奈地宣佈：「麥道作為一家獨立的公司，已經無法繼續生存了」。從而開始考慮合併的問題。

圈外人看來，麥道不應該走被收購之路。1994 年，麥道資產為122 億美元，僱員 65760 人，銷售額 132 億美元。1996 年，麥道在與空中巴士的競爭中斬獲甚豐（主要是軍用機），110 架訂貨中，106架在歐洲。由於德國漢莎航空公司的訂貨，麥道最大的機型 MD-11 的訂貨大增。麥道 70%的利潤來自軍用飛機，僅與美國海軍 1000 架改進型 FA-18 戰鬥機的訂貨，需要 20 年才能完成。1996 年 1～9 月，麥道民用客機的銷售雖然從上年同期的 30 億美元下降為 19 億，但麥道公司不僅沒有虧損，反而贏利 9000 萬美元，是上年同期的兩倍多。這樣一家歷史悠久、實力強大的贏利公司，不能作為獨立公司繼續生存，卻願意被波音兼併，豈不怪哉？

然而，麥道的決策者和飛機製造業的分析家們卻有另外一番考慮。

①就民用客機而言，今後，由一家公司提供從 100 座到 550 座的完整客機系列，包括統一的電子作業系統，可以大大節約航空公司培訓、維修和配件的成本。當時，波音用 50 億美元開發出 550 座「加長型」747，空中巴士用 80 億～100 億美元開發出 550 座 A330。麥道自己的大飛機卻只有 440 座，儘管眼下仍舊贏利，日後還是難以佔領市場的。

②在軍用飛機方面，麥道過去一直是龍頭老大。1994 年，美國馬丁‧瑪瑞塔與洛克希德合併，組成洛克希德-馬丁（Lockheed Martin），與麥道展開競爭。1996 年，洛克希德-馬丁又用 91 億美元，吞併了勞若。「三合一」的年銷售額達 300 億美元，為麥道的兩倍。

新一代戰機——「聯合攻擊戰鬥機」，作為美國空軍、海軍和海軍陸戰隊及英國海軍的主要裝備，將有 3000 架訂貨。麥道雖然全力以赴，志在必得，結果卻被五角大樓淘汰出局。對麥道而言，這不僅是一次重大商業機會的喪失，同時，由此帶來的研發費用的降低也意味著麥道將無力保持軍用飛機技術上的先進地位。

總體上看，麥道的民用機、軍用機的技術能力皆跟不上其他幾個主要競爭對手，要想繼續獨立生存，就十分困難了。而與波音合併，可以使麥道公司相對閒置的巨大的生產能力與生產技術得以充分發揮和利用。於是麥道選擇了「上上策」——被波音兼併。

2.波音

在正常情況下，併購雙方應是自願的。自進入 20 世紀 90 年代，波音就有意與麥道戰略合併，以增強自己在軍用飛機上的技術與市場，但麥道沒有接受。這次，又再次提出合併要求，是基於以下考慮。

①波音需要更多的技術員工和更大的生產能力。波音與麥道兩大飛機公司的合併，是以生產能力的互補與擴展為主要動因的。合併後的新公司，使波音公司巨大的市場佔有率得到足夠的生產能力與生產技術的支撐。波音總經理坦言：飛機製造工業在不斷成長，波音需要更多的技術員工和生產能力。

1996 年是波音和空中巴士 6 年來訂貨最多的一年。1996 年，波音共得 645 架訂貨，價值 470 億美元。波音訂貨歷史最高年為 1989 年的 683 架。1996 年，空中巴士的 309 架訂貨，幾乎是 1995 年 106 架的 3 倍。空中巴士訂貨歷史最高年為 1990 年 404 架。儘管當時波音平均每月生產 8.5 架 737。兼併麥道，明顯有助於波音擴大生產和加強新機型的研製。

②波音需要增強自身實力，以與空中巴士展開競爭。波音兼併麥

道之後，空中巴士成了波音惟一的競爭對手。早在 1970 年，英、法、德、西班牙 4 國政府用各自的航空製造企業跨國組成空中巴士公司。當時，以波音為首的美國公司，佔領了世界市場佔有率的 90%。歐洲任何一國的航空製造企業，都無法與之抗衡。要挽救歐洲的航空製造工業，跨國聯合是惟一的出路。從那時起，不算種種秘密補貼、固定補貼和免稅優惠，只開發機型一項，空中巴士即直接得到政府 100 億～200 億美元的補貼。

經過 25 年努力，到 1995 年，7 個機型 1300 架空中巴士在天空翱翔，市場佔有率從零成長到 30%。1994 年，空中巴士的訂貨首次超過波音，佔市場佔有率的 48%（波音為 46%），儼然成長為與波音旗鼓相當的競爭對手。

空中巴士的打算是，2000 年時佔領世界市場的 50%。1996 年 7 月 8 日，空中巴士決定在 1999 年前，將封閉的「四國聯營」改成開放的股份有限公司，開放式地籌集更多的資金，兼併更多的企業。而 20 多年來，空中巴士公司一直試圖與麥道公司聯手，以插足美國航空工業市場。可以說，空中巴士公司對波音公司的挑戰是波音公司和麥道公司合併的主要原因之一。波音同麥道公司合併，不僅摧毀了空中巴士公司與麥道公司聯手的企圖，而且大大增強了競爭實力。合併後的波音公司佔有世界航空工業市場的 65%，進一步鞏固其在世界航空工業的領導地位，在一定時間內暫時挫敗了歐洲空中巴士公司與其平分天下的雄心。波音作為全球最大的飛機製造公司，1993 年全球大企業排名列第 40 位。波音兼併麥道，對波音、麥道，帶來了那些利益呢？

首先，波音掌握了更大的市場佔有率。併購前，波音的軍事訂貨相當於麥道的一半，其收入中 20%來源於軍事訂貨，80%來源於商用

215

飛機。波音兼併麥道後，不僅使波音民用客機的市場佔有率一下子成了空中巴士的兩倍多，再次拉開了空中巴士已經追趕了 25 年、剛剛縮短了的距離；而且，波音再次軍民合一，軍用產品年銷售額超過 150 億美元，成為世界上最大的軍用飛機公司。如今，波音和洛克希德－馬丁任何一家公司的軍品銷售額，都是歐洲最大軍工企業的兩倍以上。

其次，波音兼併麥道之後，儘管法律上的「麥道」不復存在了，但有實力的「麥道」並未失去機會。在過去 50 年裏，波音只有設計製造轟炸機的歷史，但沒有一架成功的戰鬥機的設計。而過去 50 年裏，麥道有著設計和製造戰鬥機的悠久歷史，其收入的 70%來自軍用飛機製造。顯然，未來波音公司的軍用機設計項目，還得靠被兼併的麥道去完成。

二、併購過程

1996 年 12 月 15 日波音宣佈將要收購麥道公司。但由於這起合併事件使世界航空製造業由原來波音、麥道和空中巴士 3 家共同壟斷的局面，變為波音和空中巴士兩家之間進行超級競爭。特別是對於空中巴士來說，新的波音公司將對其構成極為嚴重的威脅，即對歐洲飛機製造業構成了極大的威脅，在政府和企業各界引起了強烈的反響。1997 年 1 月，歐洲委員會開始對波音兼併麥道案進行調查；5 月，歐洲委員會正式發表不同意這起兼併的照會；7 月 16 日，來自歐盟 15 個國家的專家強烈要求歐洲委員會對這項兼併予以否決。美國和歐洲各主要國家的政府首腦也紛紛捲入這場兼併和反兼併的衝突之中。一時間，美國與歐洲出口企業之間醞釀著引發貿易大戰的危機。

　　最後，為了完成兼併，波音公司在 7 月 22 日不得不對歐盟做出讓步，其代價是：①波音公司同意放棄 3 家美國航空公司今後 20 年內只購買波音飛機的合約；②接受麥道軍用項目開發出的技術許可證和專利可以出售給競爭者(空中巴士)的原則；③同意麥道公司的民用部分成為波音公司的一個獨立核算單位，分別公佈財務報表。經 15 個歐盟國家外長磋商之後，7 月 24 日，歐洲正式同意波音兼併麥道；7 月 25 日，代表麥道 75.8%的股份，持有 2.1 億股的股東投票通過麥道公司被波音公司兼併。1997 年 8 月 4 日，新的波音公司開始正式運行。至此，世界航空製造業三足鼎立的局面不復存在，取而代之的是兩霸相爭的新格局。

　　經過煩瑣的監管和調查，波音麥道涉及金額 160 多億美元的併購終於在 1997 年 8 月越過了美國和歐洲眾多的政策限制得以完成。在國防部的授意下，完成一系列併購後的波音重組為兩大部門：信息航太和防務體系及波音商用飛機集團。

三、併購後續

1. 併購完成後漫長的整合過程

　　波音兼併麥道，改變了波音、麥道、空中巴士三分天下的局面。從理論上講，波音兼併麥道確實是優勢互補、相得益彰。原波音公司80%的產品為民用機，20%為軍用機和太空方面的業務；麥道的產品比例與此恰恰相反，它 70%的利潤來自軍用機。兩家合併，民用機市場蕭條可倚賴軍方訂單，軍方訂單滯緩可開掘民用機客戶，資金在軍用機與民用機兩條線上流動調劑，公司的抗風險能力將大大增強。

　　現實卻沒有理論推測地那麼樂觀。從波音兼併麥道前後銷售與贏

利狀況看，麥道確實有點像燙手的山芋。自兼併完成後波音的營業總額有了大幅增加，但 1997 年沒有贏利，反而虧損 1.78 億美元，其中民用機虧損額高達 18.37 億美元；1998 年的贏利與合併前的 1996 年基本持平；1999 年贏利比 1998 年增加 106%，主要是民用機收益增加了 22.82 億，但軍用機收益比前一年降低了近 1 個億。而 2001 年的「9・11」事件無疑又是一個巨大打擊。可以說，這幾年來，波音的日子並不好過。其中併購後的企業文化衝突是一個不可迴避的因素。

(1)合併前的波音公司遺留下來的問題造成股東與新公司的衝突

幾乎是從 1997 年 8 月完成與麥道公司的合併開始，波音公司就一直在累積因原來的生產問題和產品注銷而造成的帳面價值的劃減。此後，波音公司又多次公佈因產品成本過高帶來的應付賬款。這些造成合併後的股價下跌 12%，造成股東的極大不滿。

(2)合併後的公司管理層存在文化等多方面的衝突

在新的波音公司中，原麥道公司的 CEO 斯通塞・福爾接任總裁，而原來原波音公司的伍達德任波音商用航空公司經理。二人在合併之初就互不協調。另外，波音兼併麥道，使得人們似乎有理由相信，波音將在軍用飛機和商用飛機兩個領域裏稱雄。然而，實際上新波音的決策權，主要掌握於麥道的手中。

波音公司有一個擁有 18 名成員的高管層，他們掌控著波音現在及未來的發展。18 個人中，來自麥道的佔 7 人。其他的大多是從外部請來的，而只有 1 個人是原波音公司的。

麥道被波音收購，這證明麥道的經營是存在問題的，但波音收購了麥道之後，麥道的高層反而成了波音的主流。這的確有些問題。

最後，還有一點不容忽視，原來的波音公司關注的焦點是設計出最先進的飛機，而費用是作為次要問題的。新波音的董事長康迪特和伍達德作為一直效力於波音公司的老資格管理人員，更強調相互協作解決問題。而曾在通用電氣公司工作 26 年的斯通塞福爾在通用和麥道兩家公司時都以低成本而聞名。

管理層之間的這些衝突必然影響整個公司的效率。好在新波音及時意識到企業文化整合的重要性，加強了企業文化建設。

⑶大規模裁員使得公司內部人心惶惶

由於成本一直居高不下，為了削減開支，新波音一直處於裁員威脅中。波音員工反映，自從南部（指原麥道公司）並過來以後，北部（指原波音公司）員工的福利待遇下降了，因為南部原來的待遇比北部低，兼併之後兩邊要扯平。

即使這樣，1997 年，波音還進行了繼 1969 年、1995 年兩次大裁員之後的第三次大裁員，當時波音的股價長期在認股權價下邊徘徊，員工得不到分紅，企業陷入第三次低谷。直到後來波音做出兼併休斯的決定，股價才快速攀升。

在 2001 年以後，波音又發生過幾次裁員情況。而且，在決定職員的解聘問題上，主管幾乎無需跟任何人商量，僅僅根據自己的好惡及判斷來決定。

由此帶來的惡果是：過去像一個「大家庭」的波音，如今變得讓人琢磨不透，很多人情緒十分低落，這種情緒甚至波及到波音發展。

2.併購完成後財務成果的比較

①合併前：麥道公司 1996 年的淨收益為 $7.88 億，每股收益為 $3.64；波音公司 1996 年的淨收益為 $10.95 億，每股收益為 $3.19。

②1997 年，合併後的新公司竟出現了＄1.78 億的虧損。

③由後續幾年的財務數據可見，合併後的新公司在前幾年經營慘澹，最近才開始好轉。

3.案例評述

根據美國的有關法律，如此大規模的合併必須經過美國反壟斷當局的批准。關於兼併的允許範圍，法律中明確規定，如果兩家公司合併以後市場佔有率的平方和大於 1800，公平交易部的反壟斷處或聯邦貿易委員會就有權立案調查。照此規定計算，波音所佔的市場佔有率為 60%，僅其一家的平方就是法律條文規定的兩倍，麥道所佔的市場佔有率為 15%，兩家市場佔有率平方和為 3825，是立案調查標準的兩倍多。按照相關法律，本次併購應該予以制止。但 1996 年 11 月16 日，五角大樓將從來沒有獨立搞過戰鬥機的波音公司作為設計 21 世紀戰鬥機的候選者，這實際上明確地表示了麥道公司必須歸順於波音公司的政府意願。儘管這之後歐盟等對此提出了強烈抗議，但最終還是獲得了批准。

這一點應該說已經得到了大家的共識，而波音兼併麥道案例再一次證明了併購後整合過程的重要性。

20 世紀 90 年代後期來，國際範圍內的競爭日趨激烈。產業內大企業和特大企業之間紛紛通過合併、聯合等形式進行產業整合，導致產業結構變動劇烈，並日趨集中。

加入 WTO 後，企業開始全面接受跨國企業的強有力的挑戰。在巨大的市場誘惑之下，跨國企業蜂擁入。企業若總體規模較小，競爭實力普遍較弱，資源配置重複，組織結構落後，專業化協作水準低，過度競爭與壟斷並存，相當多的企業尚未在技術體系、管理體系和企業文化等方面形成核心競爭力。

　　在這種大背景下，國內企業不能僅僅將眼光放在與國內同行的競爭上，企業重組更不應該專注於股票二級市場的融資和炒作，而應該放眼國際，把注意力集中在企業自身的長遠發展上，通過戰略性的併購重組調整自身的經營結構甚至整個產業結構，同時更加提倡強勢企業之間主動展開戰略性的強強併購，以達到快速壯大企業實力、迎接跨國企業不斷蠶食國內市場的競爭甚至與之爭奪國際市場的日的。

　　戰略併購才是企業併購的正確選擇，而強強併購則是企業快速做大做強的最有效途徑。

心得欄 ------------------------------

第 **6** 章

聘禮要多少

——如何評估目標企業的價值

一、企業擁有那些價值

　　企業本身就是一件可以在資本市場上交易的產品，通常，公司價值中包含帳面價值、經營價值、交易價值和控制價值四類價值。

　　對目標企業進行獨立的價值評估，是併購方投資決策分析的第一步，也是整個項目運作的基礎環節。價值評估，就是要測算目標企業的合理價值，通過股權轉讓或增資擴股支付價格與目標企業的合理價值對比，對投資效果進行合理預期，進而做出決策。

　　1. 帳面價值

　　企業估值，多數人會習慣性的想到土地、廠房、設備等固定資產。

通常，企業的資產負債表上會包括總資產、負債、淨資產等信息，這就是傳統意義上的帳面價值。再通俗一點說，就是帳面的固定資產和現金。

2. 經營價值

企業有五種經營資產（見圖 6-1）：實物、財務、供應商、客戶和人。實物和財務，誰買了就是誰的，但供應商和客戶卻是「活」的東西，會因人、因時、因地而異，但能夠把實物、財務、供應商和客戶有機整合在一起的是最為關鍵的資產——人。

圖6-1　企業的五種經營資產

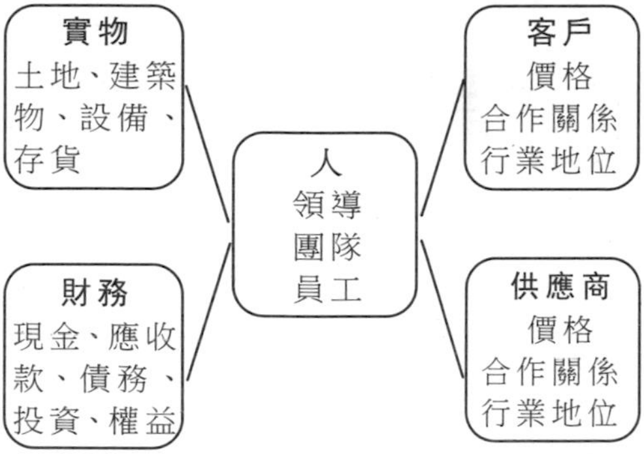

3. 交易價值

一件商品只有在交易中兌現才算體現了其商業價值。

發生在證券市場上，鑑於上市門檻居高不下，有的企業會選擇購買一家業績低迷、瀕臨退市的上市企業，然後再進行資產重組，最終實現「借殼上市」。這個「殼」本身雖然沒有財務價值，但是具備交易價值。

4. 控制價值

在投資過程中，當投資方的目的是獲取 50% 以上絕對控股或取得

223

企業的實際控制權時，控制價值就會被考慮。獲得控股地位，意味著儘管企業不是大股東所「有」，但卻為大股東所「用」，大股東可以借此獲得更多的戰略利益。資本市場上屢見不鮮的大股東侵佔小股東利益就是這個道理。通常在股權價值評估上，以控股為目的的戰略投資者開價會高於以參股為目的的金融投資者，原因也在於此。

二、基本估價法：投資銀行「壓箱底」的魔術公式

許多投資銀行提供公司價值評估服務，而且收費不低，究竟他們「壓箱底」的「魔術公式」是如何求得呢？以及如何運用呢？

1. 如何求得「魔術公式」？

就非資產密集產業（例如服務業）、公司（例如承租廠房設備的製造業）和無形資產（例如品牌），在計算價值時，許多投資銀行常推出「魔術公式」，常見者以銷售淨額或稅前息前盈餘（例如盈餘倍數）為基準，再乘上某乘數。景氣好時，此乘數會適度「灌水」，如銷售額1倍擴增為1.2倍；不景氣時，乘數則須打折。例如：

公司收購價＝-134＋1.2×賣方公司銷貨收入淨額

（因變數）　（常數）　　（自變數）

$R^2 = 82\%$

由此可見，買方、投資銀行是把過去的銷售業績，作為衡量買方公司品牌、連鎖店權利金等無形資產的代理變數，而「乘數」便是引數的回歸係數。當然，你也可以在上式右邊加入其他引數，確保要說得通而且統計上達到顯著水準便可以了。

2.基本估價法

依據上述方法，於是投資銀行便可以針對各行各業求算得到不同的魔術公式，這種方法便是基本估價法，下表是美國 7 個產業的應用實例。基本估價法的優點在於簡單明瞭，而它的缺點共有三個方面：

⑴資訊不確實，由於各公司所宣佈的併購價格常被低估，尤其當賣方公司未上市時更是如此，因此極易犯「假數據，真分析」的錯誤。

⑵資訊不完整，有許多併購案的信息並未對外公佈，因此遺漏此部分的資訊將使得「基準」、「乘數」缺乏代表性。

⑶「基準」和「乘數」皆具有時效性，隨著景氣的盛衰，乘數的數值也可能發生結構化的變動。

美國基本估價法適用的產業、基準和乘數（實例）

①工業設備工業	年稅後淨利×10 倍
②電子工業	年稅後淨利×10 倍
⑧計算機軟體工業	年營業額×110%
④太空工業	年營業額×70%
⑤塑膠工業	年營業純利×5.5 倍
⑥餐廳/酒店	年營業額×40%+生財設備
⑦醫療中心（醫院）	$2.000×住院人數

三、調整現值法：全球併購者公認的最理想評價法

傳統以會計盈餘為基礎估算公司價值，這種評價方法有下列五項缺點，以致於常高估企業價值；併購後，買方往往會發現公司股票價格下降、股東財富減少。其五項缺點如下：

⑴沒有考慮貨幣的時間價值，即未使用折現因數來折算貨幣的時

間價值。

(2)會計盈餘的計算也受到會計方法的影響，例如採取加速折舊法，則稅後淨利逐年遞增。

(3)未考慮營運、財務風險，常見的是折現因數只考慮無風險利率。

(4)無法反映後續經營價值。

(5)未考慮併購後可能須增加投入的營運資產或固定資產投資（即資金成本的改變）。

有鑑於以盈餘等歷史數據來估算公司價值，此傳統作法有嚴重的缺點。因此宜採取未來淨現金流量方式，用未來資料取代歷史資料，再加上以加權平均資金成本作為折現因數，此種考慮公司特有風險的淨現值，稱為「調整現值法」，有別於未考慮風險調整的淨現值法。

本法又稱為市場價值法（簡稱市值法）、淨收入法，由於其考慮符合理論，因此是全球併購者公認實行的評價方法。

1. 本法實施的步驟

(1)預測賣方公司未來五年或更長時間的財務績效，考慮在「無負債」（其實是指扣除利息和其抵稅效果）下的情況。

(2)在每一預測年度，算出淨現金流量，無論是正或負值。

(3)估計賣方公司風險調整後的權益資金成本，一般常用的為無風險利率，加上產業風險溢價。理論上，常用資本資產定價模式求出有風險資產（如賣方公司）的報酬率及權益的必要報酬率，以計算權益成本。

(4)以資金成本必要報酬率（或稱加權資金成本）作為折現率來折現各期的現金流量，並加總。

(5)前項總值減掉賣方公司負債現值。

(6)上述折現現金流量加上非營運資產現值，減掉非營運負債現

值，便可得到賣方公司的權益價值現值。

由於公司未來現金流量的估算不僅牽涉產業前景，也牽涉賣方公司的獲利能力，可根據過去的財務報表資料來加以預測，因此有必要時必須加以調整，常見的調整項目有異常項目、折舊和存貨計算方法、未記錄負債（如訴訟案）、董監事酬勞、高於市場利率的貸款、特殊的租稅特徵、承諾（如銷售關鍵資產）、非營運資產（如閒置土地）和負債（如用以購買閒置土地的貸款）。

除了進行財務比率分析外，足以影響投資人對公司價值看法的財務資訊，尤應特別注意，包括：

①過去的現金流量。

②資本支出預測。

③現金流量的預測。

④資金的加權平均成本。

⑤正常（營業內）的息前稅前盈餘。

⑥有形資產帳面價值。

⑦長、短期負債。

⑧總資產。

⑨非營業資產。

⑩產業特殊信息，如旅館業看其房間數、船運業算其船載量與船數。

2.基本假設

(1)基本假設

作法常基於一些最為大家可接受的假說，據以計算出一個值出來，稱為「事業企業價值」，扣除負債後，便是權益的價值。當情況有變時，透過「情境分析」，則必須重新來過。

227

美國紐約市里昂信貸美國服務公司副總裁克裏斯多夫‧雷查內便建議，在進行公司價值評估時，實在不應怕麻煩，根據可能的情境——最具代表性的便是最可能、悲觀、樂觀三種情況，據以計算出賣方公司的價值，並評估各情況可能（或滿意）的機率，並猜測在各價位時賣方、競標者可能滿意的機率（或水準）。

(2)以相似公司來推估併購後前景

對於併購後公司前景的推估，美國肯永顧問公司認為可由相似公司的資料來輔助、驗證，他們認為此種「相似公平評價技巧」才是務實，而不是空口說白話的預測，或以產業平均標準來做假設。此外，再輔以市場比較法，以判斷買賣價格。

至於「相似公司」是指相似產品線、市場相似甚至相同，而且此公司最好是標竿策略中所指的標竿企業之一。

(3)「殘值」的決定

在折算現金流量法中，有個重要項目即「殘值」常被忽視，美國會計師保羅‧巴耐斯認為，殘值常佔公司價值的一半以上，而公司殘值計算方法至少有二種，詳見下表，這三個公式主要的精神在於考慮期中投資。而殘值主要的成份在於未來獲利機會的長期化、資本化，所以此法常稱為「永續成長折現法」。

(4)綜效價值的決定

在折算現金流量法中，也把綜效考慮進來。但實際上，根據美國財星財務公司艾德華‧莫利斯的觀察，併購後常發生「不該同時發生的慘事皆接踵而來」的墨菲定理，也就是折算現金流量法中計算綜效時常過份樂觀，所以有些老手索性只計算「併購後公司獨立並改善經營」時的價值。

「殘值」二種計算方式

適用情況	公式	符號意義
Velue-Driver 公式期中有新增投資時	① $\dfrac{DFNI(1-g/r)}{WACC-g}$ ② $\dfrac{FCF}{WACC-g}$	DFNI(debt-free net income)，無負債情況下營業淨利 g：DFNI 期望長期成長率 r：淨新投資期望報酬率 WACC：加權平均資金成本 FCF(frec cash flow)=DFNI-新增營運資金-新增資本支出(扣除折舊)

3.調整現值法的六大優點

⑴強迫分析者把賣方公司未來價值轉成現值。

⑵與市場比較法相比，調整現值法較著重於對賣方公司的瞭解。

⑶市場比較法偏重過去的個案，沒考慮未來和過去時間遠近的影響，易造成「市場近視」；而調整現值法則著重未來導向。

⑷由於要正確評估賣方公司未來的現金流量，因此必須對其產業前景有深入瞭解，不致像市場比較法因缺乏對產業的瞭解，以致易導「誤上賊船」的陷阱。

⑸調整現值法尚可作為現金淨流入的預測值，尤其適用於融資併購時，外部成長的公司尤須做好現金規劃，以免因週轉不靈，最後忍痛低價出售。

⑹買賣雙方皆可使用調整現值法，如此自然能縮小公司評價的差異，有利於併購交易的順利進行。

<案例一>　網路遊戲估價是這樣抬高的

　　2007 年中國網路遊戲行業掀起了第二輪上市熱潮。2007 年 7 月 26 日，北京網路遊戲廠商完美時空公司正式登錄納斯達克，融資總額為 1.88 億美元；同年 11 月 1 日晚，巨人網路公司在美國紐交所上市，融資總額突破 10 億美元；次日，網龍公司在香港創業板上市，融資 14 億港元。這一切都讓盛大網路遊戲公司感到緊張，這一行業歷經 10 年發展，仍未出現壟斷巨頭，新企業不斷湧現，「大魚吃小魚」、行業洗牌在所難免。然而，眼看著這些對手手握資金蠢蠢欲動，如何保住自身地位是作為先行者的盛大公司最為關心的問題，於是就有了後來高價收購錦天的事件。

　　2007 年 7 月，盛大以 1 億元人民幣收購成都錦天科技公司，該公司創始人——彭海濤一舉成為億萬富翁。這一故事讓眾多網路遊戲業者熱血沸騰。很多公司以此津津樂道：「錦天公司值 1 個億，那麼我的公司應該值多少？」錦天科技公司也許不值 1 億元，因為該公司研發精英人才，已被巨人網路挖走。對於一個只有產品沒有團隊的公司，很難獲得後續的發展和盈利。但這似乎並不是問題的關鍵。其實盛大以很小的成本做了一件很大的事情。即給收購定了一個很高的尺規。自此大家認定了網路遊戲是一個能夠賣個好價錢的「暴利行業」。在眾多中小網路遊戲開發商的夢境中，「在從三藩市飛往北京的飛機上，頭等艙坐滿了要進軍網路的 VC 風雲人物。」網路遊戲行業的後來者們一個個無比浮躁，認定自己的企業將有可能被這些 VC 看中。

產生的結果是：這些企業沒有生存問題出現的時候，不會想要被收購，都期望能與盛大、巨人公司比肩；想被收購的企業，一定很可能是撐不下去了，而它們對於收購者而言，毫無價值。

　　在一個被盛大提高了收購門檻的網路遊戲行業，手握重金的網路遊戲新貴們卻無從下手。很多 VC 人士表示「不太願意投資網路遊戲業，因為價格太高」，即使談網路遊戲企業的收購項目，最後都因價格問題不歡而散。中國網路遊戲公司自己的估算大多在十幾倍以上。以 10 倍市盈率計算，意味著要用 10 年時間賺回投入。例如錦天科技這樣高達 1 億元的投資，則需要每年稅後淨利潤達 1000 萬元，這是幾乎不可能達到的目標。果不其然，兩年過去了，網路遊戲業併購案並未如想像般風起雲湧。

　　實際上，盛大公司的付出並沒有外界想像的那麼大。收購的資金並非一次性支付，並且附有苛刻的要求及對賭協議，達不到要求，1億元人民幣也是鏡花水月。錦天科技後來的故事也並不精彩，兩年後的 2009 年，彭海濤從盛大公司離職，在成都重新成立了一家網路遊戲公司自立門戶……

　　價格障礙導致許多大的公司很難併購國內網路遊戲開發商；而中小網路遊戲開發商過高估計自身，很可能導致無法堅守而夭折。

231

併購案例

<案例二> 在納斯達克上市的分眾公司，合併聚眾公司

2002 年年初，分眾傳媒（江南春）開始在上海主要寫字樓電梯口安裝液晶屏播放廣告，結果大獲成功。2003 年年初，聚眾傳媒（虞鋒）在北京出現，從事與分眾傳媒一模一樣的業務。截至 2005 年 9 月，分眾傳媒的商業樓宇聯播網已經覆蓋全國 54 個城市，共擁有 35000 個顯示器，而聚眾傳媒同期也已經覆蓋全國 43 個城市，擁有 25000 多個顯示器。隨著雙方同時向全國擴張，分眾傳媒和聚眾傳媒開始在全國各大城市的樓梯口展開激烈爭奪，並在廣告市場形成對壘。

2003 年 5 月，分眾傳媒贏得軟銀 4000 萬美元投資，此後又引入維眾、鼎暉和高盛等多家投行的投資；2005 年 7 月，分眾傳媒依靠規模優勢，搶先在美國納斯達克上市。

聚眾傳媒則獲得凱雷青睞，在 2004 年引入 15007 萬美元的風險投資，2005 年凱雷又追加投資 2000 萬美元。之後，聚眾傳媒啟動上市計劃。虞鋒持有聚眾傳媒 40%的股份，凱雷前後共投資聚眾傳媒 2000 萬美元，持有 25%左右的股份，其他 35%的股份均為小股東持有。

聚眾傳媒準備 2006 年 1 季到納斯達克上市，計劃融資額 1.5 億美元，且已經選定了摩根士丹利作為主承銷商。聚眾傳媒和分傳媒眾已經競爭三年，雖然分別上市後還可以再打兩年，但「殺敵一千，自損八百」的鬥爭結果只能是兩敗俱傷，眼睜睜地看著國外的資本進入把分眾傳媒和聚眾傳媒都吃掉。

最終，聚眾傳媒選擇了併入分眾傳媒「共用天下」。2007 年 1 月

7 日晚，分眾傳媒和聚眾傳媒在上海簽訂併購協議。分眾傳媒以現金加股票的方式合併後者，這一交易的總價值為 3.25 億美元。聚眾傳媒董事會主席虞鋒同時出任分眾傳媒董事會聯席主席。合併之後，「雙寡頭」變成一家獨大。分眾傳媒的商業樓宇聯播網覆蓋了中國近 75 個城市、3 萬多棟樓宇和 6 萬多個顯示器，共佔據整個行業 96.5%～98%的佔有率。

併購案例

＜案例三＞　戴姆勒-賓士與克萊斯勒合併案

1998 年 5 月 7 日，世界汽車工業史上迎來了前所未有的大行動，德國的戴姆勒-賓士汽車公司與美國的克萊斯勒汽車公司宣佈合併。消息既出，舉世震驚，有人稱這次合併看上去就像汽車天堂裏一樁美滿的婚姻，人們對於合併後所能產生的協同效應滿懷期待。然而，合併後戴姆勒-克萊斯勒卻陷入了窘境，企業文化和管理風格的衝突十分劇烈，原克萊斯勒的業務每況愈下，迄今還未出現令人滿意的結果。

一、合併過程

戴姆勒-賓士公司和克萊斯勒公司的合併不僅是汽車行業，也是整個世界工業史上最大的行動。巨型的合併計畫從萌芽到瓜熟蒂落，前後只用了不到 4 個月時間。戴姆勒-賓士汽車公司和克萊斯勒汽車公司合併之後的新公司稱為戴姆勒-克萊斯勒汽車公司。合併通過股

票互換的方式進行。通過對雙方上市資本、股價贏利比及各自贏利狀況的評估，戴姆勒-賓士公司的股東佔有新公司股份的 57%，克萊斯勒公司的股東則佔有 43%。

兩家公司合併所牽動的市場資本高達 920 億美元。合併之後，戴姆勒-克萊斯勒汽車公司的實力咄咄逼人，令世界各大汽車巨頭生畏。以市場資本額排序，戴姆勒-克萊斯勒汽車公司名列第二，僅排在豐田之後；以銷售額排序，名列第三，年銷售額為 1330 億美元（2300 億馬克），次於美國兩大汽車商通用和福特；以銷售量排序，戴姆勒-克萊斯勒汽車公司年產量為 400 萬輛，列第五位，排在通用（880 萬輛）、福特（700 萬輛）、豐田（480 萬輛）和大眾（430 萬輛）之後。

二、合併背景

賓士公司和克萊斯勒公司者是當今世界舉足輕重的汽車「巨人」。賓士公司是德國最大的工業集團，總部設在德國南部的斯圖加特。1997 年銷售額達到 1240 億馬克，擁有員工 30 萬人。長期以來，賓士公司的業績一直非常優秀，儘管世界金融市場一度動盪不定，德國馬克也曾因大幅升值而影響出口，但賓士公司生產的汽車一直在世界汽車市場上保持強勁的勢頭。

克萊斯勒公司是美國僅次於通用和福特的第三大汽車製造商，總部設在底特律。1997 年的銷售額為 1060 億馬克，擁有僱員 12.8 萬人。該公司是多元化企業，除了汽車之外，還生產和行銷汽車配件、電子產品等。據美國《財富》雜誌統計，克萊斯勒公司自 20 世紀 90 年代初開始，一直在美國 500 家最大公司中排名前 10 位，讓人刮目相看。雙方在汽車業均具有較強的實力，為何仍要聯手？首先，經濟

全球化趨勢的不斷增強是這起合併誕生的大背景。汽車行業的決策者們非常清醒地認識到，如果要在下一個世紀在行業內部站穩腳跟並求得進一步的發展，必須現在就著手擴展生存空間，增強自己的競爭力，否則將被全球化的浪潮徹底淹沒。而實現這一目標的最佳途徑就是走企業聯合的道路。

其次，汽車行業市場上早已出現供大於求的局面。以轎車來說，全球每年的產量為 6000 萬輛，而銷量只有 4000 萬輛。在有限的銷售量下，如何佔據盡可能大的世界市場佔有率，是各大汽車公司不得不考慮的問題。而通過在大批量生產中降低成本以獲取更多的利潤。走企業聯合的道路則似乎成了汽車行業的大趨勢。

另外，兩家公司的合併還有它們自身獨特的原因。雙方合併可以形成優勢互補的局面，實現真正的協同效應。

雙方在生產和銷售領域互補的態勢顯得最為明顯。在市場佔有率上，克萊斯勒的銷售額 93%集中在北美地區，在其他地區的佔有率只佔 7%。儘管克萊斯勒在美國 3 大汽車公司中一直保持最高的利潤，但如果北美市場一旦不景氣，將會影響公司的前程。因此合併正好可以使其擺脫對北美市場的依賴性，打進賓士公司業已佔有地盤。而賓士公司也一直試圖大規模打進北美市場。當時，賓士公司在北美市場的銷售佔有率只佔總銷售額的 21%，大部分仍然局限於自己所在的歐洲。而與克萊斯勒的聯合正符合它對北美市場的要求。

從產品線來看，兩家公司各有自身的優勢，雙方產品重合的情形極少。克萊斯勒的強項是小型汽車、越野吉普車和微型箱式汽車；賓士以生產豪華小汽車聞名。雙方產品惟一重合的是賓士 M 級越野車和克萊斯勒的「吉普」，但 M 級越野車在賓士系列中所佔的比重不大。兩家公司合併之後將給新公司帶來一個進入新的汽車市場的大好時

機，克萊斯勒公司生產的相對廉價的汽車將使戴姆勒公司終於有了面向亞洲和和拉美等新興市場的敲門磚。

降低生產成本、增強競爭力是兩家公司合併的另一個重要考慮。合併之後，雙方將在採購、行銷、技術協作及零件互換方面開展協作，從而達到降低行銷成本、方便研究與技術開發、發展生產和促進銷售的目的。

戴姆勒和克萊斯勒的合併帶來的直接收益是能夠為公司節省大量的開支。由於兩家公司合併後將聯合採購，共同分擔研究和開發任務，預計戴姆勒-克萊斯勒汽車公司僅在合併後第二年就可以節省 14 億美元的開支。

三、合併帶來的影響

合併消息一經公佈即獲如潮的好評。德國聯邦總理科爾獲知消息後立即發表講話，祝賀兩家公司合併：德國社民黨候選人施羅德稱這次合併是「非常成熟的企業行動」；聯邦德國交通部長魏斯曼說，這一合併是德國汽車工業有競爭力的表現；美國的政治家和經濟界人士都對這起合併道盡了溢美之詞。而股民更是對這起合併充滿信心。合併的消息公佈之後，紐約和法蘭克福股票交易市場上兩家公司的股票行情立即大幅看漲。克萊斯勒公司的股票價格當天就飆升了 17.8%，上漲了 7.375 美元，以 48.81 美元報收。賓士公司的股票價格同日也猛增了 8%，以每股 192.40 馬克收盤。

無疑，戴姆勒-賓士公司和克萊斯勒公司的合併將會加劇全球汽車行業的競爭，對其他汽車製造商形成巨大壓力。因此汽車行業的專家預計，合併將大大加快世界汽車行業建立跨國合作企業的速度，使

全球汽車行業的結構發生巨大變化。

受到此次合併影響最大的歐洲汽車製造商當屬菲亞特、沃爾沃及標緻-雪鐵龍。就在克萊斯勒與賓士可能合併的消息傳到歐洲之後，被認為可能是下一輪併購對象的歐洲汽車公司的股票價格立即上揚。在米蘭股市，菲亞特的股票上升 7.7%；在巴黎股市，標緻-雪鐵龍上升 4.4%；在瑞典斯德哥爾摩股市，沃爾沃的股票上升了 5.6%。歐洲的汽車生產能力早已過剩：1997 年歐洲汽車生產量為 1800 萬輛，而銷售量卻僅為 1340 萬輛。歐洲汽車行業已經面臨著迫切需要重新調整的局面。賓士的大膽行動無疑將引發這股調整的浪潮。

世界汽車市場上已形成歐、美、日「三足鼎立」之勢。而日本的三大汽車公司豐田、日產和本田一直與美歐汽車生產商進行競爭，不願與它們進行合作。然而賓士公司在同克萊斯勒合併之後，仍攜餘威繼續東進，不僅在日產柴油汽車公司股票的談判上取得進展，而且同時在和日產本身就相關的合作事宜進行談判。日本汽車界人士說，日本汽車行業遭遇大規模攻勢的時代已經到來了，它也將徹底融入全球的汽車生產體系。

以美國為中心的北美是全球最大的汽車銷售地區。在戴姆勒與克萊斯勒聯手之前，美國世界排名第一和第二的通用和福特公司已經在全球性經營上進行了嘗試。通用公司不僅收購了德國的歐寶，而且在和瑞典的紳寶進行合作。福特已經和英國的汽車商「美洲虎」、日本汽車商馬自達結盟，其市場範圍超過 200 個國家和地區。

但對於戴姆勒-克萊斯勒公司的步步緊逼，通用和福特也不會無動於衷。它們必定會設法加強自己在原有市場上的存在，因此將向其他較小的汽車廠家發動更加激烈的收購攻勢。通用和福特在歐洲一直採用吸收當地汽車生產廠家的形式來擴大在歐洲市場的佔有率。從明

年開始，歐元將啟用，歐洲汽車市場的競爭必將更加激烈，因此通用和福特兩家公司必然會激起巨額資本與歐洲生產廠家進行聯合，贏得更多的歐洲市場。

就在賓士和克萊斯勒宣佈合併的同一天，英國的勞斯萊斯也以4.3 億英鎊的身價被大眾公司購買，義大利的菲亞特和法國的雪鐵龍，德國大眾和英國羅孚，美國通用和日本的五十鈴都已經完成了合併或正在商談之中。專家認為，全球汽車調整經過這一輪浪潮之後將落下帷幕，汽車行業的江山大勢也將從此奠定。

四、合併後的戴姆勒-克萊斯勒

在合併之初，就有一種冷靜的聲音在提醒合併會帶來的困難和隱憂。德國著名的《法蘭克福彙報》認為，雖然合併之後規模大大增加，但是這並不能解決所有問題，克萊斯勒公司是在近 10 年才恢復元氣的，20 世紀 70 和 80 年代一度處於崩潰的邊緣，和這樣一個「大病初愈」的企業聯合會不會給賓士公司帶來負面的影響？

縱觀汽車行業歷史上的合併，成功的範例屈指可數。奧迪公司花了 10 年時間才融入了大眾公司；寶馬公司接管了英國羅孚公司之後，困難重重；韓國的起亞集團和瑞典知名的富豪汽車公司都試圖同法國的雷諾公司合併，但以失敗告終。另外一個關鍵的問題在雙方的文化差異上。觀察德美企業文化的人士指出了兩國企業人員在著裝方式、與上司說話方式及批語職員時的措辭是直接還是委婉方面存在著巨大的差異。還有一個十分敏感的焦點問題，那就是新公司中該採取何種工資支付制度。賓士公司的領導者們每年收入不過區區一二百萬馬克，而美國的同行們則是這一標準的十幾倍。雙方將如何平衡這一

差別？

　　事實證明，人們的擔憂不無道理。2000 年第二季度，雖然梅塞德斯-賓士汽車部門的業務利潤增長了 22%，但原克萊斯勒的業務卻每況愈下，第二季度贏利重挫 12%，將整個公司的業績扳平。公司股票價格從合併後高峰值的每股 103 美元跌到了 53 美元，這意味著 490 億美元的市值已經化為烏有。第 3 季度，克萊斯勒又嚴重虧損 5.12 億，股票價格更跌至 43 美元。一直連續虧損 6 個季度，直至 2002 年第 1 季度才開始贏利。到了 2001 年，情況有所好轉，儘管經濟環境更加複雜和艱難，克萊斯勒、三菱汽車均在執行各自的扭虧計畫，但集團年收入達 1529 億歐元，營業利潤達 1345 億歐元，符合當年宣佈的目標，但這顯然不是克萊斯勒所做的貢獻。

　　戴姆勒-克萊斯勒在合併後的短期內出現了嚴重的問題，其原因是多方面的，如市場形勢的變化、管理者的決策失誤等，其中一個重要原因是，跨國公司合併會面臨兩種不同企業文化和管理風格的衝突，而戴姆勒-克萊斯勒顯然對此準備不足。

1. 文化衝突劇烈

　　克萊斯勒公司在過去長期的經營中所形成的策略是：縮短每一種產品的生命週期，不斷地研究、設計和開發新的產品。這也是美國企業的一般策略，但卻與德國企業的經營思路大相徑庭。戴姆勒公司的策略是：盡可能延長某種產品的生命週期，避免涉足某些高風險的新產品開發領域。美國人喜歡儘快推出價廉而實用的新產品，有時寧可犧牲一點產品品質。德國人卻對品質極為重視，即使耽誤新產品問世也在所不惜。要把日爾曼人精雕細琢的工作方式與美國人大刀闊斧的工作作風融為一體並非易事。

　　公司的總部設在德國，由德國人掌握大權，可是公司規定的通用

語言是英語，這常常在公司高層管理者之間造成溝通的困難。

合併宣佈之後，美國人發現這並不是原先標榜的「對等合併」，德國人明顯佔據上風，他們在發號施令，操縱企業的命運——自己公司已經「賣給」了外國人。他們感到擔憂的是以嚴謹刻板著稱的「條頓」入主後，習慣於美國式的自由企業經營作風的自己能否適應這種變化。果不其然，合併後第二年，原克萊斯勒刮起了一陣人才流失風，上至總裁、高級經理和工程師，下至中層骨幹，紛紛自捲舖蓋，總裁斯多坎普(T.Stalkamp)其實是被炒的。他的經營理念與以施倫普為代表的德國人格格不入，衝突激化，遭到戴姆勒人嫉恨。不久，施倫普下令讓原克萊斯勒董事長伊頓(Eaton)攆走了斯多坎普。伊頓在合併交易中可能是受益最大的。合併不久，施倫普「杯酒釋兵權」，作為「共同董事長」的伊頓屁股還沒坐熱，便提前退休。

實際上原克萊斯勒經理人員工資普遍比德國方面高出 2～4 倍，戴姆勒經理們的嫉慕心理可想而知。與此同時，美國人吃驚地發現，德國人善於享受公款，出國開會動輒乘坐頭等艙，開完會，又住進高級賓館的套房度起週末來了。原戴姆勒的高級經理們常常泡在文山會海裏，而且繁文縟節，讓美國人感到難以理解。當然，在美國作風的影響下，現在情況已經發生很大改變。

文化上的衝突必然導致原克萊斯勒人士氣低落，元氣大傷，進而造成經營下滑。可見，來自兩個不同國家的公司的合併會遇到些什麼麻煩。

為止住克萊斯勒的流血，2000 年底，施倫普派出 7 名成員組成「克萊斯勒救護隊」，採取了壓縮供應商的開支、削減克萊斯勒生產線、與三菱合作等一系列方案，為克萊斯勒重整旗鼓創了個開門紅。具有諷刺意味的是，這支工作組（僅兩名德國人）是戴姆勒-克萊斯勒

公司第一個真正意義上的由德國人和美國人共同組成的管理隊伍。其中的德國人——新的克萊斯勒首席執行官特爾·澤切和其助手貝恩哈德盡力和員工們打成一片，以抵消員工對領導層中的德國人的抵觸情緒。

2.真正意義上的合併尚未實現

為避免內部衝突的升級，施倫普 1999 年 9 月宣佈斯圖亞特和奧本山仍作為兩個業務總部獨立運作，合併步驟停頓了下來。

還在正式合併前夕，施倫普宣佈，雙方將通過共用先進技術以體現整合的優勢。但建立共有的汽車生產平臺一事至今尚未提上議事日程，因為高檔的賓士車與中低檔的克萊斯勒車畢竟有雲泥之別，為避免損傷梅塞德斯-賓士的美譽，此事後證實為明智之舉。但是，強勁對手福特在高低檔轎車中早已經實現兩大部分零件的共用，它的高檔轎車已經形成完整系列。戴姆勒-克萊斯勒實際已經落在了後面。

戴姆勒-克萊斯勒的兩個分部之間已經著手建立共同的研發部門，開發一些高端技術如液態氫燃料電池等。戴姆勒某款車的後輪驅動技術已經在克萊斯勒的新品中運用，但當他們想在另一款概念車中使用時，卻遭到戴姆勒分部的反對，因為德國人擔心這會影響到自己暢銷車型的銷售。

分析人士認為如果運作機構都未實現真正合併，那麼整合的優勢將難以體現，而這也與合併的初衷背道而馳。

3.進入亞洲市場

2000 年 3 月，新戴姆勒-克萊斯勒進入亞洲，斥資 19.7 億美元購買了日本三菱汽車 34%的股權。三菱汽車當時已是負債累累，但其小型引擎和變速器十分優秀，戴姆勒-克萊斯勒希望與三菱合作製造一個小型汽車的新生產平臺，為三菱及為改造戴姆勒自己的 Smart 小

型車（在歐洲因種種原因受挫）打好基礎。同年 6 月，它又以 4.28 億美元在韓國現代汽車參股 10%。按照設想，現代汽車不僅採用三菱一戴姆勒一克萊斯勒的小型車平臺，還將大量採購他們的零件，規模效應將顯現。

然而，2000 年和 2001 年三菱汽車公司的財務狀況為：營業虧損近 16 億歐元，其中戴姆勒-克萊斯勒因其擁有的股份必須承擔 5.7 億歐元。

2003 年施倫普擁有將三菱汽車公司的股比提高到 100%的期權。到時他就不得不將這個全部合併，並將承擔起 130 億歐元的巨額債務。評估公司對此將極為惱火。實際上財務董事 MANFRED GENTZ 現在就已分析出 2004 年集團的債務負擔將達到 870 億歐元。加上三菱汽車公司將達到 1000 億歐元——這是個天文數字。

施倫普頑固地試圖向股東和分析家們為克萊斯勒和三菱的成本遊戲冒險辯解。其口號是：全球存在、強大品牌、拓寬產品系列、技術領先。他的工程師狂熱地追求著協同效應。結果，梅賽德斯和克萊斯勒車型共同的平臺不存在，美國的子公司只能用一些零件。只有克萊斯勒、三菱和 SMART 比較匹配。比如將來克萊斯勒的 NEON 和三菱的 LANCER 及克萊斯勒的 STRATUS 和三菱的 GALANT 將應用同樣的平臺。它們加起來的產量將超過一百萬輛。這當然會節約成本，但要到 2004 年，並且到時價格會是怎樣？

4. 2002 財年業績良好

戴姆勒-克萊斯勒 2002 年的營業利潤提高了四倍以上。不包括一次性影響的集團營業利潤為 58 億歐元（包括一次性影響的集團營業利潤為 69 億歐元）0 不包括一次性影響的淨收益為 33 億歐元（包括一次性影響的淨利潤為 47 億歐元）。不包括一次性影響的每股收益為

3.3 歐元（包括一次性影響的每股收益為 4.68 歐元，2001 年每股虧
損 0.66 歐元）。董事會提議 2002 年度的每股紅利為 1.5 歐元，相比
2001 年增長了 50 個百分點。儘管面臨艱難的市場環境，戴姆勒-克
萊斯勒依然實現了高於去年四倍以上的營業利潤。

　　但是，這主要是原戴姆勒-賓士的部門梅賽德斯-賓士所帶來的，
而非併購來的克萊斯勒和三菱的貢獻。

五、合併的價值評估與換股比例確定方法

1. 估價方法選擇

　　戴姆勒-賓士與克萊斯勒這兩家國際著名汽車業巨頭合併的複雜
程度和估價難度可想而知。因此，合併雙方各自聘用了兩家投資銀行
作為財務顧問，以便合理確定雙方的股票價值和換股比例。在兩家公
司合併報告中，財務顧問否定了帳面價值方法，因為對於連續經營的
公司來說，淨資產帳面價值不能決定企業內在價值。

　　儘管戴姆勒-賓士公司以 ADRS 方式在美國上市，但財務顧問們認
為，股票市場上的價格受股票數量、市場交易情況、投機性等眾多因
素影響，往往具有短期波動性，不能合理反映公司的內在價值，根據
德國慣例和通行做法，在評估公司價值時不採用股票市場價格作為換
股比較基準。清算價值法也被否定，因為戴姆勒賓士和克萊斯勒兩家
公司的收益價值均高於清算價值。合併報告最終採用符合價值原理的
收益現值法分別對兩家公司進行估價。

2. 確定估價模型及估價過程

　　⑴在確定換股比例的估價過程中，採用了單獨估價法。即在各自
獨立（stand-alone）經營的基礎上進行價值評估，不考慮戴姆勒-賓

士和克萊斯勒合併所產生的預期整合效應及合併費用。原因在於：第一，戴姆勒-賓士和克萊斯勒在五個方面的整合效果的貢獻相當；第二，與戴姆勒-賓士和克萊斯勒公司的企業價值（分別為 1020.71 億馬克和 8037.9 億馬克）相比，整合效果非常小。

⑵從歷史數據出發，同時考慮未來發展與競爭環境所導致的風險和機會兩方面的因素，構造了兩階段估價模型。第一階段從 1998～2000 年，第二階段是 2001 年及以後年份。

收益預測參考的歷史年份為 1995～1997 年。為評估兩公司當前獲利能力，獲取預測未來收益的依據，合併雙方財務顧問根據兩家公司經審計的公開披露財務報表，對 1995～1997 年的各項收入和費用進行了詳細分析，並對預期未來不會重複發生的一次性費用和收入項目進行了調整，分別計算得出戴姆勒賓士和克萊斯勒 1998、1999 和 2000 年各自所屬部門的息稅前收益（EBIT）及其總和。

自 2001 年開始，假設兩公司的利息稅前淨收益保持不變，其數額等於最後一個預測年份（2000 年）利息稅前淨收益扣減不可重複發生的收入和費用項目。在息稅前淨收益基礎上，進一步扣除根據兩公司 1998 年 1 月 1 日資本結構計算得出的淨利息費用、其他財務收入和費用、公司所得稅，得到兩家公司未來各年份的淨收益。

按照德國註冊會計師協會企業價值評估委員會有關規定，公司估價時必須考慮股權投資者的納稅情況。在公司淨收益的基礎上，減去按 35%的假設稅率計算的股東所得稅，得到最終用於貼現的稅後淨收益。表 6-1 和表 6-2 為戴姆勒-賓士公司和克萊斯勒公司的貼現淨收益。

⑶通過估算風險特性及收益發生時點等同的投資機會的收益率，確定貼現率。

表6-1　戴姆勒-賓士公司貼現淨　收益單位：百萬馬克

年份	1998	1999	2000	2001
息稅前收益（EBIT）	6165	8648	10234	10962
淨利息費用和其他財務收入、費用	901	948	956	940
少數股東權益	-124	-165	-217	-240
稅前淨收益	6942	9431	10973	11662
公司所得稅	-1683	-2171	2444	-2911
淨收益	5259	7260	8529	8751
股東所得稅（35%）	-1841	2541	2985	-3063
貼現淨收益	3418	4719	5544	5688

表6-2　克萊斯勒公司貼現淨收益

年份	1998	1999	2000	2001
息稅前收益（EBIT）/美元	5570	6190	6261	6768
淨利息費用和其他財務收入、費用/美元	165	193	153	188
稅前淨收益/美元	5735	6383	6414	6956
公司所得稅/美元	-1787	-2458	-2463	-2609
淨收益/美元	3948	3925	3951	3347
1998 年前三季度紅利/美元	-787			
不可扣減代扣所得稅/美元	-158	-196	-198	-217
扣除股東所得稅前收益/美元	3003	3729	3753	4130
折算匯率	1.75	1.70	1.65	1.65
扣除股東所得稅前淨收益/百萬馬克	5225	6340	6193	6814
股東所得稅（35%）/百萬馬克	-1839	-2219	-2167	-2385
貼現淨收益/百萬馬克	3416	4121	4026	4429

合併報告中，對稅後淨收益進行貼現所使用的貼現率被分解為三部分：基礎利率、風險溢價和增長率扣減。1980～1987 年，德國最

高信用等級證券的平均收益率為 7.0%。由於合併時，正值市場處於低利率時期，即資本市場收益率處於較低水準，並不足以代表預期未來長時期的利率水準。雙方最終確定估價的基礎利率為 6.5%。風險溢價取決於公司及其所處行業的風險性。

根據不同的實證研究，平均風險溢價約在 4%到 6%之間。因為戴姆勒-賓士和克萊斯勒基本屬於同一行業，所以統一採用了 3.5%的風險溢價。如果使用資本資產定價模型(CAPM)，兩家公司根據 β 值計算出的風險溢價都將超過 3.5%。但是根據合併報告，因為不同的評估機構提供的 β 值差異甚大，故未使用資本資產定價模型。而且合併報告進一步說明，儘管同時改變戴姆勒-賓士和克萊斯勒的風險溢價將導致兩家公司絕對價值的變化，但它們之間的關係將部分保持不變。

因為換股比例僅決定於兩家公司的相對價值，使用不同的風險溢價將不會對換股比例產生重大影響。理論上資本市場利率包括了通貨膨脹風險補償，但由於企業可以通過提高銷售收入部分補償未來通貨膨脹所造成的成本上升，企業的名義收益將以未來通貨膨脹率的一定比例增長，所以名義貼現率包括了數值上等於未來通貨膨脹率一定比例的可扣減利率，即所謂增長率扣減。

假設通過提高銷售價格，戴姆勒-賓士和克萊斯勒的未來名義收益將以 1%的速度增長，則 2001 年及以後年份恒定收益的貼現率應減去 1%的增長率扣減。由於 1998～2000 年的各項收入和費用是按實際金額估算的，所以這三年的貼現率無需扣除增長率扣減。於是，在考慮 35%的公司股東所得稅率假設後，兩階段貼現率分別為 6.5%%和 5.5%%，計算結果如表 6-3 所示。

表6-3　貼現率計算過程

	第一階段 （1998 年-2000 年）	第二階段 （2001 及以後年份）
基礎利率	6.5%	6.5%
風險溢價	3.5%	3.5%
稅前貼現率	10.0%	10.0%
假設股東所得稅	3.5%	3.5%
稅後貼現率	6.5%	6.5%
增長率扣減	0.0%	1.0%
最終使用的收益貼現率	6.5%	5.5%

⑷單獨評估非經營性資產淨價值（主要是不動產與藝術品）。從價值原理和企業資產實際構成來看，收益現值僅僅反映了企業必要的經營性資產持續經營的價值，要得到企業完整的價值，還需要考慮非經營性資產。這些可單獨出售的非經營性資產並不影響企業持續經營價值，應單獨估價，估價的方法是計算這些資產在市場上出售後扣除費用的淨收益。

使用上述未來預期收益和貼現率，計算出戴姆勒-賓士和克萊斯勒兩公司的收益價值分別為 102071 和 80379 百萬馬克。再加上非經營性資產（主要是不動產與藝術品）的價值和其他價值因素，得到兩公司的內在價值分別為 110010 和 80439（不出售庫存股票）或 82272（出售庫存股票）百萬馬克。如表 6-4 和表 6-5 分別為戴姆勒-賓士公司和克萊斯勒公司的價值計算。

表6-4　戴姆勒-賓士公司的價值　　計算單位：百萬馬克

戴姆勒-賓士公司價值	
未來收益折現	102071
非營業性資產價值	521
延遞稅及以前未分配利潤分配所帶來的稅收利益	4575
其他價值	1699
交易收入延遞稅	1144
戴姆勒-賓士公司價值	110010

表6-5　克萊斯勒公司的價值　　計算單位：百萬馬克

克萊斯勒公司價值	出售庫藏股票	不出售庫藏股票
克萊斯勒的未來現金流折現	80379	80379
非營業性資產	60	60
其他價值		1833
克萊斯勒公司價值	80439	82272

註：①非營業性資產由克萊斯勒在美國、墨西哥和加拿大的土地構成。在考慮
　　　了非可信持有稅(5%)及股東所得稅(35%)後，非營業性資產的總價值為
　　　6000萬馬克。

　　②克萊斯勒的其他價值由兩部分組成：股票期權及其他與股票相關的權利
　　　和庫藏股票。

3.對與股權相關的融資工具進行股份數量調整

　　由於合併雙方實際情況非常複雜，參與估價的財務顧問對影響合
併雙方未來淨收益和股本數額的主要因素進行了必要的技術性處
理，使雙方的估價基準具有可比性。

　　考慮股票期權及其他和股票相關的權利的影響。假設這些股票期

權計畫在合併日之前立即執行，股票價格用 1998 年 6 月 30 日的股價(US $58.375)。

　　戴姆勒-賓士公司1996年發行了附認股權證的 7 年期債券,1997年發行了 5 年期的強制可轉換債券,1996 年引入了面向高級管理人員的股票期權計畫。公司的價值和股本數量將受到這些認股權和轉換權執行情況的影響。出於估價的目的，財務顧問假定 1996 年發行的認股權證將在合併日被全部執行，1997 年發行的可轉換債券將在同一天被全部轉換成股票,它們將導致自認股權執行和債券轉換日起戴姆勒-賓士公司利息費用的減少,從而使公司價值增加 743 百萬馬克。

　　1996 年高級管理人員享有的股票期權計畫允許高級管理人員購買一種 10 年期的可轉換債券,這些債券賦予持有者在滿足特定情況時以一定的價格將債券轉換為戴姆勒-賓士公司股票的權力。估價中也需要考慮此轉換權對公司價值的影響。考慮股份數量調整,戴姆勒一賓士的每股價值為 188.55DM。表 6-6 為戴姆勒-賓士流通股數。

表6-6　戴姆勒-賓士流通股數

戴姆勒-賓士流通股數量/百萬股	
1998 年 6 月 30 日在外流通股數	569.341
1997/2002 年強制性轉換債券股數	6.548
1996/2003 年帶有認股權債券股數	7.513
1996/2006 年可轉換債券	0.063
所需考慮的總股份數	583.465

　　克萊斯勒公司在合併前也向各級管理人員提供了股票期權、業績獎勵股票和其他與股票相關的權力。公司合併協議中規定上述與股票相關的權力被認為將在公司合併生效日前立即得到執行,所使用的股

票價格是 1998 年 6 月 30 日克萊斯勒公司股票的市場價格。

為了採用權益結合法(Pooling of the interests method)處理此次公司合併，克萊斯勒公司可能還要出售其 3000 萬股的庫存股票。在 1998 年 6 月 30 日股票市場價格的基礎上，扣除 2.5%的股票發行費用，以及股票價格潛在的下跌和股東所得稅，按 1998 年 6 月 30 日的匯率(1.80 馬克/1 美元)計算，得出庫存股票的價值為 1833 百萬馬克。

克萊斯勒是否應該出售庫藏股票由戴姆勒一賓士所換股票是否超過 90%而定。如果需要出售庫存股票，則克萊斯勒公司的價值將增加 18.33 億馬克(考慮了 2.5%的股票發行成本以及股價下跌的影響，匯率採用 1998 年 6 月 30 日 1 美元兌換 1.80 馬克)，同時股本數額將增加 3000 萬股。因為在 1998 年 6 月 30 日股票市場價格基礎上計算出的庫存股票價值低於收益貼現計算出的相應股本比例的公司價值，所以庫存股票的出售將對公司每股價值產生稀釋作用。如果不需要出售庫存股票，則克萊斯勒公司的價值和發行在外的股票數額都不會發生變化。

克萊斯勒在 1998 年 6 月 30 日流通在外股數為 646727506。由於股票期權及庫藏股票的影響，克萊斯勒的流通在外股數調整如下。克萊斯勒公司每股價值：出售庫藏股票 121.97DM，不出售庫藏股票 119.32DM。表 6-7 為克萊斯勒公司流通股數。

表6-7　克萊斯勒公司流通股數

總數/百萬股		
	出售庫藏股票/股數	不出售庫藏股票/股數
1998 年 6 月 30 日流通在外股數	846.728	646.728
股票來源：		
股票期權	10.924	10.924
出色表現獎勵股票	1.311	1.311
其他股票相關權利	0.053	0.053
優先股股權	0.463	0.463
AMC 股權	0.003	0.003
出售庫藏股票	30.000	—
需考慮總股份數	689.500	659.500

　　根據公司價值評估和股本數量的計算結果，換股比例如表 6-8 所示。

表6-8　換股比例計算

	克萊斯勒不出售庫藏股票		克萊斯勒出售庫藏股票	
第一階段戴姆勒-賓士股東接受換股的比例	80%	差 1 股 90%	90%	差 1 股 100%
戴姆勒-賓士公司每股價值（馬克）	188.55			
克萊斯勒公司每股價值	121.97		119.32	
戴姆勒-克萊斯勒公司每股價值（馬克）	191.86	191.65	189.29	189.20
戴姆勒-賓士對克萊斯勒的換股比例（階段 I）	0.9638：0.6235		0.9852：0.6235	
戴姆勒-賓士對戴姆勒-克萊斯勒的換股比例（階段 II）	1：0.982	1：0.9838	1：0.9960	1：0.9966

4.合併換股比例確定中的創新

根據美國公認會計準則(U.S. GAAP)，此次戴姆勒-賓士公司與克萊斯勒公司的合併要想採用權益結合法處理，在合併報表時直接將帳面價值相加，避免確認商譽，就必須要求第一階段戴姆勒-賓士公司至少有 90%的股東願意接受換股。而在權益結合法下，可以避免合併後公司商譽攤銷對淨利潤的影響，進而增強公司股票的吸引力，所以在第一階段戴姆勒-賓士公司願意接受換股的股東所佔比例尚無法確定的情況下，為了鼓勵更多的戴姆勒-賓士公司股東接受換股，增強換股比例的吸引力，在最終的換股方案中確定了不同接受換股股東比例下不同的換股比例。

1998 年 8 月 4 日雙方達成的最終合併協定中，換股比例為以下。

(1)第一階段

如果戴姆勒-賓士公司換股股東不足 90%，則：

每1股戴姆勒-賓士公司的股票換1股戴姆勒-克萊斯勒公司的股票；每 1 股克萊斯勒公司的股票換 0.6235 股戴姆勒-克萊斯勒公司的股票。

如果戴姆勒-賓士公司申請換股的股東達到 90%，則：

每 1 股戴姆勒-賓士公司的股票換 1.005 股戴姆勒-克萊斯勒公司的股票；每 1 股克萊斯勒公司的股票換 0.6235 股戴姆勒-克萊斯勒公司的股票。

(2)第二階段

如果戴姆勒-賓士公司換股股東不足 90%，則：

每1股戴姆勒-賓士公司的股票換1股戴姆勒-克萊斯勒公司的股票。

如果戴姆勒-賓士公司申請換股的股東達到 90%，則：

每 1 股戴姆勒-賓士公司的股票換 1.005 股戴姆勒-克萊斯勒公司的股票。

與估價的計算結果相比，最終的換股比例在一定程度上對戴姆勒-賓士股東更有利。但如果這樣的換股比例能夠吸引至少 90%的戴姆勒-賓士股東接受換股，則採用權益結合法將增強合併後的公司股票吸引力，從而會使原克萊斯勒股東受益。

＜案例四＞　大通曼哈頓銀行兼併 JP 摩根銀行

2000 年 12 月 31 日，美國第三大銀行大通曼哈頓公司(the Chase Manhattan Corporation)兼併第五大銀行 J.P. 摩根公司(J.P. Morgan & Co. Incorporated)一案終於塵埃落定。本次合併共涉及資金 360 億美元，是 1998 年花旗銀行收購旅行者以來的又一大型金融業收購行動，也使新的摩根大通銀行成為美國第三大金融巨擘，僅次於擁有 8000 億美元資產的花旗銀行和 6800 億美元資產的美國銀行。由於兩家金融機構的顯赫地位和交易金額的巨大，使得它被視做銀行業併購的又一典範案例，並使得諸如銀行「大就是美」(Big is Beautiful)、「強強合併」及商業銀行與投資銀行的業務互補等命題似乎更無懈可擊。

一、舉世矚目的銀行兼併

2000 年 9 月 13 日，大通曼哈頓公司正式宣佈與 J.P.摩根公司達成了兼併協議。雙方交易的條件是，大通將按照 9 月 12 日的收盤價，以 3.7 股去交換 J.P.摩根的 1 股，交易價值高達 360 億美元。12 月 11 日，美聯儲理事會以全票通過批准了這項兼併計畫，並發表聲明：「美聯儲認為，在競爭及資源集中方面，該項兼併對大通和 J.P.摩根直接競爭的銀行業市場或其他相關的銀行業市場而言，都不會造成重大不利影響。」12 月 22 日，雙方股東大會順利通過了兼併計畫。12 月 31 日，兼併正式完成。新組成的公司取名為 J.P.摩根大通公司（J.P. Morgan Chase & CO.），新公司的股票已於 2001 年 1 月 2日在紐約股票交易所開始交易。

據測算，新公司的收入將超過 520 億美元，利潤高達 75 億美元，擁有 9 萬員工，6600 億美元總資產，成為位於花旗集團美洲銀行公司之後的全美第三大銀行集團。這筆交易還使其位列全球投資銀行前列，與摩根斯坦利添惠、高盛和瑞士信貸第一波士頓並駕齊驅。新公司的總部仍將設在先前兩家公司共同的所在地紐約市。原 J.P.摩根公司總裁兼首席執行官道格拉斯·沃納將出任新公司的總裁，而原大通總裁威廉·哈里森（Willam Harrison）則成為銀行行長兼首席執行官。新公司的業務除了包括原摩根公司擅長的金融諮詢、商業貿易及債券發行外，銀行抵押貸款、保險銷售等方面的業務則是大通銀行的強項。沃納表示，兩家銀行的大規模合併是旨在組建一個全球範圍的銀行集團，這將有利於雙方在業務上展開互補，預計新組建的公司將有很好的發展前景。

二、兼併背後的故事

1. 贏家和輸家

從交易結果來看，這項交易導致 J. P. 摩根失去了獨立性。在新董事會 13 個席位中，J. P. 摩根只佔了 5 席；從交易的過程看，大通的計畫是基於戰略的考慮，而摩根只是被動地接受並放棄了主權。

2. 大通的策略

大通-摩根案案例的真正價值，首先反映在媒體鮮為報導的大通發展策略上。

(1)大通的發展歷史

大通的歷史可追溯到 18 世紀末。1799 年亞歷山大‧漢密爾頓(Alexander Hamilton)和艾倫‧伯福米德(Aaron Burrformed)在紐約成立曼哈頓公司，當時的目的是為紐約提供自來水，後改為銀行。1877 年，J. 湯普森取林肯政府財政部長 S. P. 蔡斯(Chase，漢譯「大通」)的姓創辦了大通國民銀行。1929 年，J. D. 洛克菲勒奪得控制權，次年，將其併入自家的公平信託公司，名稱仍沿用前者。1955 年，大通國民銀行與曼哈頓銀行合併組成大通曼哈頓銀行，資產額達到 70 億美元。1965 年參加聯邦儲備系統和聯邦存款保險公司。1969 年成立銀行持股公司──大通曼哈頓公司，大通曼哈頓銀行則為其主要子公司。截至 1999 年底，大通的資產總額達 4061 億美元，成為美國第三大銀行，在 1999 年全球 500 強排名第 23。

(2)兼併背景

近年來，大通已連續進行了幾次具有轟動效應的併購：1995 年收購了化學銀行，並在接下來幾年建立並發展了自己的投資銀行業

255

務；1999 年買下了西海岸的投資銀行 Hambrecht & Quist——一家
專門為高科技公司提供首次發行股票（IPO）服務的公司；2000 年 4
月，收購了英國的投資銀行羅伯特·弗萊明集團（Robert Fleming）；
5 月，大通又購買了 Beacom 集團；9 月大通宣佈兼併摩根，交易金
額達到大通曼哈頓所做一系列併購中最大的一筆。表 6-9 為 1995～
2000 年大通併購情況一覽表。

表6-9　1995～2000年大通併購情況一覽表

時間	併購的對象	交易價格
1995年	化學銀行	100億美元
1999年	美國投資銀行Hambrecht & Quist	13.5億美元
2000年4月	英國投資銀行Robert Fleming集團	77.5億美元
2000年5月	Beacom集團	5億美元
2000年9月	J.P. Morgan	360億美元

　　大通為何要頻頻進行如此大規模的併購活動？是為了擴大規
模，以求「大而不倒」（Too Big to Fall)嗎？或者為了實現商業銀
行業務與投資銀行業務的「完美結合」嗎？宋文兵學者提醒人們注意
以下兩點。

　　第一，就規模而言，如果說是在 20 世紀 80 年代，商業銀行所關
切的目標的確是資產規模與市場佔有率，然而這往往導致資產的盲目
增長與不計效益的市場佔有率，這一擴張式發展模式的結果是，國際
貨幣基金組織將近 75%的成員國經歷了嚴重的銀行業問題。因此，自
20 世紀 90 年代以來，國際商業銀行業的戰略目標已被重新定位，效
率與收益已成為銀行所追逐的首要目標，然後才在此基礎上追求資產
規模和市場佔有率。

　　從著名的《銀行家》雜誌對 1999 年世界大銀行的排名表來看，

即便是一級資本佔第一位的花旗集團，也並非追求資產規模的第一位，而是致力於改善資本報酬率、資產利潤率和成本／收益比等收益和效率指標。大通的一級資本在世界排名第 5 位，資產規模排名第 20 位，但其平均資本利潤率排在第 78 位，資產收益率排在第 151 位，成本收益比為 55.04%。

第二，就業務而言，大通在併購投資銀行的同時，已開始大力收縮其商業銀行零售業務。2000 年 9 月初，大通宣佈出售旗下的 Manhattan 信用卡公司及它在香港地區的零售銀行業務，儘管信用卡業務是大通的一大特色，儘管在 1999 年底，大通在香港的零售銀行業務贏利高達 8400 萬美元，資產淨值達 2.73 億美元（對「資產規模論」的再一次否定），大通仍然果斷放棄。由此可見，大通的戰略原則是「有所為，有所不為」，其用意非常明顯：希望專注於批發業務，而並非刻意追求商業銀行與投資銀行業務的所謂「完美結合」。

實際上，大通併購投資銀行的一系列行動，是一場根本性的股票價值革命。大通併購之舉的最大壓力，來自大通收購化學銀行後股東乃至管理層對大通銀行股票市場價值的嚴重不滿。1998 年，大通的股票雖然上漲了 33%，但市盈率（PE）僅為 15，而美國地區性銀行達到 21，其他中心銀行也為 19 左右。表 32-2 的數據進一步顯示，在過去的 5 年中的任何時候，美國銀行業的 PE 值都低於 S&P500 種股指；而在美國銀行業股票價格最高時，大通的 PE 值仍位居末端。

形成上述差距的最重要原因是，在「新經濟」和投資銀行業備受青睞的時代，投資者對「商業銀行」概念的興趣已大打折扣，而將資金投向具有前者背景的公司。在過去的 5 年中，投資銀行業最高的 PE 值達到了 34.18，最低的為 11.80，均高於商業銀行的對應值。儘管幾年來大通一直試圖通過自建方式進入投資銀行業務領域，但與老

牌的投資銀行相比，大通微不足道，特別是在利潤率最高的股票承銷業務上，大通都遠遠落後（參見表 6-10 和表 6-11）。因此，大通銀行要提高其市場價值，必須進行脫胎換骨的改變，在這方面，花旗集團（Citigroup）已做出了典範，它在華爾街已被視為一家金融服務公司而非傳統的商業銀行，因而頗受投資者的青睞。

表6-10　大通公司的股票PE值對比（2000年8月25日）

PE值	大通公司	同業平均值	同業最高值	同業最低值	S&P500
當日	12.5	11.6	114.2	0.4	35.6
5年來最高值	20.4	22.8	28.8	20.4	49.4

1999 年 7 月，威廉·哈里森開始擔任大通新的董事長和執行總裁，一場根本性的股票價值革命由此展開——這就是進軍投資銀行業及與高科技公司風險投資相聯繫的投資銀行業務。大通自身的經驗證明，在金融監管放鬆和市場以迅猛速度發展的情況下，試圖依靠自我建設和自我積累的傳統方式開展投資銀行業務，或者併購地區性的投資銀行後再尋求向國外擴張已經來不及了。對大通來說，提高 PE 的最有效方式就是併購 PE 值比較高的投資銀行。由於併購的成本很大程度上決定於大通自身與目標公司 PE 的差距，大通自 1999 年開始，展開了表 6-9 所述的一系列併購行動。與此同時，由於美國將於 2001 年廢除併購過程中會計處理所使用的「權益結合法」（pooling-of-interest），只能用「購買法」（puwhase accounting），這意味著大通在今後幾年裏所支付的併購升水將遭沖銷，從而將使未來的報告盈餘受到損失。綜上所述，大通併購投資銀行的戰略計畫必須及早完成。在進行了種種比較和選擇之後，大通最

終選擇了摩根。兼併的目的是整合業務，重組機構，向國際一流的投資銀行靠近，儘快地提高其市場價值，以實現股東利益的最大化。

3.摩根的難題

摩根公司同樣有著漫長的創業史，公司雛形是 1838 年美國商人喬治‧皮博迪創辦的倫敦商業銀行有限公司，它為摩根集團的發展奠定了根基。24 年後，喬治的搭檔——英國商業家族後裔朱尼厄斯‧摩根接管了這家公司，並將其改名為摩根公司。經過摩根父子的辛勤耕耘，1895 年，摩根公司已發展成世界級的銀行，在紐約、費城、倫敦和巴黎等地都設有分部。

1913 年，經過多次的兼併及重組後，摩根家族的第三代接班人傑克‧摩根將摩根公司建在了美國最繁華的商業中心——細約華爾街，在美國金融界呼風喚雨，並於 1942 年上市發行股票，財勢達到了頂峰。摩根財團也是美國的鐵路網路和七大新興工業的融資者和有力推動者，它為美國鋼鐵和通用電器等今日成為美國工業脊樑的企業提供過融資。

1933 年，為了避免 1929 年那樣的金融大風暴，美國國會特制定了著名的格拉斯-斯蒂格爾(Class. Steagall Act)法案，將投資銀行和商業銀行分開經營。摩根銀行決定保留其商業銀行業務，把投資銀行方面的業務分出來，組成了摩根‧斯坦利銀行公司。這之後就有了 J.P. Morgan 和 Morgan Stanley 兩個摩根銀行。1987 年 J.P. Morgan 開始進入投資銀行領域，此後不斷將業務拓展到世界各地，截至 2000 年第二季度，摩根已擁有總資產 2663 億美元，純利 11.7 億美元，超過 1999 年同期的 11.04 億美元，在全美銀行界排名第 5，在美國的股票承銷業務排名第 7。

然而，摩根在發展中也遇到了嚴重的障礙，主要表現在客戶方

面。由於摩根不能繼續發展分支公司，客戶來源受限。同時，摩根的客戶群結構又有很大的局限。摩根的客戶品質太高，而股票承銷的收益主要來自於新籌集資本的低級公司，這就使其承銷新股的機會受限。J.P. Morgan 總裁的一番話最能說明問題：「我們雖然有很多產品，但沒有足夠的客戶。」

摩根遇到的問題在弱肉強食的投資銀行業中是一個很大的隱患。在美國，1999 年的 IPO 發行量的 50%是經 3 家投資銀行承銷的。它們擁有現實的、廣大的客戶群體，已經牢牢地控制住了這個高利潤的市場。它們擁有信譽、經驗、關係、業務網路、人才、資金等，而這些是做成交易、包銷、分銷、回購證券、支援客戶，甚至「造市」所必需的。許多投資銀行的主管都表示，由於競爭和壟斷，幾年之後，世界上的大型投資銀行恐怕只能有五六家了。在這種局面下，摩根接受大通的兼併，可以說是明智之舉。

4.兼併的協同效應

大通兼併摩根基本解決了雙方所遇到的難題，基本可以實現優勢互補(如表 6-11 所示)，特別是解決了大通的市場定位，在它既有的流通債券經營、保險業務和金融仲介市場的基礎上，為投資銀行業務的加速發展建立了廣泛的平臺。不過，由於這筆交易相當於大通要以 2000 年贏利的 17 倍或帳面價值的 3.22 倍去完成，新公司近兩年尚面臨較大的財務問題，而且要經過一段時間的磨合。同時，兩家公司在固定收入和貿易活動上的重疊意味著大量工作崗位被裁減。大通能否通過兼併成功地完成「脫胎換骨」的功能轉型，新公司實際的贏利能否很快地增值，股東們的願望能否實現，最終還要實踐來檢驗。

表6-11　大通兼併摩根的互補效應

名稱	優勢	劣勢
大通	眾多的分支機構 豐富的客戶源 充足的資本金 既有的批發業務	較低的市場價值 傳統的商業銀行概念 較低的非利息收入 有待開發的歐洲與亞洲市場
摩根	極強的國際批發業務 成熟的投資銀行技能 廣泛的歐洲和亞洲業務 較高的市場價值	分支機構的局限 客戶群結構的局限

三、國際銀行業的併購策略與發展趨勢

大通兼併摩根以實現向投資銀行的轉型，的確可圈可點。無獨有偶，僅 2000 年就發生了一系列的商業銀行與投資銀行的併購：3 月 9 日，德國最大的德意志銀行與德國第三大的捷能銀行宣佈合併，涉資 330 億歐元（316.8 億美元）。合併後的總資產達 12450 億歐元（12064 億美元），業務分拆為 3 個部分，投資銀行、基金業務和零售業務。3 月 14 日，日本三和、東海和朝日銀行宣佈合併，將於 2001 年 4 月成立一家聯合控股公司，並迅速重組其零售、批發和國際銀行業務，以及計算機系統。

該項合併涉資 3.2 萬億日元（305 億美元），合併後總資產達 103 萬億日元（約 1 萬億美元），成為日本第二大銀行。7 月，美國富利波士頓金融公司收購了 M.J. Meehan & CO.；11 月 6 日，瑞士聯合銀行集團宣佈成功收購了美國第 4 大投資諮詢公司——佩因‧韋伯投資諮詢公司（Paine Webber Group Ine.），涉及的金額高達 118 億美

261

元，其中現金交易和股票置換各佔一半，易股交易已完成。

佩因‧韋伯投資諮詢公司將被納入瑞士聯合銀行在美國的瓦爾堡分支機構，組成一家擁有 3.9 萬名職員的世界最大的投資諮詢公司。有趣的是，根據美國證券行業協會的最新排名，在當前擁有零售經紀人數量最多的前 20 家經紀類公司當中，只剩下 8 家還沒有被銀行、保險公司、共同基金或證券公司兼併。受此影響，這些市場上已為數不多的、且獨立從事個人投資服務的公司股價全線整體上升，成為了備受投資者們關注的焦點。值得一提的是，甚至就連那些與此關聯不大的公司股價也出現了上漲。

2000 年金融機構的併購潮與以前的一個很大的不同點是，它並不是簡單地為了追求建立巨大的金融托拉斯，而是增加客戶和收入、降低成本和提高效率。各大機構在併購後，可以減少原有的重複網點，裁減人員，增加交叉銷售，合併後線支持，統一廣告宣傳等。如果我們結合全球金融服務業最近幾年發生的變化來分析，可以得到更多的啟示。

1. 全球金融業併購的內在邏輯

近幾年全球金融服務業中以併購為主要形式的組織機構變革的背後有其內在的邏輯。

⑴隨著市場的開放、管制的解除和技術的進步，金融機構的生存和發展面臨更大的競爭壓力；

⑵金融服務競爭的焦點在於客戶。由於客戶已不像以前一樣被動地接受產品銷售，而是不斷地提出挑剔的、複合式的要求，金融機構競爭性的服務使其要求水漲船高，客戶的這種高期望值反過來又進一步強化了金融機構之間的競爭；

⑶巨大的競爭壓力下，金融機構被迫對產品進行整合。

⑷這又需要整個業務流程和經營管理機制的根本性改變，而這遠非在既有的組織機構框架下進行修修補補所能實現的。

⑸最根本的解決辦法只能尋求更有效的組織，在重置成本較高的情況下，金融機構往往採取橫向的組織聯合。

由此可見，在激烈的市場競爭面前，變革和創新已成為全球金融服務業的主旋律，而這些都是圍繞客戶的需求，增進自身的服務功能而展開的。

2. 金融經濟時代古典的商業銀行亟待實現功能轉型

⑴傳統商業銀行的內在特點決定了它在運行機制上有兩大根本弱點，這是其必須尋求解脫的內在原因。

第一，銀行的高杠杆性決定了它承擔了極高的風險。商業銀行一般都有著極高的資本杠杆比率，這對於銀行的股份投資者來說意味著：一方面，如果銀行業冒巨大風險而贏利，對銀行的股東而言無疑是以小搏大，回報豐厚；但另一方面，由於貸款壞賬，財務杠杆比率將放大銀行的虧損效應，使得銀行股東遭受巨大的損失。可以說，表面上富麗堂皇的銀行大廈，實質上承受風險的能力非常脆弱；表面上風度翩翩的銀行家，實際上無不整天提心吊膽。

第二，銀行業的利潤率實際上極低。目前國際銀行業的資產報酬率（ROA）一般為 0.6%～1.5% 之間，股本報酬率一般為 5%～10%。這些數字可能會令人吃驚。其實，從古至今商業銀行就是一個利潤率很低的行業，原因是銀行的成本在很大程度上沖減了其報酬率。古典商業銀行的收入主要來自淨利差，即由銀行贏利資產獲得的利息收入減去因負債支付的利息費用。20 世紀 90 年代以來，美國商業銀行業淨利差幅度大致維持在 4%～4.5% 之間，如果再減去信貸虧損和營業費用及所得稅，已經所剩無幾。這也就不難理解，為什麼在銀行業最發達

的美國，1999 年 ROA 的平均水準也只不過 1.31%，而這已是 20 世紀 90 年代的最高水準；ROE 的平均水準則為 153.34%。表 6-14 為美國商業銀行的非利息收入。

(2)管制的放鬆與解除意味著銀行可以從事原被禁止的業務，並且可以在不同金融市場上從事相關的業務，從而使收益來源多樣化。

(3)電信和信息處理技術的革命急劇地降低了獲取、傳遞與處理信息的成本，以及模仿競爭對手產品的成本，這種革命孕育了大量的金融創新，並無可置疑地加快了服務的步伐；反過來，它又使對銀行服務在價格和產品上的管制得以規避。

(4)隨著世界資本市場的發展與深化，商業銀行的仲介作用逐漸減弱，它的傳統特權面臨著極大的危機。1980～1995 年，美國個人金融資產中銀行所佔的佔有率從 50%下降到 18%。

在證券市場、資產管理公司等非銀行機構，以及一些「新競爭者」──經營銀行業務的「非金融機構」的爭奪下，商業銀行的資產和負債紛紛被分割，可謂腹背受敵。從資產業務方面看，國內外資本市場、投資銀行及租賃公司等搶走了商業銀行的大批客戶和業務。資本市場融資成本的下降導致了金融脫媒化，傳統上銀行貸款式的公司客戶，現在紛紛越過銀行轉向資本市場。在負債業務方面，商業銀行的客戶也大量流失。居民把積蓄投向公債、股票和投資基金以圖更有利的回報。投資基金、保險公司、貨幣基金、股票市場和養老基金都是銀行負債業務的強有力競爭者。銀行因此而減少了資金來源。這樣一來，商業銀行原本就有限的、傳統的利潤管道被進一步削弱。傳統的商業銀行要生存，必須尋求更有利可圖的贏利管道。

上述問題在上市商業銀行低迷的股票價格上最能得到集中的體現。可以說，正是由於商業銀行業所蘊含的天然風險和所面臨的無情

競爭，使得投資者不願報出高價。傳統商業銀行要想扭轉這一局面，必須實現其功能的轉型。

四、銀行業併購的風險與挑戰

轟轟烈烈的銀行併購惹得世人矚目，但每一起銀行併購都遠非故事描述的那般輕鬆，特別是商業銀行涉足投資銀行業要謹慎從事。由於商業銀行與投資銀行的文化迥然不同，能否將兩者有機地融合在一起，將在很大程度上影響併購之後的運行效果。大通通過兼併 J.P. 摩根，謀求在巨大的證券承銷和資產管理等領域佔一席之地，特別是針對大公司和資產龐大的個人客戶。但特別需要注意的是，大通在拓展投資銀行業務的同時，進一步收縮其零售銀行業務，出售了它在香港的信用卡、私人貸款、樓宇按揭貸款及 4 家分行等，價值約為 50 億港元。此外，兩家公司在固定收入和貿易活動上的重疊很可能引起大量工作崗位被裁減。由此可見，商業銀行擴展投資銀行業務，並非簡單的業務疊加，而是需要一個複雜的重組過程。

值得深思的是，J.P.摩根曾一度是美國金融界的統治者，甚至也可以說是整個世界金融界的權威。十幾年前，它開始向投資銀行轉型，由於其客戶的品質相當高，被譽為華爾街的貴族式銀行。而今天之所以被兼併，恰恰是因為它當年向投資銀行業轉型時的不成功，其中一個很重要的原因是「貴族」的特色使它丟掉了很多的客戶。這也從另一個方面折射出了金融服務業轉型的風險。

再比如，儘管瑞士銀行和佩恩韋伯最終走到了一起，但它首先面臨的就是公司文化之間的差異問題。長時間以來，瑞士銀行主要是在歐洲國家開展業務，而佩恩韋伯則是在美國獨立經營，要想讓一家歐

洲銀行同一家美國投資銀行很快就能實現步調一致，這實際上比收購談判本身的難度要大得多。另一方面，在佩恩韋伯正式被併入瑞士銀行之後，佩恩韋伯的日常經營和管理將不得不經常要看後者的臉色行事。正如一家美國投資銀行從事期權交易的交易員所說：「實際上，沒有人願意向遠在蘇黎世的銀行家們俯首稱臣。」由此可見，商業銀行併購投資銀行，不是為了嘩眾取寵，不是為了單純的資產擴張，也不是為了業務上貪大求全，而是為了真正實現功能效率和市場價值的提高。這才是評價併購成功與否的惟一標準。

心得欄

第 7 章

給現金或是給幸福

——公司併購金額的支付方式

世人皆知,有資金才能併購,其實併購專家都知道,沒有資金,也能完成企業併購行為。

一、第一種是現金併購

現金收購是公司併購活動中最清楚而又最迅速的一種支付方式,在各種支付方式中佔很高的比例。這主要是因為:現金收購的估價簡單易懂;對賣方比較有利,常常是賣方最願意接受的一種出資方式,因為以這種方式出資,他所得到的現金額是確定的,不必承擔證券風險,亦不會受到兼併後公司的發展前景、利息率以及通貨膨脹率

267

變動的影響；便於收購交易儘快完成等。

現金收購是一種單純的收購行為，它是由兼併公司支付給目標公司股東一定數額的現金，借此取得目標公司的所有權。一旦目標公司的股東收到對其所擁有股份的現金支付，就失去了對原公司的任何權益。這是現金收購方式的一個鮮明特點。對於兼併公司而言，以現金收購目標公司，現有的股東權益不會因此而被「淡化」，但卻是一項沉重的即時現金負擔。

因此，兼併方必須決定是動用公司現有的現金，還是專門籌集額外的資金來支付收購費用。在這兩種方法之間進行選擇的時候，需要考慮許多因素。

如果現有的現金已經安排作為預期的流動資本，或者是用作內部資本投資的，那麼就有必要為支付收購費用另外籌集資金，若籌集遇到困難，還可作出特殊的安排和變通，如採用延期或分期支付等融資方式。

在公司併購交易的實際操作中，有兩個重要因素會影響到現金收購方式的出價：

⑴目標公司所在地管轄股票的銷售收益的所得稅法；

⑵目標公司股份的平均股權成本，因為只有超出的部分才應支付資本收益稅。

例如，一宗以現金支付的收購活動發生在荷屬安德列島，目標公司是在當地註冊的，那麼目標公司的股東就不會面臨課徵資本收益稅的問題，兼併方的現金出價就是他們實際得到的數額。但如果目標公司的註冊地是英國倫敦，則目標公司的股東所得到的資本收益將可能被課以 30%的所得稅。因而，兼併方在以現金收購方式收購目標公司時，必須考慮到該項收購活動是否免稅，因為這將對自己的出價產生

重要的影響。

此外，由於某種原因，目標公司的股東得到的價格可能不會高於他所擁有的股份的平均股權成本（每股淨資產值），在這種情況下，接受現金支付亦不會產生任何稅收負擔，如果兼併方確認現金出價會導致賣方承擔資本收益稅則必須考慮可能減輕這種稅收負擔的特殊安排。

否則，賣方也只能以自己可能得到的淨收益為標準，作出是否接受出價的決定，而不是以買方所支付的現金數額為依據。通常情況下，一個不會引起稅收負擔的中等水準的出價，要比一個可能導致有懲罰性稅收的高出價更具有吸引力。

即使資本收益稅是不能免除的，但也可以通過分期支付得以減輕。在支付期限內，賣方可以得到年度減讓的好處，從而減輕納稅負擔。

舉例說明：假定甲公司以每股 160 元報出收購價格並以現金形式一次性支付，股票的每股淨資產值為 50 元，進而假設要對資本收益徵收 30%的稅款。同時，乙公司亦以相同出價（每股 160 元）向相同股東購買，但採取的是以承付票據的形式按 10 年期分期付款。兩種情況下目標公司股東的稅收負擔如下表所示。

單位：元

	由甲公司收購	由乙公司收購
收購價	160	160
支付方式	一次性付清	按 10 年期分期付款
每股淨資產值	50	50
年度免稅額	10	100
應稅收益	100	10
納稅額	30	3

資料來源：前 10 年的免稅額=10×10=100(元)。

可見，採用推遲或分期支付的方式與採用一次性付清的方式相比，有兩個優點：

⑴可以減輕現金收購給兼併方帶來的短期內大量現金負擔，而且以後的支付來源還可以轉向目標公司的經營成果；

⑵可以給目標公司的股東帶來稅收上的好處，他們通常願意有一個減輕資本收益稅的機會，而推遲支付安排可以給他們提供更大的彈性來安排其收益，從而可能支付最少的稅額。

二、第二種是股票併購

股票收購指的是收購方通過增加發行本公司的股票，以新發行的股票替換目標公司的股票達到收購目的的一種出資方式。

股票收購區別於現金收購的主要特點是：

⑴買方不需要支付大量現金，因而不會影響兼併公司的現金狀況。

⑵收購完成後，目標公司的股東不會因此失去他們的所有者權益。

只是這種所有權由目標公司轉移到了兼併公司，使他們成為該擴大了的公司的新股東。也就是說，當收購交易完成之後，目標公司被納入了兼併公司並擴大了規模，擴大後的公司股東由原有股東和目標公司的股東共同組成，但是兼併公司的原有股東應在經營控制權方面佔主導地位。

由於在股票收購中，目標公司的股東仍保留自己的所有者地位，因此，對兼併方而言，這種出資方式的一個不利影響是股本結構會發生變動。例如，一家上市公司採用股票收購方式來兼併另外一家股權

集中的非上市公司，則可能會導致收購公司控制權發生轉移的情況。即被收購的目標公司的股東通過上市公司所發行的新股票取得了對上市公司的主導性控制權。這種情況一般被稱為逆向收購。

對於買方而言，收購是為了取得目標公司的控制權，因此一般不允許公司的主導控制權地位為他人所得。所以逆向收購只能是公司併購中的極端現象，但是在買殼上市中常常運用。儘管如此，逆向收購亦可以說明股票收購方式會給買方帶來的影響；新增發的股票改變了原有的股權結構，導致了股東權益的「淡化」，股權淡化的結果甚至可能使原有的股東喪失對公司的控制權。

三、第三種是綜合證券收購

綜合證券收購指的是收購公司對目標公司提出收購要約時，其出價有現金、股票、認股權證、可轉換債券等多種形式證券的組合。

1.公司債券

公司債券作為一種出資方式，必須滿足許多條件，一般要求它可以在證券交易所或場外交易市場上流通。與普通股相比，公司債務證券通常是一種更便宜的資金來源，而且向它的持有者支付的利息一般是可以免稅的。對買方而言，它的一個好處是，可以把它與認股權證或可轉換債券結合起來。

2.認股權證

認股權證是一種由上市公司發出的證明文件（或證權證券），賦予它的持有者一種權利，即持有人有權在指定的時間內即有效期內，用指定的價格認購由該公司發行的一定數量（按換股比率）的新股。

對收購方而言，發行認股權證的好處是，可以因此而延期支付股

利，從而為公司提供了額外的股本基礎。但由於認股權證上的認購權之行使，會涉及到公司未來控股權的改變，因此，為保障現行公司股東的利益，公司在發行認股權證時，一般要按控股比例派送給股東。股東可用這種證券行使優先低價認購公司新股的權利，也可以在市場上隨意將認股權證出售，購入者則成為認股權證的持有人，獲得相同的認購權利。

　　一般而言，收購公司在發行認股權證時，必須詳細規定認購新股權利的條款如換股價、有效期限及每認股權證可換普通股的股數（換股比率），為保障持有人利益，此等條款在認股權證發出後，一般不能隨意更改，任何條款的修訂，需經股東特別大會通過方能算數。

3.可轉換債券

　　可轉換債券向其持有者提供一種選擇權，在某一給定時間內可以某一特定價格將債券換為股票。可轉換債券發行時應事前確定轉換為股票的期限，確定所轉換股票屬於何種類型股票和該股票每股的發行價格（兌換價格）等。

　　從收購公司的角度看，採用可轉換債券這種支付方式的好處是：

　　⑴通過發行可轉換債券，公司能以普通債券更低的利率和較寬鬆的契約條件出售債券；

　　⑵提供了一種能比現行價格更高的價格出售股票的方式；

　　⑶當公司正在開發一種新產品或一種新的業務時，可轉換債券也是特別有用的，因為預期從這種新產品或新業務所獲得的額外利潤可能正好是與轉換期相一致的。

　　對目標公司股東而言，採用可轉換債券的好處是：

　　⑴具有債券的安全性和作為股票可使本金增值的有利性相結合的雙重性質；

⑵在股票價格較低的時期，可以將它的轉換期延遲到預期股票價格上升的時期。

4.其他方式

收購公司還可以發行無表決權的優先股來支付價款。優先股雖在股利方面享有優先權，但不會影響原股東對公司的控制權，這是這種支付方式的一個突出特點。

綜合起來看，兼併公司在收購目標公司時採用綜合證券收購方式，既可以避免支付更多的現金，造成本企業的財務狀況惡化，又可以防止控股權的轉移。近年來，由於這兩大優點，綜合證券收購在各種出資方式中的比例呈現出逐年上升的趨勢。

心得欄

＜案例一＞ 國際私募基金的不同結果

　　私募基金在開疆拓土的步伐，一樁樁浮出水面的併購案例引人注目。但並不是每個收購案例都進行得乾淨俐落，收場皆大歡喜。凱雷收購徐工和高盛收購徐工就是這樣兩個對比鮮明的案例。在全球資本大鱷中，高盛是一家諳熟政治的機構。

　　高盛集團的 CEO，一向就是都是美國財長的後備人選。高盛進中國後，首先與政府建立了良好的合作關係。相比之下，堅持以市場為導向的凱雷集團則顯得有些不服水土。同樣是外資私募基金中的佼佼者，同樣是意欲絕對控股中國的行業龍頭企業，可是結局卻是截然不同。

1.凱雷集團收購徐工案

　　2002 年，中國的徐工集團開始啟動改制計劃。2003 年中，摩根大通正式出任徐工集團的財務顧問，引資改制進入操作階段。自 2003 年中開始，徐工機械中非實業資產得到了剝離，同時清算了內部企業交叉持股的資產。徐工集團為數眾多的合資公司則大部份未進入徐工機械，最終打包的資產主要包括徐工集團核心的重型廠、工程廠、裝載機廠以及上市公司徐工科技，亦包括「徐工」品牌的知識產權。2004 年年初，打包完畢後的徐工機械引資工作正式展開。

　　引資之初，入圍的有十多家投資者，作為世界機械製造行業巨頭的美國卡特彼勒公司一度被視為最有力的競爭者。徐工集團對卡特彼勒並不陌生，早在 1995 年，徐工集團即與之合作成立了合資公司——

卡特彼勒徐州有限公司。2004 年年中，徐州方面對入圍者進行了第一輪淘汰，公佈了 6 家主要的潛在投資者，卡特彼勒赫然在列。2004年 10 月，第二輪淘汰已見分曉。出人意料的是，清一色的金融資本——美國國際投資集團、摩根大通亞洲投資基金和凱雷亞洲投資公司勝出，而此前志在必得的卡特彼勒正式出局。

第二輪淘汰後，剩下的 3 家投資基金以數月時間對徐工機械進行了更深入的調研，並與徐州市政府開始了進一步談判。在 2005 年 5月左右，凱雷已然獲得了進行細節談判的優先權。2005 年 10 月 25日，徐工集團與凱雷投資集團簽署協議。凱雷將出資 3.75 億美元現金購買徐工機械 85% 的股權。

2006 年年初，徐工方面將交易材料上報，等待有關審批的最後一個環節——中國商務部的批復。就在此時，2 月 12 日，一篇名為《外資蠶食中國產業 NO.1 調查：誰享國退洋進盛宴》的文章將徐工收購案推向了輿論的風口浪尖。2006 年 3 月 4 日，時任國家統計局局長的李德水在全國政協會議上提出外資併購已危及國家經濟安全，需要規範。隨後，有關「外資併購威脅中國產業安全」的論調在兩會會場中迅速發酵。從 2006 年 6 月 6 日起，三一重工執行總裁向文波連續在個人博客上發表了多篇文章。提出「戰略產業發展的主導權是國家主權」的概念，把國家戰略產業安全和徐工案例結合一起，不僅以民族產業保護問題拷問了凱雷徐工收購案，對凱雷收購徐工的對價進行了質疑，更提出三一打算在全盤接受凱雷方案的基礎上，以高出凱雷30% 的價格，也就是 3 億美元來收購徐工，此後，又表示三一集團願再加價 1 億美元，以 4 億美元收購徐工。

由此，數篇博客將徐工重組推向了「風暴眼」。徐工案逐漸升級到關係「保衛中國產業安全」問題的高度，一度被國際社會冠以「中

國改革開放進程風向標」，成為眾多媒體口中的「中國私募基金史上的標杆事件」。而中美政府對其的關注力度也是日益提高。在政府部門、競爭對手、公眾輿論的重重壓力下，凱雷一步步退讓。2006 年 10 月收購方案進行了修改，凱雷的持股比例由原來的 85%下降至 50%。2007 年 3 月，凱雷再次將收購方案的持股比例減至 45%。

2008 年 7 月 23 日，為國內外財經界廣泛關注的歷時三年之久凱雷徐工併購案，終於塵埃落定。徐工集團工程機械有限公司和凱雷投資集團共同宣佈雙方於 2005 年 10 月簽署的入股徐工的相關協議有效期已過，雙方決定不再就此項投資進行合作併購案終告破滅，徐工將獨立進行重組。

2.高盛集團收購雙匯案

2005 年，中國漯河市國資委向漯河市政府上報擬轉讓持有的雙匯集團的百分之百股權，獲得漯河市政府批准。2006 年 3 月 2 日，漯河市國資委與北京產權交易所簽署《委託協議書》，將雙匯集團的 100%股權掛牌交易，公開競價轉讓尋找戰略投資者，掛牌底價為 10 億元。而此時的雙匯集團，持有了上市公司 S 雙匯（即雙匯發展）35.72%的股權。

雙匯集團的掛牌，吸引了包括淡馬錫、高盛集團、鼎輝投資、CCMP 亞洲投資基金、花旗集團、中糧集團等十餘個意向投資人先後來與北交所進行項目洽談。至 3 月 30 日 17 時掛牌結束，以高盛集團為實際控制人的香港羅特克斯有限公司（以下簡稱「羅特克斯公司」），和以香港新世界發展有限公司及摩根亞洲投資基金為實際控制人的雙匯食品國際（毛里求斯）有限公司，共兩家公司送來參與招投標競價的報名資料。

4 月 26 日漯河市國資委宣佈，由美國高盛集團和鼎輝中國成長

基金Ⅱ授權並代表兩公司參與投標的羅特克斯公司中標，中標價格為人民幣 20．1 億元。而原來奪標呼聲甚高的 JP 摩根，只把價格定在了 12 億～15 億元，僅為高盛的 60%。

志在必得，不斷提高出價，是高盛最終得勝的原因之一。之後，羅特克斯公司與漯河市國資委共同簽署了《股權轉讓協議書》。而在 5 月 6 日，雙匯的二股東漯河海宇投資有限公司（簡稱「海宇投資」），也與羅特克斯簽署《股權轉讓協定》，擬將其持有的雙匯發展 25%的股權約以 5．6 億元全部轉讓給羅特克斯。所以，這兩項轉讓完成後，羅特克斯將直接和間接持有 S 雙匯 60.715%股權。因為高盛在羅特克斯中的佔股比例為51%，所以通過羅特克斯高盛將絕對控股雙匯發展。

高盛入股後的雙匯發展的股權結構圖

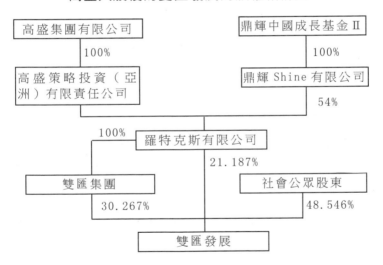

雙匯收購案的審批非常順利。協定簽署三個半月後的 8 月 11 日，國務院國資委批准了雙匯集團股權轉讓，這意味著此項股權交易的程序合規性得到了確認。2006 年 12 月 6 日商務部批准了本次收購。2007

年 2 月 9 日，歷時近十個月後，雙匯發佈公告稱，證監會對羅特克斯公告收購報告書全文無異議。自中標到成功前後歷時不到十個月，高盛集團獲得雙匯集團百分之百股權並控股雙匯已無任何懸念。

3.兩種線路之爭

從對凱雷收購徐工案和高盛/鼎輝收購雙匯案進行重播時發現，實際上，雙匯收購案和徐工收購案是兩種路線之爭。事實上，在徐工事件發生前，私募交易的指標絕對指向官方力量，而作為交易的終極裁決者，中央政府及其部委通常依據地方政府和目標企業管理層的信息做出判斷。因此，官方力量的存在實際上僅僅是為交易開具一張合法的出生證明，而其他力量日益發揮著重要的作用，往往成為決定收購案進程順利程度的重要因素。當然，雙匯所在的肉類加工畢竟不如徐工所在的機械行業一樣關乎國家的安全問題，但是卻關係到行業的壟斷問題，同樣對於中國經濟的健康運行影響巨大。顯而易見，在雙匯案中的高盛，相比在徐工案中運用法道的凱雷要高明得多，因此才有了高盛的笑到最後。有兩個細節最能夠顯示出高盛的手段高明。

高盛似乎並不符合雙匯股權轉讓條件，但是卻取得了最終的勝利。高盛早就持有另一家肉類加工企業、雙匯最大競爭對手——雨潤超過 13%的股份，並佔有雨潤董事會 12 個席位中的 2 席，同時還與河南北徐集團合資組建了河南雨潤北徐肉類食品有限公司，對雙匯形成了直接的威脅，所以高盛根本不符合雙匯的關於禁止同業競爭的招標條件。

其次，由高盛和鼎輝組成的羅特克斯，也並不符合雙匯要求的 500 億資本的條件。媒體對雙匯案也進行了不少報導，有觀點認為，繼持股雨潤後，成功拿下雙匯，高盛更將進一步「獨霸」中國肉類加工業。針對「已參股南京雨潤食品的高盛不符合雙匯招標條件」的質

疑，羅特克斯公司代表高盛公開回應稱，高盛在雨潤食品的投資對雙匯不構成同業競爭，因為高盛和鼎輝投資雨潤，並不謀求控制雨潤的經營管理權，只是想借資本市場拿投資回報。

在明知不利的情況下，通過先說服了雙匯的管理層，拿下了海宇投資，實現了後來居上。雙匯發展的第二大股東海宇投資，工商登記股東由 16 個自然人構成，這 16 人中有 11 人為雙匯高管。從 2003 年 6 月 11 日，海宇投資以 3.5 億元（後調整為 4.02 億元）代價獲得雙匯發展 25%股權，通過將股權出讓給高盛，海宇投資收穫頗豐。轉讓股權讓海宇套現了 5.62 億元，與其 2003 年得到雙匯股權時的出資成本 4.02 億元相比，海宇共獲利 1.6 億元，加上三年內從雙匯獲得的現金分紅 2.01 億元，海宇在雙匯股權投資上獲利總計 3.61 億元，投資收益率達到 89.8%。

高盛洞察了影響併購走向的各種力量方面，充分運用了打擊敵人、拉攏朋友的手段，的確是棋高一著。而對目標企業管理層利益的漠視，可能是 JP 摩根敗北的最終原因。

心得欄

＜案例二＞　發行垃圾債券為杠杆收購融資

在併購市場中，小企業併購大企業是一大耀眼的景觀。

在發行垃圾債券籌集資金進行併購的案例中，一般都是以目標企業做抵押。即收購方以目標方的重要資產或未來現金流做抵押，發行垃圾債券，所籌資金用於支付目標企業的產權所有者。併購完成後，對目標企業進行重組，然後通過出售或有效經營目標企業獲得現金流，用以償還垃圾債券。

一、垃圾債券籌資的分析

1.垃圾債券併購時代，給低效率經營者帶來巨大危機

在美國 20 世紀 80 年代的併購中,發行垃圾債券進行敵意收購是這一時期的主流。儘管作為米爾肯敵意收購時代的一個後果，一系列的反收購的防禦措施被發明出來，如「毒丸」、「金色降落傘」、「驅鯊劑」等，這些防禦措施使敵意收購的代價變得異常高昂。但是，經驗研究卻證實：這種兼併大大降低了代理成本。這也就是說，垃圾債券時代的敵意併購為股東創造了新增價值。

2.發行垃圾債券進行杠杆收購成功需具備的條件

毋庸置疑，垃圾債券在美國風行的 10 年對美國經濟產生了很大的積極作用，既籌集了數千億遊資，也使日本等國資金大量流入，同時，更使得美國企業在強大外力壓迫下刻意求新，改進管理等。但也

得承認，由於併購中使用的高成本垃圾債券主要由被收購公司的資產或現金流來償還，收購後難以償債的情況也給美國經濟帶來了混亂，包括儲蓄信貸業的破產、槓桿收購的惡性發展及債券市場的混亂等。

　　但這些並非所有的垃圾債券都會帶來的必然結果。只要具備相應的條件，能夠將重整後的目標企業以較高的價格出售，就能最大限度的保證槓桿收購的成功及垃圾債券的循環。因而，槓桿收購的成功與否，最關鍵的就是目標公司的選擇及對收購後的目標公司進行得當的整合。

　　①選擇真正具有潛在價值的目標企業一般要求：收購前企業負債較低；企業經營狀況和現金流量比較穩定。

　　②併購後整合的基本要求是：收購後的企業管理層有較高的管理技能；企業經營計畫週全合理。

3.投資銀行在垃圾債券籌資中的作用也不容忽視

　　槓桿收購由於其複雜性，通常需要由具備一定專業知識、頭腦靈活、熟悉市場、社會關係嫻熟的投資銀行家來運作。

　　投資銀行在公司併購中的積極作用表現為多方面。對於收購方來說，投資銀行的併購業務可幫助它以最優的方式用最優的條件收購最合適的目標企業，從而實現自身的最優發展。而對併購的目標企業而言，投資銀行的積極作用則表現為幫助它以盡可能高的價格將標的企業出售給最合適的買主。

　　對敵意併購中的目標企業及其股東而言，投資銀行的反併購業務則可幫助它們以盡可能低的代價實現反收購行動的成功，從而捍衛目標企業及其股東的正當權益。

　　在垃圾債券方案設計及承銷中，投資銀行的作用非常明顯。在槓桿收購中，需要 10%～50%的垃圾債券融資，這當然離不開投資銀行。

二、Pantry Pride 公司收購 Revlon 化妝品公司

1.公司背景介紹

Revlon 化妝品公司是美國最大的保健用品和美容化妝品公司之一，有 10 億美元的淨資產，營業收入穩定。

20 世紀 70 年代，Revlon 公司創始人查理斯·賴弗遜邀請曾任國際電報電話公司歐洲總部總經理的伯傑賴克擔任 Revlon 公司總裁。他接手後，在 4 年內將營業額增加 1.5 倍。但到了 80 年代中期，Revlon 的業績有所下降，股價徘徊在 30 元左右。分析家認為股價低於拍賣實產的真實價值，因此引起了併購者的極大興趣。Pantry Pride 公司則是一家名不見經傳的、總資產只有 1.5 億美元公司，其主要業務是經營超級市場。

2.收購過程

1985 年，PantryPride 公司總裁佩爾曼宣佈有意收購 Revlon 公司，伯傑賴克斷然拒絕佩爾曼的收購建議，他認為 Pantry Pride 公司企圖收購 Revlon 公司，無異於癡人說夢，當時很多人也都這樣認為，但事實卻做出了一個相反的回答。

首先，佩爾曼宣佈擬以 47.50 美元/股的價格收購當時僅為 30 美元/股的 Revlon 公司的股票，並聲稱收購後將只保留美容化妝品部，而將其他的部門全部賣掉，賣價估計可達 19 億美元，正好相當於收購 Revlon 公司的價格。這等於讓佩爾曼自得了 Revlon 公司的美容化妝品部。

Revlon 公司為挫敗佩爾曼，採取了一系列防禦措施。其一，用每股 57.5 美元的價格收購了 1000 萬股自己公司的股票，相當於總

發行量的1/4；其二，與紐約一家專門收購企業的投資集團福斯特曼·立特爾公司達成以 56 美元一股的代價出售公司股票的協定，協定還規定萬一有第三人以高價競爭而使福斯特曼買不成 Revlon 公司股票的話，福斯特曼公司有權在第三人控股達到 40%時以 1 億美元的代價買下 Revlon 公司的兩個分公司，成為 Revlon 公司的「白衣騎士」。

但佩爾曼的支持者是垃圾債券的創始人米爾肯，因而也不甘示弱。協定公佈的翌日，佩爾曼宣佈願以每股 56.25 美元的價格購買 Revlon 公司。同時聲稱已經獲得 5 億美元的銀行貸款。同時，米爾肯所在的德萊索爾證券公司也表示將認購 3.5 億美元 Pantry Pride 公司發行的垃圾債券作為收購 Revlon 的備用金，另外，佩爾曼訴訟控告 Revlon 公司與福斯特曼公司達成協議，沒有給股東以公平的機會就確定了公司的買主，因而損害了公司股東的利益。法院判佩爾曼勝訴，宣佈 Revlon 與福斯特曼公司的協議無效。福斯特曼公司被迫將收購價格提高到每股 57.25 美元。

最後，佩爾曼以每股 58 美元價格購下了 Revlon 公司，伯傑賴克被迫離職。

收購兩個月後，佩爾曼將 Revlon 公司的兩個部門以 10 億美元的代價賣掉。完成了「垃圾債券」的循環過程。

三、KKR 收購雷諾-納比斯科(RJR Nabisco)

1988 年底，KKR 公司以 250 億美元收購雷諾一納比斯科公司最為轟動。

1. 公司背景介紹
美國 KKR 公司是世界有名的專門做杠杆收購的公司。該公司向外

舉債，專找營運績效欠佳，但卻很有發展潛力的公司，收購公司股票取得公司所有權。對於擁有資產眾多而又經營不善的公司，一旦入主後，通常將部分資產出售，對餘下部分整頓後再以高價賣出。

KKR 公司其實是 3 個創辦人姓氏的第一個英文字母的組合。公司發起人之一柯柏格(kohlberg)，在 1965 年替代 Bear Stearns 工作時,已經開始進行「杠杆收購」,到 1976 年另立門戶和卡拉維(Kiavis)與羅伯斯(Roberts)共同建立 KKR & CO。現在，柯伯格已脫離 KKR，另起爐灶，從事較低風險的業務。KKR 公司實際主持人是長駐紐約的卡拉維，自成功收購雷諾-納比斯科公司後，他已被譽為「卡拉維之王」。

雷諾-納比斯科公司是由美國老牌食品生產商 Standard Brands 公司、Nabisco 公司與美國兩大煙草商之一的 RJR 公司(Winston、Salem、駱駝牌香煙的生產廠家)合併而成。雖然 RJR Nabisco 的食品業務在兩次合併後得到迅猛的擴張，但煙草業務的利潤豐厚，仍佔主營業務的 58%左右。但在 1987 年 10 月 19 日的「黑色星期一」的股災中，其股價從 65 美元跌至 40 多美元，此後長期在低位徘徊。

2.收購過程

由於感覺公司當時的股價被嚴重低估,1988 年 10 月,以雷諾公司 CEO 羅斯· 詹森為代表的管理層向董事局提出管理層收購公司股權建議。

管理層的 MBO 建議方案包括，在收購完成後計畫出售 RJR Nabisco 公司的食品業務，而只保留其煙草經營。其戰略考慮是基於市場對煙草業巨大現金流的低估，以及食品業務因與煙草的混合經營而不被完全認同其價值。重組將消除市場低估的不利因素，進而獲取巨額收益。

但此消息傳出，KKR 公司立即以 90 美元出價參與收購競爭，股東及董事會立即宣佈重新擇期競標。與 CEO 羅斯‧詹森所計畫的分拆形成尖銳對照的是，KKR 希望保留所有的煙草生意及大部分食品業務。之後 KKR 公司首先將要約升至 94 美元，RJR 公司最高執行主管遂提出 100 美元競價，KKR 公司後繼續提高價格。雖然該公司管理層提出了 112 美元的收購價格，但由於 KKR 公司承諾不分拆公司以及改善職工福利待遇等非金錢承諾被認為相當有價值，RJR 公司落標。最後由 KKR 公司以 109 美元得標，成交金額為 251 億美元。

雖然表面上管理集團的出價最高，但董事局成員最終還是決定將公司轉讓給 KKR。在總價 251 億美元的華爾街有史以來最大的杠杆併購中，KKR 本身動用的資金僅 15 億美元，其中約 50%～70%由兩家投資銀行及銀行財團貸款，其餘為垃圾債券。

心得欄

＜案例三＞　通用併購霍尼韋爾

　　2000 年 10 月，通用電氣公司(General Electric，GE)宣佈以 450 億美元的價格併購美國的跨國製造業企業霍尼韋爾公司 (Honeywell International)，這是通用電氣有史以來金額最大的併購交易。2001 年 6 月 25 日，歐盟顧問委員會一致否決了美國通用公司收購霍尼韋爾公司的議案，7 月 3 日，歐盟正式否決該合併案。這是歐盟首次單方面否決即將在美國獲得通過的企業兼併。工業史上最大的兼併夢破滅了。

一、併購背景

　　通用電氣公司最早成立於 1892 年，發明家愛迪生曾是公司主要創建人之一，宣佈併購時的市值超過 5000 億美元，總資產 4370 億美元，其製造業產品涉及電力設備、飛機引擎、家用電器等產品。而被併購的霍尼韋爾公司也已經有 116 年歷史，是美國最大的跨國企業之一，公司總部在美國新澤西州莫里斯鎮，總資產 240 億美元，主要為航空航太、環保、國防等各個行業製造電子控制系統和自動化設備，是美國國防部機械工程服務和生產的主要提供者。

　　通用總裁韋爾奇在 2000 年答應推遲退休到 2001 年底，就是為了這「一生僅有一次的交易」。誰也沒想到，這可能會成為韋爾奇一生最大的敗筆。而在 2000 年秋天，當韋爾奇在最後時刻把霍尼韋爾

從美國聯合技術公司手中搶來時，曾認為這是他 40 年職業生涯中擊打得最棒的一記球。在戰勝了美國聯合技術、Tyco 和德國西門子之後，韋爾奇以 450 億美元收購霍尼韋爾，在新聞發佈會上興奮溢於言表的韋爾奇曾說，「這是通用 118 年歷史上最令人興奮的一天」，因為這次意味著通用這個工業社會最大的巨人再增大 1/3，達到歷史巔峰。

按照韋爾奇的說法，「這是最乾淨漂亮的一筆生意」，「每一項都是獨立業務，沒有任何產品重疊。霍尼韋爾的核心業務—航空電子控制系統、自動化控制、高性能材料及其新的小型渦輪機技術與 GE4 個業務集團的業務互為補充，我這不是對反托拉斯法的公關之詞，這是事實。」

2001 年 5 月 4 日，美國政府的反托拉斯機構在經過審查後，批准了這項兼併，只帶了有限的附加條件（限制霍尼韋爾的軍用直升機發動機業務），加拿大的反托拉斯官員也簽署了這個項目。

二、失敗原因是歐盟否決

歐盟的法律規定，不管那國的公司，如果合併後在全世界的銷售額超過 50 億歐元（43 億美元），在 15 個歐盟國家的商務價值超過 2500 萬歐元（2150 萬美元），需經他們批准。2001 年 6 月，歐洲反托拉斯機構在審議此案後，發表了一份 140 頁的反對聲明。通用電氣總裁傑夫利 6 月 16 日公開對媒體表示，通用電氣對霍尼韋爾的收購，礙於歐盟委員會合併監管官員的一再阻撓，成功的可能性近乎於零。韋爾奇也不掩飾自己的憤怒認為歐盟對他們的要求過於苛刻。

為了不形成壟斷，通用電氣答應售出 22 億美元的霍尼韋爾業務（航太工業部門），然而歐盟認為，許多被剝離的業務成為獨立競爭者

的可能性微乎其微。爭論的焦點在於通用電器的航空投資和租賃公司、世界最大飛機購買商 GE Capital Aviation Services，即 GECAS 公司。該公司是全球領先商業客機的購買商，然後再轉售或租賃給航空公司和其他客戶。該部門佔據通用電器年營業收入 1300 億美元的 40%。歐洲監管當局擔心如果兼併成功，通用電器會以 GECAS 公司的購買量，要求飛機製造者購買通用生產的飛機零件。霍尼韋爾是飛機發動機市場上最大的玩家。通用電氣反駁說該公司的定價是透明的，各個組成部分的價格都將公開，另外 GECAS 只有 8%的租賃市場佔有率。讓通用把 GECAS 分離出去，是通用絕不能接受的條件。

當上個星期兩手空空的韋爾奇和他的經理主管們的專機離開布魯塞爾時，他們長期計畫的兼併意味著成為海市蜃樓。通用必須在 7 月 3 日前就收購霍尼韋爾向歐盟反壟斷當局提交進一步做出讓步的提議，這意味著仍有「微弱機會」。雖然歐盟的最終決定尚未做出，但通用似乎失去了信心。在巴黎航展的新聞發佈會上，通用的未來董事長傑夫利‧R‧伊梅爾特說道：「通用電氣將不再進行談判。目前我們同歐盟間的立場相去甚遠。從根本上說，我們正在計畫一個沒有霍尼韋爾的未來。這並不意味我們已放棄了這場交易，但我們已做出了最後努力。」

7 月 3 日歐盟正式否決通用電氣收購霍尼韋爾的計畫，這是歐洲的管理者第一次封殺美國批准的兩個美國公司之間的兼併。歐盟採取這項斷然措施是擔心兩者合併後將造成或加強兩公司在諸多領域的主導地位，會壟斷噴氣機引擎及航空電子工程市場，導致航空製造業的壟斷，削弱航空工業市場上的競爭。歐盟競爭專員蒙蒂（Mario Monti）表示：「通用電氣及 Honeywell 的合併將會嚴重削弱航空業的競爭，最後使消費者需要付出更高的價錢，特別是航空公司。」

　　通用電氣的股價當天下跌了 0.8 美元，至 49.4 美元；Honeywell 則升了 1 美元，至 35.2 美元。

　　在美國反壟斷部門已經認可合併的前提下，歐盟的反壟斷官員置來自美國的政治壓力於不顧，否決通用與霍尼韋爾的合併，被美國方面抨擊，引起了美歐嚴重的經濟衝突。美國部分參議員指責歐洲的監管者實行保護主義，並警告會對歐美間的關係造成「冷卻效果」。蒙蒂解釋說，這不是美國和歐洲相抗衡的問題，誠然這是兩個美國公司的合併，但歐盟的反對與公司國籍並不相干。

　　航空是美歐經濟競爭的一個核心領域。美國參議院航空委員會主任約翰‧洛克菲勒警告歐盟，因為歐盟在此事中表現的不公正，美國將重新審視歐洲在美國大陸實行類似兼併的開放市場，洛克菲勒還說這件事情阻礙和倒退了雙方在航空領域的合作。布希在華沙的新聞發佈會上則表示：「我們批准了這個兼併，加拿大政府也批准了，我們很關注歐洲拒絕了它。」剛在巴黎航空博覽會上慘敗給空中巴士的波音公司副主席史東塞芬指責空中巴士威脅歐盟反對這場合並，他說這場爭議將進入其他商業領域。

　　美國經濟學家認為這是歐盟最新一輪保守主義的結果：歐盟在近年來經濟低迷的情況下，保護自己的公司利益；他們認為這樣沒有競爭的零件，將會影響空中巴士，然後會進一步影響漢莎和法航。摩根斯坦利的經濟學家谷祖說歐洲結構型的改革取得了很大進步，比如說寬鬆的貿易政策，更加流動的經濟，但是經濟衰退很可能逆轉這種形勢，「如果價格升高，工人沒有購買力，就會受到來自工會的反對壓力」。

三、案例意義

這一工業史上最大的併購案被否決有很重要的意義，這麼說並非因為歐盟的官員駁回了兩家美國公司之間的合作，而在於同樣一套反壟斷規則卻得出了完全相反的結果。

歐洲和美國的反壟斷律師都表示，歐盟的做法其實是和美國一致的。和他的前任一樣，蒙蒂援引相關經濟分析的原則和美國如出一轍。布魯塞爾的反壟斷律師鮑威爾認為，這是基於特殊理論之上的特殊做法，看到同一套規則會產生不同的結果確實令人費解。德國政府反壟斷問題的常年顧問莫斯卡爾說，雙方的立場其實沒有實質性的不同。在歐洲，問題的關鍵是併購將導致或加強操縱市場的地位，而美國關心的是併購是否實際上排斥了競爭。

歐盟否決美國兩大公司合併案使我們想起如何監督全球範圍內的壟斷行為。如今，在電訊、計算機、航空航太等高新科技領域，發達國家基本上處於全球壟斷地位。一些發達國家的企業以所謂的企業併購或戰略聯盟為名行壟斷世界市場之實，嚴重損害著廣大發展中國家的利益。的確，像通用電氣併購霍尼韋爾不僅影響到美國，而且也影響到世界各國。

第 **8** 章

企業併購整合
——併購後的融合，才決定交易成敗

一、整合是一門藝術

　　整合是整個併購過程中最為關鍵的環節。企業併購行為的結束，並不是併購戰略的結束，而是開端，是剛剛進入關鍵階段，能否將併購的資源與原有的資源有效整合，決定著併購戰略的成敗。對於企業而言，僅僅實現對目標企業的組織併購是遠遠不夠的，還需要對被購企業的戰略、業務、制度、人力資源和文化等所有企業要素進行進一步的整合，最終形成雙方的完全融合，並產生預期的效益，才算真正實現了併購的目標。

　　一項併購是否真正成功，取決於能否有效地整合雙方企業的人力

291

資源。不成功的交易在整合期間就會露出端倪。

　　根據第三方機構對併購失敗案例的調查，有50%以上是因為缺乏或不重視對併購的有效整合，而其中85%以上又與併購過程中的人力資源有關；資料顯示，企業併購後如果不對員工進行有效的整合，在併購的第一年中，有47%的被併購企業高管人員將辭職，3年之內，將有72%的骨幹員工最終選擇離職。「凡事預則立，不預則廢。」，事先有準備，就能得到成功，不然就會失敗。對於整合而言，併購之前的溝通和完整的整合計劃是基本的準備工作。

　　如果是全資收購，要爭取分兩階段操作，例如讓原股東保留20%的股份，承諾1～2年後再全資收購剩餘股份。或者在全資收購後，聘任原所有人為公司顧問、獨立董事。

　　併購後，新公司是否能夠出現良好的經營業績直接決定併購投資的成敗。對於併購公司而言，控股子公司管理實際上是在現代企業治理結構基礎上，努力維護股東權益的一種行為。規範與監督，這是我們在併購中常常感到最棘手的問題。

心得欄

二、併購的基本流程

併購的核心內容圖

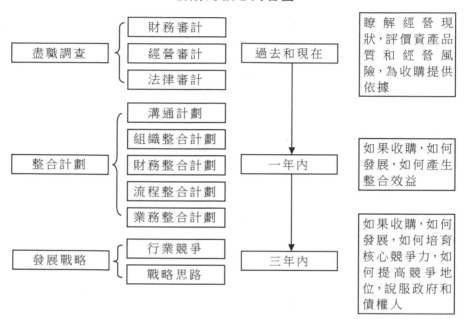

盡職調查
- 財務審計
- 經營審計
- 法律審計

過去和現在　→　瞭解經營現狀，評價資產品質和經營風險，為收購提供依據

整合計劃
- 溝通計劃
- 組織整合計劃
- 財務整合計劃
- 流程整合計劃
- 業務整合計劃

一年內　→　如果收購，如何發展，如何產生整合效益

發展戰略
- 行業競爭
- 戰略思路

三年內　→　如果收購，如何發展，如何培育核心競爭力，如何提高競爭地位，說服政府和債權人

三、企業併購整合

　　企業併購要做到不引起機體的抵制與排斥，並且在兼併後能取得文化上的重組和認同，需要經歷一個相當艱難的融合過程。婚姻是兩個人的結合，併購是兩家企業的結合。

　　併購不是橫空出世，有效的資本併購運作模式都具有基本特點：有強大的產業支撐。從現實來看，企業的資本運營要獲得成功並

給企業帶來可持續性的效益，須與產業支撐有緊密的有機聯繫。無論是以產業擴張為核心的資本運營，還是通過資本市場整合傳統產業，都是把資本運營作為一個戰略手段。

婚姻與併購的關鍵成功要素比較

戀愛中的充分瞭解
雙方家庭的認同
股實的物質基礎
感情的溝通與理解
健康活潑的孩子

婚姻與併購

充分的盡職調查
各方股東認同
穩定的經營業績
團隊的溝通與理解
新的利潤增長點

有整體的戰略設計，而不是為了短期的股市炒作。資本運營是在長遠的戰略設計下進行的，整個資本運營戰略的進行有著長遠的戰略目標和長期的整體設計規劃，且不僅僅著眼於國內的發展，還放眼於全球化的優勢發展，是公司整體戰略和盈利模式的組成部份和手段。

注重資金鏈條的完整性和現金流的通暢，而不是依靠股市的冒險行為。

成功的資本擴張都是相對穩健的，其突出的表現就是注意打造穩固的資金鏈條。不僅注意項目的選擇、科學的論證以及長時期的考察，而且注意培育多元化的融資途徑和風險防範機制，形成了產業資本與金融資本的新型結合模式，從而保證了資本擴張中現金流的通暢和資金鏈條的完整性。四是強調資本運營過程中的併購整合策略，而不是僅僅關注併購行為本身。資本運營的一個重要手段就是併購，併購成功的關鍵在於整合。許多併購行為的失敗不在於併購本身的技術問題(包括價格問題)，往往是在併購後的整合出了問題，甚至遲遲不能形成有效的整合。而成功企業在資本運營過程中都把整合視為非常

重要的環節，甚至認為整合比併購本身更重要，正是這種對整合的無比重視造就了企業的持續發展。

併購，理應雙方兩情相悅，然而天生萬物，相生相剋，有人想買，但不等於人家就想賣，一旦自己的企業面對「王老虎搶親」式的惡意收購，反併購措施便應運而生。公司的章程是公司的「憲法」，它不僅確定了公司的「政體」、「國體」，還可以確定當公司受到威脅時的防禦策略。新《公司法》允許股東在公司章程中非強制性的規定做出不同於《公司法》的個性化規定。公司的法人治理結構包括股東會、董事會和經理層三個核心層次，通常在公司章程中，企業可以圍繞這三個層面設定適宜的反併購措施。

其一，對股東實行分級、分類設置，並對表決權進行劃分，使得股東在股東會中的地位及表決權具有實質性的差異。在這個方面的具體操作方法有多種，例如在公司章程中規定非發起人股東只有在連續合法持有本公司股權（股份）6 個月以上時，才可以向股東會提出某些議案，才有權對議案進行表決。這樣收購者在進行收購決策時，就不得不有所顧慮。

其二，對董事會的組成進行相對固化設置，可以通過設置超級多數決定董事去留、辭退董事時的合理理由與特別限制、董事改選數額限制等具體手段，組織併購方進入或拖延併購方進入董事會，行使表決權，使得收購者在完成收購後，難以進行收購後的有效整合，增加了併購風險。

在公司章程中設置高級僱員併購風險保證金計劃，即通常所稱的「降落傘計劃」。在公司章程和工作合約中約定，一旦本公司被收購，高級僱員可以自動辭職，而且僱主必須向他們立即支付一筆數額巨大的離職補償費，用昂貴的收購代價使收購方望而卻步。

在公司章程中，設定股份回購、管理層有限回購、定向增發新股等條款，阻止外來收購者。

四、投資協定架構

投資合約協定是股權交易的基礎，談判的結果。談判過程是各方鬥智鬥勇、有進有退、有攻有守的過程。由於併購方和目標企業的出發點和利益不同，雙方容易在合約談判中產生分歧。解決這些分歧的技術要求高，所以不僅需要談判技巧，有時還需要第三方顧問「穿針引線」的協助。

投資要簽定合約，投資協定的關鍵議題包括新公司戰略定位、企業估值、股權比例、投資方式、經營管理權、承諾、保證與違約責任等內容。

1.戰略定位

通常，併購方會介入控股企業日常經營。在併購前，新老股東會就你併購後的主營業務、商務模式、管理架構等事宜進行商討，並在投資協定中進行框架性的明確。也許會問：如果收購目標企業百分之百的股權也要商討上述事宜嗎？仍要進行建設性的溝通，這即是禮節上的需要，也是一種尊重。原股東把自己的企業賣給併購方，知道企業會有個更好的前程，員工得到妥善的安置，在整個的併購及整合過程會變得相對順暢。

2.企業估值

在併購談判中，盡職調查和談判是同步進行，而價格是談判中的關鍵議題。在盡職調查完成前，雙方通常會達成一個協定價格，但這個協定價格到真正完成產權交割還有一段時間間隔，由此導致最終收

購價格的調整，例如：①審計基準日到資產移交日之間的淨資產變化；②額外議定的資產減值準備或未入賬的資產淨值；③需要剝離的資產及負債項目；④對或有事項的特殊準備金；⑤整體的折價或溢價等。

3.股權比例

併購方通常要成為控股股東，控股可以劃分為絕對控股和相對控股。絕對控股是指投資方佔有公司總股本50%以上的股份，相對控股是指投資方雖不超過 50%，但已是公司的第一大股東。《公司法》中明確規定：股東會會議做出修改公司章程、增加或者減少註冊資本的決議，以及公司合併、分立、解散或者變更公司形式的決議，必須經代表 2/3 以上表決權的股東通過。根據這一規定，同樣是絕對控股，67%的股權和 51%的股權是有所區別的。當然，股權比例越高，投資的資本規模就越大。

當目標公司的股權相對分散的情況下（如上市公司），可以採取相對控股的選擇，少花錢，多辦事。但在這種情況下，併購方要注意小股東採取「聯合對抗」的策略，對第一大股東實施制衡甚至反擊。

需要說明的是，《公司法》中還有如下規定：股東會會議由股東按照出資比例行使表決權；但是，公司章程另有規定的除外。這一規定也為各方進行權益平衡提供了操作空間。

在股權投資基金（PE）行當裏，由於 PE 是參股股東，原股東依舊是實際控制人，基於未來經營業績的對賭協議是一個常規。但在併購領域卻很少採用對賭協議。併購方是控股股東，甚至是 100%收購目標公司，原股東和管理層已經失去了對公司的控制能力，併購方實際上是在自己經營企業，由對賭協議也是「自己賭自己」，失去了意義。

4.投資方式

常見的股權投資方式包括股權轉讓和增資擴股。例如：目標企業作價 1 億元，併購方要獲取 51%的股份。如果以股權轉讓的方式，支付 5100 萬元即可；如果以增資擴股的方式，則要支付 1.0408 億元。股權轉讓相對成本較低，但目標企業並未獲得發展所需要資金，資金直接打入老股東帳戶上，實際上是實現了老股東的股權套現。選擇增資擴股方式，資金打入目標企業帳戶上，但併購成本卻相應升高。

出資物包括現金、實物以及無形資產等，到位方式也可以分為一次性出資和分期出資等方式。例如，目標企業一般希望資金能夠一次性到位，以免「夜長夢多」，但併購方考慮控制投資風險，有的會提出根據企業經營需要，資金分期到位，這些類似相關事宜都需要雙方協商解決。

5.經營管理權

掌握控制權，尤其是對重大事項的決策權，對於保護投資者利益來說，是至關重要的。通常，併購方會通過要求獲得董事會席位，並修改公司章程，將其認為重大事項列為需要董事會特別決議的事項中去，以確保併購方對目標企業的發展方向具有有力的掌控。

併購方會排出經營團隊，但如果目標企業的團隊能力更強，也有聘用原班團隊的情況。

6.承諾、保證與違約責任

現實中，合作雙方往往都在憧憬著美好的未來，對「承諾保證與違約責任」最容易忽視，相關內容往往是「未盡事宜友好協商」之類的外交辭令。現實中，真正出現爭端時，往往難以「友好協商」。或者是雙方都力爭在合約仲裁地點為己方所在地。說得直白一些：就是想在發生爭議的情況下，利用「地利與人和」在仲裁中佔到些許便宜，

但這已經偏離了合作的主旨。

　　違約責任是投資者和融資企業需要在協定中詳細明確的事項，例如未能如期上市，上市價格低於預期，業績沒有達標等於承諾不符的事項是否屬於違約，企業和投資者之間最好能夠事先協商清楚，並對違約後的責任問題進行約定。

　　盈利保證是投資者給企業帶上的一個緊箍，沒有這個緊箍，企業宏大的發展目標和上市計劃很可能會流於空談，投資者也無法得到相應的回報。有一些融資企業最終能夠和投資者達成獎勵條款，在企業業績達到一定程度，或上市後投資者的回報超過一定比例，投資者會給予企業家現金獎勵。

心得欄

<案例一> 卡夫收購達能，達能整合卡夫

2007 年 12 月，卡夫集團以約 53 億歐元的價格收購達能集團的全球餅乾業務，整體涉及達能集團在 20 多個國家、包括 32 個工廠在內的業務經營機構和資產，囊括了達能居市場領導地位的餅乾品牌，達能中國餅乾業務也在整合之列。達能旗下的餅乾包括 LU、王子、閑趣、甜趣等，位列全球第二。

在中國這樣的新興市場中，達能獨資的餅乾業務比卡夫要出色。由於這個原因，中國區的業務整合中，被收購者達能的表現，甚至比收購者卡夫更為強勢。新管理團隊 12 人中，來自達能與卡夫的成員各佔一半，達能餅乾業務原中國區董事總經理戴樂娜「反客為主」，被任命為卡夫中國地區中國董事長兼總裁，負責主導卡夫與達能餅乾業務的整合。併購一年後，卡夫中國公司總部也從定居了 20 年的北京遷往上海達能總部所在地，作為收購方的卡夫員工反而面臨更多的裁員壓力。

收購完成後，卡夫花了一年半的時間進行品牌整合，原先達能旗下的子品牌餅乾、閑趣、甜趣等將保留，而以「達能」命名的品牌餅乾，如達能牛奶餅乾、達能蘇打餅乾等，則更名為「卡夫」。原達能部份銷售規模很小的餅乾產品進行逐漸淘汰。同時調整相關產品的產量，對雙方銷售團隊進行整合。經過一年的努力，卡夫餅乾的市場佔有率佔全球第一。

併購案例

＜案例二＞ 盛大收購新浪之毒丸計劃

在所有反收購案例中，毒丸（poisonpill）長期以來就是防守武器。毒丸計劃是美國著名的併購律師馬丁‧利普頓（MartinLipton）於 1982 年發明的，正式名稱為「股權攤薄反收購措施」，最初的形式很簡單，就是目標公司向普通股股東發行優先股，一旦公司被收購，股東持有的優先股就可以轉換為一定數額的收購方股票。在最常見的形式中，一旦未經認可的一方收購了目標公司一大筆股份（一般是10%～20%的股份）時，毒丸計劃就會啟動，導致新股充斥市場。一旦毒丸計劃被觸發，其他所有股東都有機會以低價買進新股，但敵意收購者或觸發這一事件的大股東則不在回購之列。這樣就稀釋了收購者在目標公司的權益，即大大地稀釋了收購方的股權，繼而使收購變得代價高昂，從而達到抵制收購的目的。美國有 2000 多家公司擁有這種工具。

2005 年 2 月 18 日，盛大網路與其控股的地平線媒體有限公司在納斯達克市場上悄然斥資 2.3 億多美元，購得新浪 19.5%的股份，成為第一大股東。2 月 22 日，新浪於納斯達克宣佈，為保障新浪公司所有股東的最大利益，其董事會已採納了股東購股權計劃，即「毒丸計劃」。根據該計劃，盛大方面最多只能再購入新浪 0.5%的普通股。一旦盛大再強行購入股份，新浪的其他股東可以按市值一半的價格購買和自己所持股份相同數量的股份。新浪此舉意味著盛大目前所持有的股份將面臨被稀釋的可能，喪失其目前新浪第一股東的身份，而且

在未經過新浪董事會和新浪公司正常程序的情況下，盛大也無法通過公開市場取得對新浪的控股權。

<案例三> 娃哈哈與達能之爭

法國的達能集團公司投資中國的娃哈哈公司，「娃哈哈與達能之爭」是財經媒體上的熱門話題，雙方唇槍舌劍，各執一詞。雙方衝突的根源來分析，卻可以發現很多分歧的端倪。

「娃哈哈與達能之爭」根源解析

議　題	分　歧
戰略定位	娃哈哈一直謀求獨立發展，而在達能眼中，娃哈哈只是進軍中國食品市場的一枚棋子。與娃哈哈合作後，達能又先後與光明、樂百氏、梅林正廣和、深圳益力、匯源、蒙牛合資
投資方式	娃哈哈以部份固定資產和商標作為投入，達能現金出資。然而時隔10年，商標歸屬問題卻事發
價值評估	娃哈哈非合資公司總資產達56億元，利潤也達10.4億元，達能公司提出以40億元人民幣收購上述資產
股權比例	合作之始，娃哈哈持股49%，達能與百富勤合佔51%。亞洲金融風暴之後，香港百富勤將股權賣給達能，使達能躍升到51%的絕對控股地位，進而掌握了決策主動權
董事會組成	達能中國區主席秦鵬兼任了樂百氏、正廣和等20多家與娃哈哈有業務競爭關係的公司的董事等高管職務，被訴「違反董事對公司忠實義務和競業禁止義務」

議　題	分　歧
經營管理權	董事長宗慶後一直牢牢控制著合資企業的經營管理權，這實際上也是能夠與達能公司博弈的關鍵籌碼
產品與品牌	達能在提出將「娃哈哈」商標權轉讓給與其合資公司未果後，雙方改簽了一份商標使用合約。設置了中方使用娃哈哈商標需「提交合資公司董事會考慮」的前提。這成為今天娃哈哈法律上的軟肋
承諾保證與違約責任	根據合資企業合約的雙方約定，娃哈哈合資企業享有獨家生產、經銷、銷售娃哈哈品牌的食品和飲料的權利。同樣按照合約及協定，宗慶後以及其他中方合作者須遵守不從事與合資企業直接競爭的商業行為的規定。但合約對達能沒有限制。而達能實際上是收購了很多與娃哈哈有競爭的產品的企業

2009 年 9 月 30 日，達能公司、娃哈哈公司雙方達成和解——達能公司出讓 51%的股權，從此退出娃哈哈。

和解協議執行完畢後，雙方將終止與雙方之間糾紛有關的所有法律程序，這場曠日持久、舉世矚目的達娃之爭終於落下帷幕。「13」這個數字被西方人視為不吉祥，達娃姻緣從 1996 年到 2009 年恰好也是 13 年。

＜案例四＞　被併購方職工打死總經理

　　2005 年，中國河北建龍集團以增資擴股方式入主吉林省通鋼公司，雖然股份只佔 40%，但通鋼集團及通化鋼鐵的總經理、財務主管卻在很短時間內都換成了建龍人，希望利潤最大化、成本最低化，不幸的是，國企往往冗員眾多，產權關係複雜，在市場化的過程中陷於利益糾紛的泥潭。建龍公司入股通鋼後，員工「薪水過低、頻繁加班、職工福利」等方面的矛盾開始凸現。在短短的 3 年間，通鋼幹群關係急轉直下，各類矛盾衝突時有發生。

　　經過 2008 年的連續虧損，建龍在 2009 年年初決定與通鋼股權分立。2009 年 3 月，通鋼與建龍正式股權分立。公告下達的當天，通化鋼鐵居民區的鞭炮聲響徹了整個夜空。

　　在建龍與通鋼股權未分立之前，僅 2009 年一季，通化鋼鐵就虧損了近 10 億元，而在股權分立後，鋼材市場回暖，4 月份，通化鋼鐵僅虧損了近 1 億；5 月份，微虧；6 月份，已經盈利了 6000 餘萬元，通鋼員工又看到了希望。而恰恰在此時，建龍公司又捲土重來，再次入股通鋼，而且這次是對通鋼絕對控股。建龍集團派駐通化鋼鐵股份公司總經理陳國君放話：「我要在 3 年之內讓通鋼姓陳！」「等我上台，所有通鋼原來的人一個不留，全滾蛋！」

　　2009 年 7 月 24 日，通鋼爆發群體性事件。原職工聚集抗議，反對河北建龍集團對通鋼集團進行增資擴股，一度造成工廠內 7 個高爐停產，總經理陳國君被圍堵、打傷致死。危急之下，吉林省發佈緊急

公告：根據廣大職工願望，經省政府研究決定，建龍公司將永不參與通鋼重組……

　　血的教訓提醒我們，風起雲湧的重組浪潮中，要兼顧處理各方利益，既要給被兼併企業的發展帶來後勁，也要考慮職工利益，慎重處理。

心得欄 _____

_____

_____

_____

_____

_____

臺灣的核心競爭力，就在這裏！

圖書出版目錄

下列圖書是由臺灣的憲業企管顧問（集團）公司所出版，秉持專業立場，特別注重實務應用，50餘位顧問師為企業界提供最專業的各種經營管理類圖書。

1. 傳播書香社會，直接向本出版社購買，一律9折優惠，郵遞費用由本公司負擔。服務電話(02)27622241 (03)9310960 傳真(03)9310961
2. 付款方式：請將書款轉帳到我公司下列的銀行帳戶。
   - 銀行名稱：合作金庫銀行（敦南分行） 帳號：5034-717-347447
     公司名稱：憲業企管顧問有限公司
   - 郵局劃撥號碼：18410591 郵局劃撥戶名：憲業企管顧問公司
3. 本公司隨時出版內容更新的新版書，各種圖書出版資料隨時更新，請見

公司網站 www.bookstore99.com

經營顧問叢書

25	王永慶的經營管理	360元	106	提升領導力培訓遊戲	360元
47	營業部門推銷技巧	390元	114	職位分析與工作設計	360元
52	堅持一定成功	360元	116	新產品開發與銷售	400元
56	對準目標	360元	122	熱愛工作	360元
60	寶潔品牌操作手冊	360元	124	客戶無法拒絕的成交技巧	360元
72	傳銷致富	360元	125	部門經營計劃工作	360元
76	如何打造企業贏利模式	360元	129	邁克爾‧波特的戰略智慧	360元
78	財務經理手冊	360元	130	如何制定企業經營戰略	360元
79	財務診斷技巧	360元	132	有效解決問題的溝通技巧	360元
85	生產管理制度化	360元	135	成敗關鍵的談判技巧	360元
86	企劃管理制度化	360元	137	生產部門、行銷部門績效考核手冊	360元
91	汽車販賣技巧大公開	360元	139	行銷機能診斷	360元
97	企業收款管理	360元	140	企業如何節流	360元
100	幹部決定執行力	360元			

141	責任	360 元		219	總經理如何管理公司	360 元
142	企業接棒人	360 元		222	確保新產品銷售成功	360 元
144	企業的外包操作管理	360 元		223	品牌成功關鍵步驟	360 元
146	主管階層績效考核手冊	360 元		224	客戶服務部門績效量化指標	360 元
147	六步打造績效考核體系	360 元		226	商業網站成功密碼	360 元
148	六步打造培訓體系	360 元		228	經營分析	360 元
149	展覽會行銷技巧	360 元		229	產品經理手冊	360 元
150	企業流程管理技巧	360 元		230	診斷改善你的企業	360 元
152	向西點軍校學管理	360 元		232	電子郵件成功技巧	360 元
154	領導你的成功團隊	360 元		234	銷售通路管理實務〈增訂二版〉	360 元
155	頂尖傳銷術	360 元		235	求職面試一定成功	360 元
160	各部門編制預算工作	360 元		236	客戶管理操作實務〈增訂二版〉	360 元
163	只為成功找方法，不為失敗找藉口	360 元		237	總經理如何領導成功團隊	360 元
167	網路商店管理手冊	360 元		238	總經理如何熟悉財務控制	360 元
168	生氣不如爭氣	360 元		239	總經理如何靈活調動資金	360 元
170	模仿就能成功	350 元		240	有趣的生活經濟學	360 元
176	每天進步一點點	350 元		241	業務員經營轄區市場（增訂二版）	360 元
181	速度是贏利關鍵	360 元		242	搜索引擎行銷	360 元
183	如何識別人才	360 元		243	如何推動利潤中心制度（增訂二版）	360 元
184	找方法解決問題	360 元		244	經營智慧	360 元
185	不景氣時期，如何降低成本	360 元		245	企業危機應對實戰技巧	360 元
186	營業管理疑難雜症與對策	360 元		246	行銷總監工作指引	360 元
187	廠商掌握零售賣場的竅門	360 元		247	行銷總監實戰案例	360 元
188	推銷之神傳世技巧	360 元		248	企業戰略執行手冊	360 元
189	企業經營案例解析	360 元		249	大客戶搖錢樹	360 元
191	豐田汽車管理模式	360 元		250	企業經營計劃〈增訂二版〉	360 元
192	企業執行力（技巧篇）	360 元		252	營業管理實務（增訂二版）	360 元
193	領導魅力	360 元		253	銷售部門績效考量化指標	360 元
198	銷售說服技巧	360 元		254	員工招聘操作手冊	360 元
199	促銷工具疑難雜症與對策	360 元		255	總務部門重點工作（增訂二版）	360 元
200	如何推動目標管理（第三版）	390 元		256	有效溝通技巧	360 元
201	網路行銷技巧	360 元		257	會議手冊	360 元
204	客戶服務部工作流程	360 元		258	如何處理員工離職問題	360 元
206	如何鞏固客戶（增訂二版）	360 元		259	提高工作效率	360 元
208	經濟大崩潰	360 元		261	員工招聘性向測試方法	360 元
212	客戶抱怨處理手冊(增訂二版)	360 元		262	解決問題	360 元
215	行銷計劃書的撰寫與執行	360 元				
216	內部控制實務與案例	360 元				
217	透視財務分析內幕	360 元				

263	微利時代制勝法寶	360元
264	如何拿到 VC（風險投資）的錢	360元
265	如何撰寫職位說明書	360元
267	促銷管理實務〈增訂五版〉	360元
268	顧客情報管理技巧	360元
269	如何改善企業組織績效〈增訂二版〉	360元
270	低調才是大智慧	360元
272	主管必備的授權技巧	360元
275	主管如何激勵部屬	360元
276	輕鬆擁有幽默口才	360元
277	各部門年度計劃工作（增訂二版）	360元
278	面試主考官工作實務	360元
279	總經理重點工作（增訂二版）	360元
282	如何提高市場佔有率（增訂二版）	360元
283	財務部流程規範化管理（增訂二版）	360元
284	時間管理手冊	360元
285	人事經理操作手冊（增訂二版）	360元
286	贏得競爭優勢的模仿戰略	360元
287	電話推銷培訓教材（增訂三版）	360元
288	贏在細節管理（增訂二版）	360元
289	企業識別系統 CIS（增訂二版）	360元
290	部門主管手冊（增訂五版）	360元
291	財務查帳技巧（增訂二版）	360元
292	商業簡報技巧	360元
293	業務員疑難雜症與對策（增訂二版）	360元
294	內部控制規範手冊	360元
295	哈佛領導力課程	360元
296	如何診斷企業財務狀況	360元
297	營業部轄區管理規範工具書	360元
298	售後服務手冊	360元
299	業績倍增的銷售技巧	400元

300	行政部流程規範化管理（增訂二版）	400元
301	如何撰寫商業計畫書	400元
302	行銷部流程規範化管理（增訂二版）	400元
303	人力資源部流程規範化管理（增訂四版）	420元
304	生產部流程規範化管理（增訂二版）	400元
305	績效考核手冊(增訂二版)	400元
306	經銷商管理手冊(增訂四版)	420元
307	招聘作業規範手冊	420元
308	喬·吉拉德銷售智慧	400元
309	商品鋪貨規範工具書	400元
310	企業併購案例精華（增訂二版）	420元

《商店叢書》

10	賣場管理	360元
18	店員推銷技巧	360元
30	特許連鎖業經營技巧	360元
35	商店標準操作流程	360元
36	商店導購口才專業培訓	360元
37	速食店操作手冊〈增訂二版〉	360元
38	網路商店創業手冊〈增訂二版〉	360元
40	商店診斷實務	360元
41	店鋪商品管理手冊	360元
42	店員操作手冊（增訂三版）	360元
43	如何撰寫連鎖業營運手冊〈增訂二版〉	360元
44	店長如何提升業績〈增訂二版〉	360元
45	向肯德基學習連鎖經營〈增訂二版〉	360元
46	連鎖店督導師手冊	360元
47	賣場如何經營會員制俱樂部	360元
48	賣場銷量神奇交叉分析	360元
49	商場促銷法寶	360元
50	連鎖店操作手冊（增訂四版）	360元
51	開店創業手冊〈增訂三版〉	360元
52	店長操作手冊（增訂五版）	360元

53	餐飲業工作規範	360 元
54	有效的店員銷售技巧	360 元
55	如何開創連鎖體系〈增訂三版〉	360 元
56	開一家穩賺不賠的網路商店	360 元
57	連鎖業開店複製流程	360 元
58	商鋪業績提升技巧	360 元
59	店員工作規範（增訂二版）	400 元
60	連鎖業加盟合約	

《工廠叢書》

9	ISO 9000 管理實戰案例	380 元
10	生產管理制度化	360 元
13	品管員操作手冊	380 元
15	工廠設備維護手冊	380 元
16	品管圈活動指南	380 元
17	品管圈推動實務	380 元
20	如何推動提案制度	380 元
24	六西格瑪管理手冊	380 元
30	生產績效診斷與評估	380 元
32	如何藉助 IE 提升業績	380 元
35	目視管理案例大全	380 元
38	目視管理操作技巧(增訂二版)	380 元
46	降低生產成本	380 元
47	物流配送績效管理	380 元
49	6S 管理必備手冊	380 元
51	透視流程改善技巧	380 元
55	企業標準化的創建與推動	380 元
56	精細化生產管理	380 元
57	品質管制手法〈增訂二版〉	380 元
58	如何改善生產績效〈增訂二版〉	380 元
67	生產訂單管理步驟〈增訂二版〉	380 元
68	打造一流的生產作業廠區	380 元
70	如何控制不良品〈增訂二版〉	380 元
71	全面消除生產浪費	380 元
72	現場工程改善應用手冊	380 元
75	生產計劃的規劃與執行	380 元
77	確保新產品開發成功（增訂四版）	380 元
78	商品管理流程控制(增訂三版)	380 元

79	6S 管理運作技巧	380 元
80	工廠管理標準作業流程〈增訂二版〉	380 元
81	部門績效考核的量化管理（增訂五版）	380 元
82	採購管理實務〈增訂五版〉	380 元
83	品管部經理操作規範〈增訂二版〉	380 元
84	供應商管理手冊	380 元
85	採購管理工作細則〈增訂二版〉	380 元
86	如何管理倉庫（增訂七版）	380 元
87	物料管理控制實務〈增訂二版〉	380 元
88	豐田現場管理技巧	380 元
89	生產現場管理實戰案例〈增訂三版〉	380 元
90	如何推動 5S 管理（增訂五版）	420 元
91	採購談判與議價技巧	420 元
92	生產主管操作手冊(增訂五版)	420 元
93	機器設備維護管理工具書	420 元

《醫學保健叢書》

1	9 週加強免疫能力	320 元
3	如何克服失眠	320 元
4	美麗肌膚有妙方	320 元
5	減肥瘦身一定成功	360 元
6	輕鬆懷孕手冊	360 元
7	育兒保健手冊	360 元
8	輕鬆坐月子	360 元
11	排毒養生方法	360 元
13	排除體內毒素	360 元
14	排除便秘困擾	360 元
15	維生素保健全書	360 元
16	腎臟病患者的治療與保健	360 元
17	肝病患者的治療與保健	360 元
18	糖尿病患者的治療與保健	360 元
19	高血壓患者的治療與保健	360 元
22	給老爸老媽的保健全書	360 元
23	如何降低高血壓	360 元
24	如何治療糖尿病	360 元
25	如何降低膽固醇	360 元

26	人體器官使用說明書	360 元
27	這樣喝水最健康	360 元
28	輕鬆排毒方法	360 元
29	中醫養生手冊	360 元
30	孕婦手冊	360 元
31	育兒手冊	360 元
32	幾千年的中醫養生方法	360 元
34	糖尿病治療全書	360 元
35	活到 120 歲的飲食方法	360 元
36	7 天克服便秘	360 元
37	為長壽做準備	360 元
39	拒絕三高有方法	360 元
40	一定要懷孕	360 元
41	提高免疫力可抵抗癌症	360 元
42	生男生女有技巧〈增訂三版〉	360 元

《培訓叢書》

11	培訓師的現場培訓技巧	360 元
12	培訓師的演講技巧	360 元
14	解決問題能力的培訓技巧	360 元
15	戶外培訓活動實施技巧	360 元
17	針對部門主管的培訓遊戲	360 元
20	銷售部門培訓遊戲	360 元
21	培訓部門經理操作手冊（增訂三版）	360 元
22	企業培訓活動的破冰遊戲	360 元
23	培訓部門流程規範化管理	360 元
24	領導技巧培訓遊戲	360 元
25	企業培訓遊戲大全(增訂三版)	360 元
26	提升服務品質培訓遊戲	360 元
27	執行能力培訓遊戲	360 元
28	企業如何培訓內部講師	360 元
29	培訓師手冊（增訂五版）	420 元
30	團隊合作培訓遊戲(增訂三版)	420 元

《傳銷叢書》

4	傳銷致富	360 元
5	傳銷培訓課程	360 元
7	快速建立傳銷團隊	360 元
10	頂尖傳銷術	360 元
12	現在輪到你成功	350 元
13	鑽石傳銷商培訓手冊	350 元

14	傳銷皇帝的激勵技巧	360 元
15	傳銷皇帝的溝通技巧	360 元
17	傳銷領袖	360 元
19	傳銷分享會運作範例	360 元
20	傳銷成功技巧（增訂五版）	400 元

《幼兒培育叢書》

1	如何培育傑出子女	360 元
2	培育財富子女	360 元
3	如何激發孩子的學習潛能	360 元
4	鼓勵孩子	360 元
5	別溺愛孩子	360 元
6	孩子考第一名	360 元
7	父母要如何與孩子溝通	360 元
8	父母要如何培養孩子的好習慣	360 元
9	父母要如何激發孩子學習潛能	360 元
10	如何讓孩子變得堅強自信	360 元

《成功叢書》

1	猶太富翁經商智慧	360 元
2	致富鑽石法則	360 元
3	發現財富密碼	360 元

《企業傳記叢書》

1	零售巨人沃爾瑪	360 元
2	大型企業失敗啟示錄	360 元
3	企業併購始祖洛克菲勒	360 元
4	透視戴爾經營技巧	360 元
5	亞馬遜網路書店傳奇	360 元
6	動物智慧的企業競爭啟示	320 元
7	CEO 拯救企業	360 元
8	世界首富　宜家王國	360 元
9	航空巨人波音傳奇	360 元
10	傳媒併購大亨	360 元

《智慧叢書》

1	禪的智慧	360 元
2	生活禪	360 元
3	易經的智慧	360 元
4	禪的管理大智慧	360 元
5	改變命運的人生智慧	360 元
6	如何吸取中庸智慧	360 元
7	如何吸取老子智慧	360 元
8	如何吸取易經智慧	360 元

9	經濟大崩潰	360 元
10	有趣的生活經濟學	360 元
11	低調才是大智慧	360 元

《DIY 叢書》

1	居家節約竅門 DIY	360 元
2	愛護汽車 DIY	360 元
3	現代居家風水 DIY	360 元
4	居家收納整理 DIY	360 元
5	廚房竅門 DIY	360 元
6	家庭裝修 DIY	360 元
7	省油大作戰	360 元

《財務管理叢書》

1	如何編制部門年度預算	360 元
2	財務查帳技巧	360 元
3	財務經理手冊	360 元
4	財務診斷技巧	360 元
5	內部控制實務	360 元
6	財務管理制度化	360 元
8	財務部流程規範化管理	360 元
9	如何推動利潤中心制度	360 元

為方便讀者選購，本公司將一部分上述圖書又加以專門分類如下：

《企業制度叢書》

1	行銷管理制度化	360 元
2	財務管理制度化	360 元
3	人事管理制度化	360 元
4	總務管理制度化	360 元
5	生產管理制度化	360 元
6	企劃管理制度化	360 元

《主管叢書》

1	部門主管手冊（增訂五版）	360 元
2	總經理行動手冊	360 元
4	生產主管操作手冊（增訂五版）	420 元
5	店長操作手冊（增訂五版）	360 元
6	財務經理手冊	360 元
7	人事經理操作手冊	360 元
8	行銷總監工作指引	360 元
9	行銷總監實戰案例	360 元

《總經理叢書》

1	總經理如何經營公司(增訂二版)	360 元
2	總經理如何管理公司	360 元
3	總經理如何領導成功團隊	360 元
4	總經理如何熟悉財務控制	360 元
5	總經理如何靈活調動資金	360 元

《人事管理叢書》

1	人事經理操作手冊	360 元
2	員工招聘操作手冊	360 元
3	員工招聘性向測試方法	360 元
4	職位分析與工作設計	360 元
5	總務部門重點工作	360 元
6	如何識別人才	360 元
7	如何處理員工離職問題	360 元
8	人力資源部流程規範化管理（增訂四版）	420 元
9	面試主考官工作實務	360 元
10	主管如何激勵部屬	360 元
11	主管必備的授權技巧	360 元
12	部門主管手冊（增訂五版）	360 元

《理財叢書》

1	巴菲特股票投資忠告	360 元
2	受益一生的投資理財	360 元
3	終身理財計劃	360 元
4	如何投資黃金	360 元
5	巴菲特投資必贏技巧	360 元
6	投資基金賺錢方法	360 元
7	索羅斯的基金投資必贏忠告	360 元
8	巴菲特為何投資比亞迪	360 元

《網路行銷叢書》

1	網路商店創業手冊〈增訂二版〉	360 元
2	網路商店管理手冊	360 元
3	網路行銷技巧	360 元
4	商業網站成功密碼	360 元
5	電子郵件成功技巧	360 元
6	搜索引擎行銷	360 元

《企業計劃叢書》

1	企業經營計劃〈增訂二版〉	360 元
2	各部門年度計劃工作	360 元

3	各部門編制預算工作	360 元
4	經營分析	360 元
5	企業戰略執行手冊	360 元

《經濟叢書》

1	經濟大崩潰	360 元
2	石油戰爭揭秘(即將出版)	

在海外出差的·········
台灣上班族

　　愈來愈多的台灣上班族，到海外工作（或海外出差），對工作的努力與敬業，是台灣上班族的核心競爭力；一個明顯的例子，返台休假期間，台灣上班族都會抽空再買書，設法充實自身專業能力。

　　[憲業企管顧問公司]以專業立場，為企業界提供最專業的各種經營管理類圖書。

　　85%的台灣上班族都曾經有過購買（或閱讀）[憲業企管顧問公司]所出版的各種企管圖書。

　　建議你：工作之餘要多看書，加強競爭力。

建立企業圖書館

當市場競爭激烈時：

培訓員工，強化員工競爭力
是企業最佳對策

　　「人才」是企業最大的財富。如何提升人才，是企業永續經營、戰勝對手的核心競爭力。積極培訓公司內部員工，是經濟不景氣時期的最佳戰略，而最快速的具體作法，就是「建立企業內部圖書館，鼓勵員工多閱讀、多進修專業書籍」

　　建議您：請一次購足本公司所出版各種經營管理類圖書，作為貴公司內部員工培訓圖書。使用率高的（例如「贏在細節管理」），準備 3 本；使用率低的（例如「工廠設備維護手冊」），只買 1 本。

經營顧問叢書 ⑶⑩   售價：420 元

企業併購案例精華（增訂二版）

西元二○一四年十二月   增訂二版一刷
西元二○○九年四月   初版一刷

編著：李家修

策劃：麥可國際出版有限公司（新加坡）

編輯：蕭玲

校對：劉飛娟

發行人：黃憲仁

發行所：憲業企管顧問有限公司

電話：(02) 2762-2241　　(03) 9310960　　0930872873

電子郵件聯絡信箱：huang2838@yahoo.com.tw

銀行 ATM 轉帳：合作金庫銀行　　帳號：5034-717-347447

郵政劃撥：18410591　　憲業企管顧問有限公司

江祖平律師顧問：紙品書、數位書著作權與版權均歸本公司所有

登記證：行政業新聞局版台業字第 6380 號

本公司徵求海外版權出版代理商（0930872873）

本圖書是由憲業企管顧問（集團）公司所出版，以專業立場，為企業界提供最專業的各種經營管理類圖書。

圖書編號 ISBN：978-986-369-012-2